WUWEIDANGSHIRENWUZHUAN

无为党史人物传（下卷）

中共无为市委党史和地方志研究室　编著

UNITY PRESS 團結出版社

图书在版编目（CIP）数据

无为党史人物传. 下卷 / 中共无为市委党史和地方志研究室编著. -- 北京 : 团结出版社, 2022.7

ISBN 978-7-5126-9496-5

Ⅰ. ①无… Ⅱ. ①中… Ⅲ. ①中国共产党－历史人物－列传－无为县 Ⅳ. ①K820.854.4

中国版本图书馆CIP数据核字(2022)第162130号

出　版	团结出版社 （北京市东城区东皇城根南街84号　邮编：100006）
电　话	（010）65228880　65244790
网　址	http://www.tjpress.com
E-mail	65244790@163.com
经　销	全国新华书店
印　装	成都市兴雅致印务有限责任公司
开　本	185mm×260mm　1/16
印　张	22
字　数	388千字
版　次	2023年1月第1版
印　次	2023年1月第1次印刷
书　号	978-7-5126-9496-5
定　价	95.00元

前 言

为了缅怀先辈、启迪后人，进一步推动党史学习教育常态化制度化，2021年以来，中共无为市委党史和地方志研究室（无为市档案馆）特编纂《无为党史人物传》（上、下卷）一书，上卷于2021年11月正式出版。在欢庆党的二十大胜利召开之际，在中共无为市委、市政府的关心、重视和支持下，《无为党史人物传》（下卷）公开出版了，这是无为党建、党史工作中的一件大事，也是献给党的二十大的一份礼物。

无为是具有光荣革命传统的红色热土。自1927年中共无为特别支部成立，党领导无为人民开展了波澜壮阔、如火如荼的革命斗争。在这里打响了“六洲农民暴动”的第一枪，打乱了国民党反动派在无为的统治秩序；创建了全国十九块抗日根据地之一的皖江抗日根据地；“渡江第一船”率先由无为泥汊江岸发出，以其辉煌业绩载入革命史册。无为，养育了无私无畏的英雄儿女。既有前仆后继、英勇斗争的热血民众，更有可歌可泣、不懈奋斗的党史重要人物。他们的革命活动、战斗历程和卓越功勋，绘就了无为人民革命斗争的历史画卷，谱写了无为人民气势恢宏的壮丽诗篇，永远激励着我们为党的事业、无为的发展、人民的幸福，继往开来，励精图治，开拓前进。

在无为人民负重前行、大展宏图的时刻，我们应当高度重视和备加珍视党的历史，注重从党的历史中汲取励志前进的智慧和力量，弘扬党的优良传统和政治优势，从党史学习中获取提高党建水平、巩固执政基础的有益启示，增强实现“十四·五”国民经济和社会发展规划的精神动力，把革命先辈们开创的宏图伟业，不断推向前进。

《无为党史人物传》（下卷），是地方党史学习教育的生动教材，也是血肉丰满的地方革命斗争史教科书。资政育人是党史和地方志研究工作的根本任务，党史教育是党的思想理论建设和社会革命传统教育的重要内容。我们要增强政治意识，锤炼党性修养，更加自觉地为党的事业、人民的利益奋斗终身。

党史中有我们的精神支柱，有我们事业的发展根基。根植其中，就能汲取源源不断的智慧和力量；立足其上，就能树立起坚定不移的共产主义的理想和信念。

《无为党史人物传》（下卷）记录了95位党史人物的感人事迹，从他们身上折射出来的革命精神和理想、信念、道德、情操，让我们看到了其在革命生涯中所演绎的人生精彩故事，给人们以心灵的洗礼和不懈奋斗的示范，像革命的灯塔照亮人们前进的航向，像鲜艳的旗帜高扬天空，像一个个红色标杆引领前行，传递着激情四溢的社会正能量，让红色江山永不褪色，千秋永驻！

编　者

2022年7月8日

目录

CONTENTS

革命烈士

英雄模范

濡须先锋

统战群英

革命烈士

把青春献给党

——张昌忠烈士传略[(1)]

叶悟松

张昌忠（1910—1931），无为县陡沟镇张家大墩人。出身耕读家庭，少年时念过几年私塾。1927年参加革命，1928年加入中国共产党，是六洲暴动的组织领导者之一。1930年1月任中共无为县委委员，中国工农红军皖南第三游击纵队军政委员会委员，游击纵队副大队长。1931年8月23日，在无为陡沟真武殿被叛徒杀害，一同遇难的有巢县县委书记倪合台、游击纵队负责人邓逸渔。

张昌忠

张昌忠少时聪颖，求知好学，与堂兄张恺帆、同村的胡德荣等关系密切、志同道合。堂兄张恺帆去芜湖求学，逢寒假时回家，张昌忠便跟着堂兄，听他讲做人的道理、国家与社会的大事、社会产生贫富的根源等等，这给了张昌忠很大的启发，使他懂得了许多革命道理。堂兄张恺帆是张昌忠走上革命道路的启蒙老师与引路人。

1927年冬，中共党员倪合台、邓逸渔等，开始在无为东乡建立农民协会，发动农民群众投入革命斗争。此时，堂兄张恺帆也从外地回无为，从事农民运

（1）参见《张恺帆回忆录》，安徽人民出版社，2004年10月，第66页。

动。第一个农民协会在白茆建立起来，张昌忠积极参加农民协会，是最早参加农民协会的会员之一。

1928 年，张昌忠加入中国共产党，从一个普通农民的儿子，成为无产阶级先进分子。入党后，张昌忠更加积极，利用农协会员的身份，积极宣传和发动农民群众，投入农民运动，为穷苦人的解放而奋斗。

1929 年逢夏荒，无为粮食紧张，农民无粮下锅，设法借贷却无处购买。一些粮商囤积居奇，将粮食外运卖高价，更加造成了无为的粮荒。中共无为县委决定发动农协会禁粮外运。在县委的统一领导下，组织了两千多农协会员来到白茆杨桥的小江边，对运粮船发出禁运令。张昌忠带领他所在的农协小组，积极参加粮船禁运斗争。

农协会员有组织地在江边各个码头站岗放哨，阻止运粮船只起航。但是通向长江的汊江中的运粮船不听命令，仍结队向大江航行，粮船一旦进入大江，再也无法阻止。见此情景，胡德荣手持斧头，挥手高呼农协会员："随我下水抓船！"便纵身跳入江中，张昌忠等农协会员纷纷跳入小江，奋力向粮船游去，胡德荣游至第一条船的船尾时抡起大斧，砍断船舵。前船失舵，便在江中打转，其余粮船被堵，无法前行。胡德荣、张昌忠等农协会员登上粮船，向船主与船工们宣传农协禁粮外运的道理，是让广大的农民群众有米下锅，有饭吃，农协按市价买下粮食，运费照付，希望船主与船工们理解与支持。船主和船工见农协会员讲得有道理，便调转船头，撑运粮船返回码头，卸下粮食 10 万余斤，低价卖给农民，这才初步解决了粮荒。在党的领导下，发挥农协的群众力量，禁粮外运斗争取得了胜利，帮助贫苦农民度过了粮荒。张昌忠在斗争中得到了锻炼，组织和领导能力迅速提高。

1930 年 1 月，中共无为县委在无城西郊鹗子塘召开扩大会议，改组了县委领导机构，首次设立县委执行委员会，选举产生了县委常委、候补委员。在此次会议上，张昌忠被选为县委委员。

6 月，无城"朱长和"当铺老板朱长和为侵吞当物，先将大部分贵重当物转移，然后纵火烧毁当铺，谎称当铺失火而拒不赔偿当物。县委为维护群众利益，借此发动群众把无为的革命斗争推向高潮，成立了"被烧当人联合会"，以公开合法的方式，领导组织穷苦群众开展了一场政治性的经济斗争。张昌忠等县委成员都加入群众之中进行宣传鼓动。声势壮大后，国民党县政府迫于群众压力，出面调处，要求当铺老板朱长和"当一赔十"。后经协商，以 1 元赔偿 8 角的比例，分批赔偿当户。张昌忠参与了赔当斗争的组织领导，与同志们通力合作，赔当斗争取得胜利。

1930 年 11 月 16 日，中共皖南特委在芜湖市召开宣城、无为、巢县、繁昌、南陵各县县委、工委书记会议。刘静波代表无为县委出席了会议。刘静波返无后，传达了特委会议精神，决定公开地、大张旗鼓地进行武装暴动的准备工作。县委在陡沟真武殿召开会议，宣布将党、团、农协、工会等组织合并，组成“中共无为县特别行动委员会”，由具有军事斗争经验的刘静波任书记，胡德荣、任惠群、张昌忠、张恺帆等人为委员，集中力量准备组织农民暴动。

12月7日，六洲暴动发动。暴动队员分头收缴白茆五号民团和一些大户人家的护院枪支弹药。各路人员200余人集中于新华寺广场，宣布成立“中国工农红军皖南第三游击纵队”。子夜时分，分三路合围攻打六洲镇国民党军自卫队据点，连续冲锋3次，因敌自卫队凭借坚固工事，火力凶猛，暴动队伍武器少，久攻不下。天亮时，附近三官殿、汤沟的敌自卫队已赶来增援，形势对暴动队伍极为不利。为保存实力，刘静波下令逐次撤退，按预定计划，安全撤至新板桥、骆家跳一带。张昌忠自始至终参加了六洲暴动的全过程，战斗中勇敢顽强，掩护战友们安全撤退。

六洲暴动失败后，张昌忠与其他已暴露身份的同志分赴各地，分散隐蔽，待时再图发展。

1931年2月，经过短时间隐蔽后，部分参加六洲暴动的党员陆续公开活动。由夏子旭、邓逸渔、张恺帆等人组成的军政委员会决定再度拿起武器，继续开展武装斗争，成立“无为县武装宣传队”，邓逸渔、张昌忠分任正副队长。武装宣传队活动于无为东乡与石涧埠一带，开展以打土豪为主要内容的武装斗争。人员由成立时的数十人发展至百余人，枪支近百支。

由于武装宣传队的不断发展壮大，县委决定在武宣队的基础上，恢复“中国工农红军皖南第三游击纵队”的番号。邓逸渔、张昌忠分别担任纵队的正副大队长。游击纵队在邓逸渔、张昌忠的带领下，以“赤色恐怖回击白色恐怖”，积极主动地向国民党反动势力发起进攻，先后消灭了企图在白茆洲建立自卫团的王培根和筹划在陡沟建立自卫团的劣绅周季直，以及田桥劣绅田子良，狠狠地打击了东乡的反动势力。无城的党组织也积极配合游击纵队的行动，将被镇压的反动地主劣绅的罪状张贴在各大城门，甚至将传单递送到国民党无为县党部书记长杨益民的办公桌上。

8月中旬，张昌忠领导的中国工农红军皖南第三游击纵队成功伏击国民党汤沟自卫队，一度占领汤沟镇，极大地鼓舞了东乡人民的革命热情。

1931年8月23日，发生了令人痛心的“真武殿事件”[1]。游击纵队第三

（1）参见《无为革命斗争大事记》，中共无为县委党史办公室编，1999年6月，第26页。

中队中队长刘大同是混进革命队伍的投机分子，为了个人利益，他经常与组织闹对立，并私下拉拢第一中队中队长李茂林、第四中队中队长田吾凤等人。因此受到大队领导邓逸渔、张昌忠的严厉批评。他们心怀不满，预谋向邓、张下毒手。该日清晨，叛徒刘大同持枪杀害了邓逸渔与张昌忠。随即，又枪杀了乘船抵达真武殿的巢县县委书记倪合台。无为巢县的革命事业因此遭到了重大损失。

张昌忠被害时年仅 21 岁，他把青春献给了党的伟大事业和人民解放。

抗战时期，经皖中行署副主任张恺帆提议，皖中行署批准，在烈士家乡创办忠台小学。新中国成立后，烈士家乡被命名为忠台乡，以纪念张昌忠、倪合台烈士。

可将热血著华章

——周可章烈士传略[1]

叶悟松

周可章

周可章（1908—1931），无为县白茆镇六洲村人。1926年参加革命，1927年加入中国共产党。1930年参加六洲暴动，任中共无为县特别行动委员会委员。

1931年，六洲暴动失败后，被组织派往上海从事地下工作，同年返回无为，任中共无为县委委员，三区区委书记。7月，随同县委书记夏子旭等人前往陡沟军桥召开会议，突遭敌军警包围袭击，不幸被捕，后与夏子旭、朱子荣三人于无为城北英勇就义。

周可章出身于农民家庭，深知农民的疾苦，在大革命的浪潮中，他毫不犹豫地参加革命，在中国共产党的领导下，投入“打土豪、分田地”摧毁旧世界，建立人民当家做主的新社会的革命斗争。

1927年8月，“四一二”反革命政变之后，无为革命形势处于低潮，国民党成立了清党委员会肆意逮捕进步人士，制造白色恐怖。根据省临委指示，中共

（1）参见《无为县革命斗争大事记》，中共无为县委党史办公室，1999年6月，第22页。

无为特支在无城刘魁记衣店成立，特支机关驻白茆洲。支部决定今后的工作任务是建立和扩大农民协会组织，发展党员，进行土地革命和工农结合等革命活动。

周可章在大革命低潮的1927年，加入中国共产党，是无为第一批入党的农民共产党员。在县特支领导下，周可章积极参加农民协会的建立与组织工作。无为东乡迅速建立了小江坝、李家潭、宋家庙三个农民协会，这是无为县建立最早的农民协会。周可章在农民协会组织里积极做发动农民、宣传群众的革命活动。

1929年春季，无为县东乡出现春荒，贫苦农民家无隔夜粮，生活十分困难。无为特区委根据党中央指示，在小江坝、李家潭、宋家庙三处发动农民协会会员，开展“向大户借粮”的活动。周可章等党员会员一马当先，带领贫苦农民挑箩携筐，有组织地向周边的地主、富户强制“借粮”，周可章等人带领农民们心平气和地和富户们说理求助。富户们见农民心齐势众，不达目的不会罢休，只好忍痛“借”出，在农民协会的组织下，借粮斗争取得了胜利，不仅帮助农民度过了春荒，而且使农民看到了农民协会组织的威力，农民纷纷加入农协，使农民协会会员迅速增加。

1928年夏，中共无为特区委在冒新洲召开党员大会，周可章参加会议，与会党员近40人。会议决定继续开展农民运动，派出党员到无城领导和发动手工业工人开展活动。一部分党员到各学校组织教师进行革命宣传活动，开展学生和青年工作；一部分党员深入冒新洲、六洲、八里畈等农村开展群众工作。

周可章被特区委派到六洲小学从事教师工作，以合法身份密切联系群众，深入青年学生中宣传革命道理，领导群众运动。

1929年8月，无为东乡圩区洪水泛滥，良田被淹，农民地无收成，食无稻米，即将发生饿死人的惨剧。中共无为县委为了救灾保民，打击地主奸商囤积稻米外运、牟取暴利的行为，在无为东乡的姚湾朱、小江坝、傅家陡门、李家潭等地，发动和组织农民和农协会员400余人至小江坝码头，禁止粮食外运。，县委书记倪合台率夏子旭、张恺帆、周可章等共产党员冲在前头，扯住缆绳，防止粮船起锚。当有船偷偷起锚离岸之时，周可章等人随胡德荣跳入江中，用大斧劈坏船舵，逼迫船老大停船靠岸。继与粮商协商，船上及码头上囤积的粮食，当场以一元钱一箩稻的价格卖给群众。随着东乡禁粮外运斗争取得了胜利，其他地方的禁粮外运斗争也陆续取得成功，使无为当年险些酿成的饥荒逐渐平息下来。

1930年11月16日，中共皖南特委召开宣城、无为、巢湖、繁昌、南陵各县县委、工委书记会议，刘静波代表无为县委出席会议。按照皖南特委要求，县委决定公开地、大张旗鼓地进行武装暴动准备工作。随后，县委在东乡真武殿召开会议，宣布将党、团、农协、工会等组织合并，组成“中共无为县委特别行动委员会”，刘静波任书记，胡德荣、张恺帆、周可章等为委员，会后，大家分头活动，动员力量，准备武装组织农民暴动。

12 月，六洲暴动发动，各路人员 200 多人，迅速集中于新华寺广场。刘静波集合队伍宣布成立“中国工农红军皖南第三游击纵队”，刘静波任司令。任慧群任政委，张恺帆任政治部主任。纵队下设三个中队和一个手枪队，分别由倪化黎、周可章、吴锦章、胡德荣任中队长和手枪队长。战斗打响后，周可章率中队指战员携少量枪支，大多数持棱镖、大刀，冒着敌人的枪弹，冲向六洲国民党自卫队据点。因敌我力量悬殊，武器装备落后，加之三官殿、汤沟国民党军赶来增援。未能攻下自卫队据点，为保存实力，刘静波率部队且战且退，撤至预定的地点。

刘静波命周可章所带领的第二中队留下断后，阻击据点敌军追击，掩护暴动队伍撤退。周可章与中队指战员迅速沿路布防，阻击与骚扰尾随追击的敌军。周可章命战士们冷枪拒敌，打一枪换个地方，把敌军引向岔路，使敌军一时摸不着头脑，不知前面有多少红军部队，害怕远离据点，遭暴动部队反击，只好撤回六洲。周可章与战友们巧妙阻敌，掩护大部队安全撤到预定的隐蔽地点骆家跳。

1931 年，因六洲暴动而暴露身份的部分同志撤离无为，分赴外地继续从事革命活动。周可章与张恺帆等到上海从事地下工作。

不久，周可章被党组织调回无为，任中共三区区委书记，参加县委组建的武装宣传队，开展积极的武装斗争。

7 月 29 日，发生“军桥事件”。28 日，从上海党中央开会回无为的县委书记夏子旭与周可章、朱子荣、张恺帆等七人自石涧赶往东乡，寻找中国工农红军皖南第三游击纵队，准备向部队传达会议精神，当晚住宿于陡沟军桥村，因行踪被敌军侦知。次日清晨，国民党无为警察中队包围军桥村。突围中，县委书记夏子旭、三区区委书记周可章、区委副书记朱子荣三人被捕，张恺帆等四人突围逃脱。

周可章等三人迅即被押解到无城，敌人严刑拷打，但他们始终坚贞不屈，怒斥敌审讯军警，敌人无计可施，决定施以毒手。30 日晨，三名英勇不屈的共产党员被敌人杀害于无城北门大桥，周可章牺牲时年仅 23 岁。

一腔热血闹革命

——李白玉烈士传略[1]

伍　骁

李白玉

李白玉（1908—1936），又名黄似林。安徽省无为县江坝乡人。李白玉虽然出生在一个普通的农民家庭，但是父母较为勤劳，因此家里还是想方设法让李白玉读了几年私塾。

1927年，宁汉合流之后，“八一”南昌起义，打响了共产党武装反抗国民党反动统治的第一枪。各地农民运动风起云涌，读过几年书的李白玉也懂得了农民只有依靠自己，才能救助自己。于是，他在家乡白茆洲参加了当地的农民协会。农民协会是我党领导的中国革命史上最早的农民自治性组织，李白玉通过参加农民协会，提升了视野和见识，再加上协会中一些进步和民主人士的影响，他逐渐对共产党组织有了了解和认识，对于共产党一切依靠群众、一切为了人民的宗旨深为赞同，通过共产党的一系列活动，他看到了光明与未来，于是他逐渐向党组织靠拢。1928年，李白玉正式加入中国共产党。

1929年8月，无为部分地区发生洪涝灾害。奸商们囤积居奇，套购贩运，

（1）部分内容参见“知网百科”。根据无为当代名人专题综合整理。

将粮食外运高价卖出，从中牟取暴利。缺粮断粮的农民虽然想方设法借贷，却无处购买粮食，造成无为城乡的空前粮荒，严重地威胁着贫苦群众的生命安全。1929 年冬，在中共无为特区委基础上成立的中共无为县委发动农民协会，组织会员，分别把守县境的水陆交通要道，日夜巡逻，禁止粮食外运。一日，李白玉发现，小江坝有粮商的五六艘大船，装载大米向大江外运。他立即组织了 2000 多名农协会员，对运粮船发出禁运令。然而大粮船熟视无睹。照样扬帆远航。李白玉立即向无为县委上报，并请来吕惠生做说客，与一些农协会员一起登上粮船，向船主和船工宣传农民协会禁粮外运的道理。吕惠生晓之以理，动之以情，他说："因为不法粮商黑心取利，套购粮食到外地高价抛售，一手制造了无为的粮荒，使得城乡群众人心惶惶。禁粮外运是为了救助种粮者。种粮食的人不挨饿才能更好地种粮，市场上才会有更多粮食供应，千万不能让普天下种粮的人心寒。希望船主与船工兄弟们给予支持，将船驶回码头。你们的运输费用，农民协会一定负责补偿，绝不能让你们蒙受任何损失。"吕惠生的一席话立即打消了船主与船工的顾虑，他们主动将船驶回小江坝码头。李白玉带领着农协会员卸下大米，分头运往各农民协会，再由各村农民协会以市场最低价出售给缺粮、断粮的城乡群众，收入的粮款合并交给粮商富户。同时留下少量粮食折价分发给船主与船工，以作运费补偿。

1930 年，根据组织安排，李白玉任中共无为三区冒新洲支部书记。当时，六洲是无为东乡白茆洲的一个小集镇，位于长江以北，背后有一条夹江，东边五公里是汤沟镇，西距三官殿约四公里。住在六洲的是国民党自卫团的一个排有 30 余人，排长叫张侉子，那时，国民党自卫团经常敲诈勒索，常常甩票，逼交种种差费，抢劫搜刮群众财产。其实早在 1928 年 3 月间，倪合台、夏子旭等同志在六洲境内建立了地下组织，吸收了李白玉等 80 余人为共产党员，壮大了革命队伍，从而为大规模的革命活动创造了条件。随着时间的推移，国民党反动派对人民的搜刮与掠夺继续加剧，广大人民由于有了中国共产党的正确领导，因此反抗情绪和斗争力量愈来愈大，愈来愈强烈。六洲地下党组织为了进一步解除广大群众受压迫受剥削的重重困难。1930 年 12 月 3 日，在六洲附近的五号参鱼洲召开支部大会，挂起绣有"镰刀、斧头"的工农红军的红旗。会议由刘静波主持，宣布成立"中国工农红军皖南第三游击纵队"，李白玉也参加了大会。12 月 7 日上午 10 时许，中共六洲地下党的组织发动了千余人，首先分头夺取土豪劣绅刘永亭、倪昌孝等家的枪支。当天傍晚，又有 100 多个坚强精干的战士向六洲进发，从三个方向向敌人的据点冲击，一直激战至天明。因敌人的顽固狡猾，援兵剧增，暴动队伍弹药缺乏，一时难以攻克，最终以失败告终。在战斗中，李白玉锤炼了革命意志和品质，更增强了与敌人斗争到底的决心和信心！

1931年，由于工作负责、表现突出，组织安排李白玉任中共无为县委委员。这一年的春夏之交，无为久雨内涝，至盛夏，东乡圩区是白茫茫一片，村庄像飘浮在水面上的座座孤岛，群众生活陷入绝境。时任中共无为县委书记夏子旭和李白玉一起，置生死于度外，带领群众护堤抢险、排涝救灾，竭尽全力解救群众。7月28日，夏子旭参加中共芜湖临时中心县委会议后返回无为，先后会同张恺帆、周可章、李白玉等人，星夜赶赴陡沟镇军桥村召开县委扩大会议，传达贯彻芜湖中心县委指示。然而因叛徒出卖，次日清晨，国民党警察中队接到密报后率部包围了军桥村，敌人进行疯狂搜捕，气势汹汹，村民仓皇失措。为了保护群众安全，同时为了掩护会泅水的县委其他同志泅水脱离险境，县委书记夏子旭毅然挺身而出，被国民党顽固派押至无城残忍杀害。夏子旭等烈士捐躯后，无为党组织遭到极大破坏，李白玉强忍着悲痛，转赴外地继续从事党的地下工作。

1932年，李白玉辗转来到上海，根据组织安排，担任中共上海市闸北区委书记。在那个白色恐怖的年代里，李白玉在形形色色的特务、军警的虎视眈眈下，凭借着智慧、勇气和胆识，认真负责地开展了一系列地下活动。1933年，因叛徒出卖，李白玉被捕入狱，在狱中，敌人对他施以酷刑，威逼他在“自首书”上签字画押，遭到李白玉的断然拒绝。敌人恼羞成怒，但又认为抓到共产党的区委书记是个大官，便将他收押准备慢慢折磨他，由于狱中阴暗潮湿的环境，李白玉不幸染上了重病，1936年在狱中病逝。

斯人虽已逝去，但他铮铮铁骨，始终没有放弃对真理和信仰的坚守，没有忘记组织和人民的期望，李白玉烈士为人民光荣献身，永垂千秋！

宁死不屈　慷慨高歌

——朱子荣烈士传略[1]

叶悟松

朱子荣

朱子荣（1911—1931），无为县汤沟镇人，出生于农民家庭，少年时期在竞存小学（今鼓楼小学）读书，与张恺帆同班学习。哥哥朱子佼是进步青年，参加过北伐战争。受其影响，朱子荣十几岁就参加革命。1929 年，朱子荣加入中国共产党，后又参加六洲暴动，曾任中共汤沟区委副书记，1931 年 7 月，被敌人逮捕牺牲，年仅 20 岁。

1922 年，朱子荣进入无为新办的竞存小学读书，“竞存”校名的由来，实际上就是为了与当时的无为教会小学对着干。校长王仙俦拒绝洗礼，反对帝国主义文化侵略，是一位胸怀爱国情怀的好老师。朱子荣与同乡好友张恺帆同在这所学校读书，二人互相帮助，志趣相投。

学校虽是小学，却开设了国文、英语、数学（几何、三角）、图画等课程，注重爱国主义教育，朱子荣在学校打下了良好的学识基础。

1924 年，无为县早期参加革命、最早加入中国共产党的卢光楼从北京返回，

（1）参见《张恺帆回忆录》，安徽人民出版社，2004 年 10 月，第 66 页。

他是北京交通大学的学生领袖，在李大钊的领导下进行革命活动。卢光楼利用暑假回故乡进行革命宣传活动，在竞存小学给师生做演讲，以他在北京的所见所闻，讲军阀的割据、帝国主义在中国的暴行，鼓励学生和市民反帝爱国。这些新鲜的见闻和反帝爱国言论，深刻启发了朱子荣的爱国思想，从他少年时便打上革命的烙印。

1925 年，上海爆发了五卅爱国运动，全国响应，朱子荣与张恺帆等老师同学们走上无城街头，向市民散发传单，示威游行。

在竞存小学，朱子荣参加了反对绅商合办的盛昌商店欺压学生的斗争。一天，同学刘孝贤到盛昌商店去买芦花枕头，而店主卖的却是棉花衬的枕头，不愿买，店方怪刘孝贤撕破了线缝，要刘赔偿，争吵之中，店员竟打了刘一记耳光。刘孝贤遭到了凌辱，哭着跑回学校向师生诉说过往，全校震动。操场上哨子一响，二百多名学生集合起来，整起队伍找店方算账。盛昌商店背后有绅士撑腰，不买账。激怒的学生砸了几节柜台，遭到县常备队镇压，抓了张恺帆、朱子荣等几个学生，关押了大半天。竞存小学当即宣布罢课，提出复课条件：第一，释放无辜被关押的学生；第二，店方向学校和刘孝贤同学赔礼道歉。否则绝不复课。王仙俦校长找了进步士绅出面斡旋，结果，常备队见事情闹大了不好收拾，只好放人，商店赔礼道歉。学生的合理斗争，让朱子荣看到了团结的力量。

竞存小学有一批思想比较进步的教师，他们潜移默化地把一些革命理论、进步思想灌输给学生，为无为培养了不少革命人才，如宋士英、邓逸渔、张恺帆、朱子荣等，都在这所学校受到革命的启蒙教育。朱子荣和这些同志后都成长为无为革命斗争中的先锋力量。

1928 年，在中共无为特区委组织的领导下，无为县东乡一带农民运动蓬勃开展，建立了小江坝、李家潭、宋家庙三个农民协会，朱子荣最早参加农民协会，工作积极，成为农协的骨干。

当年闹春荒，贫苦农民家无存粮，生活困苦。特区委指示发动农民协会会员，开展向大户“借粮”活动，贫苦农民在农协的组织下，向周围的富户强制“借粮”，朱子荣一马当先，说服富户拿出粮食分给农民，“借粮”斗争胜利开展，帮助农民度过了春荒，使农民看到了农民协会组织的威力。

1929 年，18 岁的朱子荣加入了中国共产党。

时逢夏季，无为东乡圩区洪水成灾，粮商趁机囤积和套购，贩卖粮食牟取暴利。虽值新谷登场，但无为地区的粮价却不断上涨，饥饿严重地威胁着城乡广大群众和贫苦农民。中共无为县委为了保护群众利益，在政治上、经济上打击地主和奸商蓄意造成的粮荒行为，立即发动和组织农协会员开展禁粮外运斗争。

芜湖粮商于老四在三官殿一带抢购稻米数万斤囤于小江坝码头装船待运，县委书记倪合台率夏子旭、张恺帆等人就近发动农协会员400余人至小江坝，禁止粮食外运。粮商强行开船，胡德荣和朱子荣等农协会员跳入江中，用大斧劈坏船舵，使粮船无法航行，趁机卸下粮食。粮商见粮食无法运走，只好以一元钱一箩稻的价格卖给农民。在县委的组织领导下，各地禁粮外运斗争取得了胜利，避免了全县闹饥荒饿死人的惨景。农协会员朱子荣在斗争中得到了锻炼，逐渐成长为一名勇敢的革命战士。

1930年12月7日，在中共皖南特委和无为县委特别行动委员会领导下，无为发动六洲暴动，成立“中国工农红军皖南第三游击纵队”，计划攻打六洲、汤沟、三官殿敌军据点，继而夺取无为县城，建立苏维埃政权，与大别山红军会师。战斗打响之后，因敌我力量悬殊，暴动失败，朱子荣在暴动的斗争中，冲在第一线，英勇战斗，直至奉命撤退。后担任中共汤沟区委副书记，进行分散隐蔽斗争。

1931年2月，经过短暂的隐蔽后，部分参加六洲暴动的党员陆续公开活动。朱子荣参加“无为武装宣传队”，在邓逸渔、张昌忠领导下，开展以打土豪为主要内容的武装斗争。

7月28日，刚从上海党中央开会回无为的县委书记夏子旭和朱子荣等人，从石涧赶往东乡寻找工农红军皖南第三游击纵队，准备向部队传达会议精神，当晚住宿陡沟军桥村。29日清晨，国民党无为警察中队队长冯文率部包围军桥村，夏子旭等人奋力抵抗，掩护大家突围。在突围中，县委书记夏子旭、三区区委书记周可章、副书记朱子荣三人不幸被捕。当晚，朱子荣等三人被押往无城，在狱中军警对他们严刑拷打，但他们怒斥国民党反动派的倒行逆施，始终坚贞不屈，国民党当局对他们无计可施。30日，夏子旭、周可章、朱子荣三人被五花大绑，押赴无城北门大桥刑场。在押赴刑场的路上，朱子荣慷慨高歌，高唱京剧《李陵碑》中杨继业碰碑的唱段：

叹杨家秉忠心大宋扶保，
到如今只落得兵败荒郊……
金沙滩双龙会一阵败了，
只杀得血成河，人哭马嚎。

一路上，为他们送行的人们，听他们引吭高歌，毫不畏死的英雄壮举，无不为之动容。在无城北门大桥外，三位共产党人被敌人残忍杀害。朱子荣牺牲时年仅20岁。他短暂的一生，为无为革命史添上光荣的一页。

革命者“任难不任名”

——胡珀光烈士传略[1]

王敏林

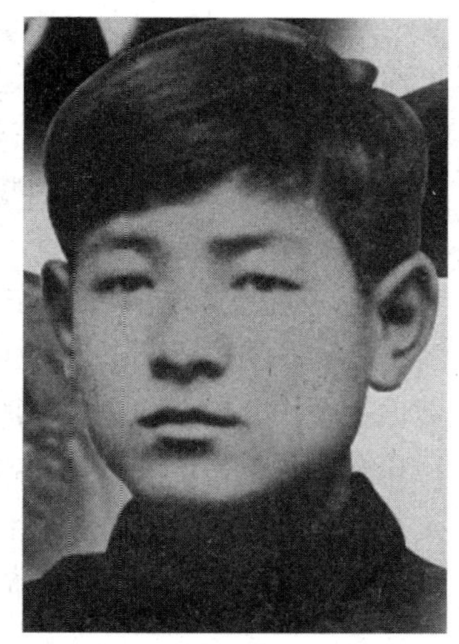

胡珀光

胡珀光，又名胡师旺，字少培。1907年出生于无为县白茆洲一个富裕农民家庭里。成年后的胡珀光圆脸、小分头，五官端正，一双聪明但并不逼人的眼睛，放出友善的目光，好像跟谁都是朋友。他穿着一件中式上衣，脖子上围着一条围脖，看样子，犹如一介书生，邻里乡亲皆称之为“大先生”，潇洒而彬彬有礼，不像是一个激进的革命者。而他有着坚强的革命意志，在胡家瓦屋四位胡姓烈士中，胡珀光是最早离世的，是一颗倏忽而逝、划破夜空的流星。

胡珀光自幼在乡村私塾启蒙，在塾师的教导下，练就了一手好字，他的作业本，字写得很小，行距大，清秀工整，跌宕有致。青少年时代的胡珀光十分崇拜新文化运动的发起者陈独秀，视陈独秀为当时年轻人的偶像，在他的藏书里，尤为喜爱《独秀文存》，他说：“读了几篇，多有可议之处，但一片赤诚之心透纸而来，令人感动。”

1920年，胡珀光就读于芜湖教会学校广益中学。在学校里，中国人被瞧不

（1）参见《胡家瓦屋的故事》，芜湖文明办芜湖文明网，2021年4月29日。

起。胡珀光受不了这种奇耻大辱，加之学费昂贵，读了一年就退学了。那时正是“五四运动”之后，是一个科学与民主思潮深入人心的时代。胡珀光与表兄商恩甫、二姐夫夏学考（夏子旭）、堂兄胡斯星、同学加邻居倪合安（化黎）等人，经常聚会在一起，纵论国事、抨击时弊、畅抒胸怀。内忧外患之时，他们决心抛弃“读书救国”的理想，干一番拯救中华的大事业。青年时代的胡珀光就有记日记的习惯，他的遗物里，有一本封面是浅蓝色的、题为《葬钟》的日记本，题下中间画了一口钟，钟下面画了几条表示音波的曲线，按照当时流行的思潮，意为敲响了帝国主义的丧钟。

胡珀光是胡门年轻一代的长子、长兄。胡氏一门有许多希望都寄托在他的身上，而胡珀光许多优秀的品质和学识也是父辈所认同的。自然而然，胡珀光在同辈中也享有了崇高的威望。胡师林、胡师伟、夏子旭、倪合台先后走上革命道路，这与胡珀光的影响与感召是分不开的。

1925 年 5 月，上海发生举世震惊的“五卅惨案”。消息传来，无为各界民众于 6 月 11 日聚会，成立“无为县支援沪案外交后援会”。胡珀光闻风响应，他与几个同窗好友一道，星夜赶赴无城参加 12 日在无城举行的罢课、罢市、罢工的斗争。他组织成立“清查帝货小组”，将无城“帝货”付之一炬，显示他绝不屈服于淫暴帝国主义统治之下的决心。

1927 年 3 月，随着国民革命军北伐战争的节节胜利，北伐军第三师二营由桐东进入无为。在北伐军的帮助下，胡珀光的五叔胡竺冰成立了国民党无为县党部（左派）以及工会、农会、学生会等群众团体。并组织各界群众，驱逐了无为县长高寿恒，成立了代行县政府职权的临时行政委员会，取得了“夺印斗争”的初步胜利。胡珀光在这场斗争中，表现得十分突出。他善于接近群众，不断深入无城各个行业工会，有时就同手工业工人住在一起，经常用通俗的语言和生动的比喻来宣传革命道理。他经常到毅悟小学进行演讲，启发贫苦子弟，提高他们的阶级觉悟，深受平民百姓的欢迎。他进入无为县临时行政委员会班子以后，常常虚心请教有识之士，倾听他们的意见和看法。在交谈中，他从不轻易打断别人的发言，经过集思广益、深思熟虑后，再谈自己的体会，显示出很高的领导素质和才能。胡珀光生活十分简朴，他住过工棚、茅屋，吃粗茶淡饭，把节约的每一文钱用来帮助有困难的同志，得到大家的充分肯定与认可。

1927 年 8 月，中共无为特别支部在无城成立。特支委员商恩甫深入无为东乡宣传革命、发展党员。胡珀光和他的同道者则成了无为第一批发展的党员。由于胡珀光的胆识和学识，他担任了中共冒新洲支部书记。胡珀光性格文静，但精光内蕴，处事极有条理。冒新洲支部建立初期，工作十分紊乱，胡珀光从建立严格的组织制度和保密制度入手，提出党员分工负责。他规定每周开支部大会一次，用以汇集情况和总结工作，部署任务。他十分关心党组织的发展，亲自审查发展对象，经常找新党员谈话，进行党的知识、革命气节和革命前途的教育。在他的领导和教育下，冒新洲党组织日渐严密，党员觉悟也日益提高。

冒新洲农民协会是无为县建立最早的三个农民协会之一，胡珀光为建立冒新洲农民协会付出了极大的心血。他紧紧依靠广大贫苦农民，通过农协这一组织形式，加强对贫苦农民阶级斗争教育，开展了增加长工工钱、改善劳动条件、禁止虐待贫雇农等形式的经济斗争。

1928 年夏，中共无为特区委根据安徽省临委指示，在白茆洲吴锦章家召开党员大会。会议传达了省临委“518”指示，确定了今后的主要任务是发动群众、壮大力量，迎接新的革命高潮的到来。会议选举成立了中共无为县临时委员会，宋士英为书记，商恩甫、夏子旭、高策清、胡珀光为委员。作为县委委员，胡珀光更加不辞辛劳地为党工作，他“任难不任名”，为本乡举办农民夜校而呕心沥血；又为改善贫雇农生活待遇而殚精竭虑；他日以继夜地动员民众，组织群众开展借粮斗争，帮助群众度过粮荒。胡珀光本来体质较差，身体瘦弱，又患有胃病，因过分疲劳而经常犯病。后来因为营养不良，又患有浮肿病，以致行走十分困难。县临委决定委派倪合台、胡斯星送他到镇江蒋怀仁医师处就医，但为时已晚，医治无效，胡珀光于 1929 年 6 月去世，时年 22 岁。

抗日战争时期，皖江抗日根据地党和政府为了纪念夏子旭和为国殉难的胡珀光烈士，以他们俩的名字建立“旭光小学”，寓意为“旭日东升，光照千秋”。

为党聚财　舍身涧边

——李祝宁烈士传略[1]

叶悟松

李祝宁（1909—1948），无为县红庙镇团山李油坊村人，1940年参加革命，1942年加入中国共产党，1948年壮烈牺牲。李祝宁出生于贫苦农民家庭。少时，家中节衣缩食，送他去当地一私塾读书。李祝宁天资聪颖，好学求知，深得老师喜爱，加之生性善良，乐于助人，同学们都愿与他交往。

李祝宁

读了几年私塾，家中无力再供他读书，辍学之后，李祝宁回家务农，耕作数亩薄田，维持家庭用度。红庙山区油菜种植面积较大，每年收获的油菜籽产量不小，大都卖到外地。李祝宁看到商机，便萌生在家乡开一座油坊的想法。他与家人商议，设法筹了一笔资金，添置了一套木榨榨油设备，在本村开办了一个小油坊，为村民们加工油菜籽，生产菜油。

李祝宁的油坊，一是为本地农民加工菜籽，以菜籽换菜油；二是油坊收购农民菜籽，加工菜油出售。由于李祝宁头脑灵活，善于经营，小油坊办得很是红火，有了盈利与积蓄。久而久之，李祝宁开油坊的村子，被当地人称作油坊村。

（1）根据新四军老战士雷文、朱合喜生前回忆录整理。

李祝宁乐善好施，为人仗义。他看到附近一些年老穷苦之人，衣不遮体，食不果腹，便想了个办法，召集这些人到他家放牛，名曰放牛，只是照顾他们面子的借口，他用这个办法把这些人间接地养起来，供给衣食。至今，油坊村里的老人们对后人谈起李祝宁，都说他慷慨大方、帮助穷人的种种善举。李祝宁还热心为乡邻办好事。一年，连日大暴雨导致山洪暴发，滚滚洪水从山涧中奔腾而下，冲垮了当地群众往来的一座石桥。李祝宁眼见乡邻们涉水过涧的艰难，心中不忍，便个人出资筹款修复石桥，方便南来北往的乡亲们出行。李祝宁为乡邻办的好事，至今仍被老辈人记着。

团山李三水涧是新四军第七师师部驻地，三水涧因银屏山脉、鸡毛燕山东笔架山脉、鸡毛燕子山西等山脉三条山涧汇集之处而得名。从 1941 年下半年以后，这里成为皖江抗日根据地中心区。早在 1940 年，党组织就发展李祝宁参加革命工作。党组织交给他的任务是，利用他开办的油坊，为党组织和新四军游击队筹集资金，并把油坊作为党的情报站与交通站，为党的地下组织和游击队传递情报。

皖江区党委和新四军第七师进驻三水涧后，抗日斗争的烽火、革命理想的氛围，鼓舞着李祝宁，他在当地党组织的领导下，精心操持油坊，适当扩大生产经营规模，把挣来的钱，除掉成本和工人工资之外，都上缴给组织。李祝宁利用自己经商做生意的优势，为第七师部队筹集军粮，代部队和企业购买一些紧俏物资。山外的部队和游击队急需经费时，李祝宁通过地下交通网送去急需的银圆。

1942 年，李祝宁由党组织负责人朱合喜等介绍，加入了中国共产党。李祝宁听从党组织安排，继续经营油坊，为党组织聚集财富，当好交通员。

李祝宁的油坊还是我军伤病员的救护站。中共无南县委书记雷文（解放后曾担任上海市建筑工程局副局长）作战负伤，被安排在李祝宁的油坊里养伤。李祝宁和家人精心照顾，一个多月后，雷文伤愈归队。像这样在油坊养病养伤的新四军指战员很多，李祝宁都尽心尽力地把他们照顾好，让他们康复回到部队。

1945 年 9 月，遵照中央军委指示，皖江区党委与新四军第七师撤出皖江地区至苏北解放区。李祝宁服从党组织安排，未随军北撤，隐蔽下来，继续开办油坊，以做生意为掩护，建好党的交通站，为留下来的党组织和游击队提供情报传递和经费保障。

新四军第七师北撤后，国民党无为县政府从鹤毛返回无城，疯狂地进行反共活动。国民党反动派和反动势力反扑根据地，一时间，根据地笼罩在白色恐怖之中。所幸李祝宁的共产党员身份没有暴露，特务和保丁没有找上门。油坊老板的身份为李祝宁开展党的地下活动提供了很好的掩护。

1946 年 1 月，中共华东局国民党区域工作部派谭长发返回无为，组织领导扩大武装力量，开展对敌斗争，为恢复无巢革命根据地做准备。3 月，无巢游击队在无为北乡成立，队长蒋海云、副队长汤先林，指导员沈斌。游击队人员较少，规模不大，在极端困难的条件下开展活动，基本上采取昼伏夜出的活动方式，联系群众，打击反动势力，起到了鼓舞人民、安定人心的作用。老区的人民奔走相告："新四军又回来了！"

游击队在敌人的疯狂围剿下，活动地域受限，只能驻扎在人迹罕至的银屏山区崇山峻岭之中，供给困难。李祝宁奉党组织指示，经常冒着生命危险为山区的游击队送经费和给养。李祝宁给游击队送钱，都在深夜行动，选择人迹罕至的山间小道，摸黑深一脚浅一脚地跋涉行进。一路上还要避开国民党军搜索队、自卫队、保丁的巡逻，绕过哨卡，隐蔽前行。有一次，李祝宁进山途中，正好碰上国民党军队进山围剿游击队，他急忙躲进了一个山洞，在山洞里躲藏了两天两夜，粒米未沾，直到第三天才侥幸脱身。

游击队负责人蒋海云、沈斌等每次接到李祝宁冒险送来的银圆和给养，都十分感谢，称他为"游击队的后勤部长、财神爷"！

1948 年隆冬，由于叛徒出卖，李祝宁被国民党严桥乡公所逮捕。在狱中，李祝宁遭严刑拷打，敌人逼他写悔过书，供出其他地下党员，李祝宁宁死不屈，决不投降。敌人见榨不出有用情报，恼羞成怒，于当天下午，将他枪杀。李祝宁血染严桥山涧边的小坝子头，时年 39 岁。

渡江战役前夕，一位第 24 军的解放军首长从开城镇驻地赶到油坊村，找油坊老板李祝宁，当村民告诉他李祝宁已不幸遇难的噩耗时，他失声痛哭，与李祝宁的家人交谈之后，嘱咐"节哀顺变"，随后返回驻地。原来这位首长当年在李祝宁的油坊里养过伤，受到李祝宁的精心照料。

李祝宁壮烈牺牲的第七天晚上，山里游击队派来 5 人组成的小分队，在当地地下党组织的配合下，将出卖李祝宁的叛徒李某某抓获，在李祝宁牺牲的山涧边桥头上处决，以告慰其在天之灵。

1984 年 4 月 15 日，经安徽省民政厅批准，追认李祝宁为革命烈士，英名镌刻在无为市烈士陵园汉白玉石碑上，永供后人瞻仰。

捐躯赴国难　视死忽如归

——胡德长烈士传略[1]

王敏林

胡德长，1919 年出生于无为县忠台乡胡家磯村。祖籍合肥（古称庐州府）。祖父因贫穷所迫，逃荒要饭至无为落户。父亲胡道启，自幼当了雇工，成家后在贫困生活中苦苦挣扎。胡德长姐弟 4 人，大姐在 1911 年水灾时遗弃到宣城李西冲做童养媳，此后父母含辛茹苦，在饥寒交迫中将兄弟三人抚养长大成人。大哥德发，生性忠厚，任劳任怨，勤耕农事，忍辱负重，从不招惹生事；二哥德荣自幼外出要饭，以乞讨谋生，忍饥受寒，刻骨铭心，童心深处留下了难以平复的创伤和烙印，遂痛下决心，追求光明与进步，立下了改造社会、争取民族解放的抱负与理想；胡德长幼时侥幸上了两年学，粗通文墨，他精明能干，在二哥胡德荣的影响

革命烈士证明书

胡德长 同志 在抗日战争中 壮烈牺牲，经批准为革命烈士，特发此证，以资褒扬。

中华人民共和国民政部

一九八〇年 元 月 一 日

胡德长《革命烈士证明书》

（1）参见《胡德荣回忆录》，安徽省新四军历史研究会，2000 年 9 月，第 161 页。

下，在抗日战争初期就参加了革命。

1929 年无为春荒季节，正所谓“镰刀上墙，家中无粮”，这是无为农家普遍现象。为了解救农民的饥饿之苦，无（为）东农民协会在党的领导下，对地主和囤积居奇的粮商，开展了分粮、借粮和禁粮外运的斗争。刚满 10 岁的胡德长，跟着二哥胡德荣跑前跑后，传递消息，联络农协会员。他模仿无为东乡的民间小调，传唱张恺帆编写的《农民解放歌》，如《最后的号召》：“要想将来不受罪，赶快加入农协会。农协会，有权威，土豪劣绅打成灰。”胡德长用稚嫩的童声传唱的门歌，在贫苦农民中引发强烈的感情共鸣，启发了群众觉悟，深受群众的喜爱和欢迎。

1930 年 6 月，无城“朱长和”当铺老板朱长和为了鲸吞当物，在将大部分当物转移后，自行纵火焚烧当铺，尔后以当铺失火为由拒不赔当。“烧当”阴谋败露后，城乡群众极为愤慨。无为县委为了把革命斗争引向高潮，决定成立以刘静波、胡德荣为负责人的“被烧当人联合会”，采取公开号召的方式，领导穷苦群众开展一场政治性的经济斗争。少年胡德长也主动加入了斗争行列，他参加宣传、鼓动工作，帮助散发揭露“烧当”黑幕的传单，张贴动员群众的标语，胡德长虽年小体弱，走访“被烧当户”，登记被烧当的当物，为赔当斗争提供书面清单，但也在这场斗争中进一步得到了锻炼，更加相信党、相信群众。

1930 年 12 月 7 日，无为发生了“六洲暴动”。暴动失败后，无为革命斗争形势急转直下，革命转入低潮。国民党反动派千方百计地侦探与跟踪，追杀共产党人和革命志士，胡德荣和张恺帆也名列其中。从 1931 年秋后到 1937 年“七七事变”，无为党组织经历了六个严酷春秋的地下斗争，既要躲避敌人的缉捕，又要免遭叛徒的追杀，他们出生入死、赴汤蹈火。胡德荣曾经四去皖南、奔走于长江南北，之所以能够多次脱险，幸免于难，其中与胡德长巧于周旋，通报敌人动态与信息有关。他机智勇敢，善于捕捉敌人行动的蛛丝马迹，巧妙地传递给地下党组织，使其转危为安。当时，胡德长住进县城东门第二小学，在校长吴亚仲（中共党员）的掩护下，不断探悉敌人情报，使其阴谋一个个落空。

1937 年 7 月 7 日，日本侵略者悍然发动“卢沟桥事变”，中国抗日战争全面爆发。同年 10 月，以共产党员胡士宏为团长的“平津流亡团”到达无为，在东乡宣传抗日救国。此时，18 岁的胡德长已经成为一个热心抗日的群众积极分子。他帮助平津流亡团在白茆汤家摆江子搭台演出，动员群众参加抗日救亡大会。演出结束后，胡德长上台控诉日军侵华罪行，介绍抗日斗争形势，表明了自己参加抗日救亡的态度和行动，引起与会群众的强烈反响。

11 月，中共无为工委成立，任命胡德荣为工委书记，工委首先开展党组织整顿和完善工作，抓紧党的组织建设，建立农抗会、青抗会、妇抗会等党领导下的群众组织。胡德长作为抗日积极分子，首批加入农抗会，他以自己的切身体会，帮助农民群众消除悲观情绪，促进抗日积极性普遍高涨。为了保家卫国，胡德长首先在无东农抗中建立起农抗游击队，他们以民间的大刀长矛、铁叉木棍，有时借用地主家护院枪支，打土豪、抓汉奸，维护了地方治安，成为抗日战争中重要的地方武装力量。

同年底，为了适应蓬勃发展的抗日斗争形势，“无为县国民抗日自卫总队”成立，张君武任总队长。为了加强这支队伍建设，改造这支由国民党溃兵 20 余人组成的抗日队伍，更好地团结教育他们，根据中共无为县委的指示，胡德长、倪昌亚加入了这支队伍，以优良的革命传统，对他们进行脱胎换骨的改造，精神面貌为之一新。

1938 年 3 月，在无为东乡从事抗日活动的无为县国民抗日自卫总队，由于胡德长耐心、细致的艰苦努力，剔除自由、散漫的陈腐习气，输入新鲜血液，总队更名为新四军无为游击队。1938 年 7 月，奉新四军第四支队司令部指示，新四军无为游击队改称为新四军第四支队无为二中队，此时部队发展到 200 余人枪，力量大为增强。为创建、发展、壮大这支抗日武装队伍，胡德长为此倾注了大量心血。这一年，胡德长光荣地加入了中国共产党。

新四军无为二中队成立以来，主要活动在无东地区，因此无东地区形势稳定，社会秩序井然，群众安居乐业，农村集镇商业一片繁荣。这时反共分子范鹏，纠集一部分武装，在无东为非作歹，危害人民，破坏抗日。胡德长提出必须消灭此害，以保护人民群众的安全。经过周密部署，胡德长亲自带队，一举歼灭了这股反动武装，将范鹏就地击毙，为无东人民消除了一大祸害。老百姓拍手称快，也发展了大好的抗日形势。

1939 年秋冬之间，无为县委领导的武装二中队，根据上级决定，编入了新四军江北游击纵队。同时组建新三连，任命丁继哲为连长，陈化群为指导员，胡德长、倪昌亚、朱新中、陈效华、王一夫等任排长，这是无为县委直接领导的武装，军事编制序列属江北游击纵队。

1940 年三四月间，国民党蓄意挑起国共两党的政治纷争和军事摩擦，4 月 20 日，国民党保安二支队司令吴绍礼，率 4000 余人反动武装，围攻新四军江北游击纵队部，江北纵队被迫自卫还击，发生了惨烈的照明山战斗。战斗中，胡德长奋勇歼敌，与敌浴血奋战。由于敌众我寡，武力悬殊，为了保存有生力量，根据上级指示，纵队司令部撤往淮南。胡德长奉命率部断后，渡过清溪后，进入含山县，摆脱敌军追击，胡德长一路雄风犹在，他成为撤退路上的保护神。

同年 5 月，根据新四军江北游击纵队部建议，中共舒无地委决定，胡德荣仍回无为坚持抗日斗争。无为县委以江北纵队派给的 50 余人部队为基础，重新建立新三连，任命丁继哲为连长兼指导员，胡德长为副连长。在艰苦的斗争环境中，他终于成长为一名优秀的军事指挥员。

同年 6 月，新三连过淮南铁路进入和含地区。配合和含的地方武装开展抗日斗争。在和县善后集，新三连与一队日军小队不期而遇。在丁继哲连长的统一指挥下，副连长胡德长身先士卒，率部猛冲上去，打得敌军措手不及，落荒而逃。胡德长乘胜追击，徒手缴获机枪一挺，令敌闻风丧胆。

7 月，新三连编入新四军第七师皖南支队无东大队，胡德长任无东大队副大队长。无东大队在去田桥范家渡途中遭遇一队敌军，展开激战。胡德长在战斗中不幸被敌重伤，颅脑损毁性损伤且上肢骨折。万不得已，胡德长极为痛苦地离开部队，带着伤残，参加临江县委的税收工作。

临江地区在建立抗日民主政权后，把发展经济作为一项重要任务。由于县区乡抗日武装、党政工作人员生活来源主要依靠税收，因此，加强税收工作显得尤为突出。胡德长不辱使命，克服伤痛所造成的严重困难，为了搞好税收，他通过调查研究，制定了正确的税收政策，即对内地外运出售的货物，只征税收，不再打“资敌”。这个政策实行后，来无为过境客商越来越多，货物出入的数量不断扩大，税收也因此大增，后来成为皖中抗日根据地的主要经济来源。

1944 年春节以后，胡德长工作过度劳累，以致旧伤复发，而且在当时极为艰苦的环境里，伤病得不到很好的治疗，以致为革命献出了年轻的生命，这时他年仅 25 岁。

胡德长，他把对劳苦大众的爱化作战斗中同敌人拼杀的精神力量，不怕牺牲，勇往直前，把宝贵的生命无私地献给祖国和人民。他的英名将与日月同辉，与江河共存！

生为百夫雄　死为壮士规

——何也烈士传略[1]

李　虎

何也（1920—1945），原名何光旭，又名何其茂，无为县洪巷镇联合村沙庄人。何也早年出生在一个穷苦人家，他没有读过书，但骨子里由于受到地主恶霸的压迫，他对地主阶级深为痛恨。

何　也

1937 年，“七七事变”后，抗日战争全面爆发。面对山河破碎、满目疮痍的景象，何也悲从心来，他积极参加农抗活动，并受到进步人士和民主人士影响，积极向共产党组织靠拢。1938 年，无为县成立了县抗日人民自卫军，下辖四个大队和政训处等。何也参加了无为县抗日人民自卫军，同年加入中国共产党，并担任湖陇乡副乡长、乡长。1942 年 7 月任临泉区（七区）副区长。

由于当时五区处于日、伪、顽、匪和新四军多方争夺之地，特别是刘家渡、二十四圩一带土匪猖獗，斗争形势更为严峻，环境十分险恶。因何也是五区本地人，工作既有能力也有魄力，他于 1943 年初被组织上从七区调任五区区长。

当时，中共五区工委行使县委权力，工委下辖横山、洪巷、湖陇 3 个区委，直属沿江地委领导。何也与五区工委书记胡孟晋一道，领导五区干部群众，通过

（1）参见《铁军》杂志，2021 年第 11 期，第 14 页。

艰苦努力很快打开了五区的工作局面。

他们首先抓住重点，开展对当地反动势力的军事斗争，剿匪除恶。当时刘家渡二十四圩一带勾结日、伪、顽、匪的恶霸地主胡太全，横行乡里，无恶不作，对抗中共的减租减息政策，并组织地主武装，经常欺压百姓，并袭击中共地下工作人员。何也到任后，首先拿胡太全开刀，在摸清他的活动规律后，趁他带少量家丁外出时将其抓获，并公开处决。然后，又以点带面清缴土匪帮派，还安全于民。当时五区区域内，有多股土匪武装骚扰百姓，尤以二十四圩土匪头子沙氏两兄弟势力最大。他们横行乡里，抢劫过往船只，抢夺老百姓的钱财，给老百姓本就困苦的生活雪上加霜。区工委、区政府在秘密摸清沙氏兄弟窝藏点后，由何也亲自指挥，在新四军第七师第五十五团一部的协助下，全歼沙帮土匪，并在联合大洪村东边山头将土匪头子公开处决。在新四军强有力的政治攻势和军事打击下，五区的帮匪迅速瓦解，周边老百姓的安全感显著提高，更加拥护抗日民主政府的各项政策。1941 年 10 月，国民党桂顽大举攻击三公山根据地。我新四军第七师第五十五团和桐庐无县委分别转移，在五区二十四圩（今洪巷、刘渡臼山一带）活动，1942 年底 1943 年初，为加强根据地党的领导，皖江区党委下设沿江、皖南、和含等地委，部队也整编为相应的三个支队。此时桐庐无县委改称桐庐县委，何也带领五区广大党员干部和群众，主动支持部队活动和发展，积极配合县委工作。当时，他们在牛埠、洪巷、湖陇一带进行整党建党，努力发动群众，发展武装，征粮收税，搞情报，购物资，并护送由无为至桐（城）、贵（池）、怀（宁）以至赣东北和鄂东新四军第五师地区的来往干部。

同时，何也亲自领导了五区的减租减息工作，并在出现灾荒的时候，打开地主粮仓分发粮食给贫苦农民，组织发动农民开发利用荒滩、荒山，进行生产自救。当地人民的生活水平逐步得到改善，生活有了保障，也更加坚定了他们拥护共产党的信念。

为了加强基层党组织，壮大抗日队伍，五区工委和区政府加强各村组织建设和抗日骨干的培养，积极壮大革命武装，将收缴土匪的武器和散落在民间的武器弹药，用于武装农民，五区的革命队伍不断壮大。同时大力宣传党的政策主张，扩大爱国统一战线，争取伪乡、保甲长，他们明为国民党或日伪工作，暗地帮助中共组织收集各种军事、政治和经济方面的情报。如当时陡岗大徐村的徐天辅，曾任国民党无为县参议员，是无为南乡颇具名望和开明的士绅。在王光钧、胡孟晋、何也等人的影响下，他帮助五区工委和抗日政府，为地方政权的建设、维持地方社会安定、维护群众百姓的利益方面做出了一定的贡献。

在何也等人的不断努力下，五区各基层党组织和革命武装的建设得到不断发展，为五区开展对敌斗争奠定了坚实的基础，为建立和巩固无为南乡的抗日政权做出了积极的贡献。

因此何也成为国民党顽固派的眼中钉、肉中刺，他们通过用金钱和美色收买何也的警卫员，对何也实施刺杀行动。在利益面前，警卫员小汪丧失了理想和信念，沦为了敌人的走狗和帮凶。1945 年 5 月，何也在刘渡开展工作时遭到他的警卫员小汪暗杀，牺牲时年仅 25 岁。

从富家子弟到革命战士

——戴振南烈士传略[1]

李　虎

近期，我们走访了部分健在的新四军老战士，在和新四军老战士戴词同志交谈时，他提到他同村的一名战友戴振南，戴词本人也是受其影响参加新四军队伍的。

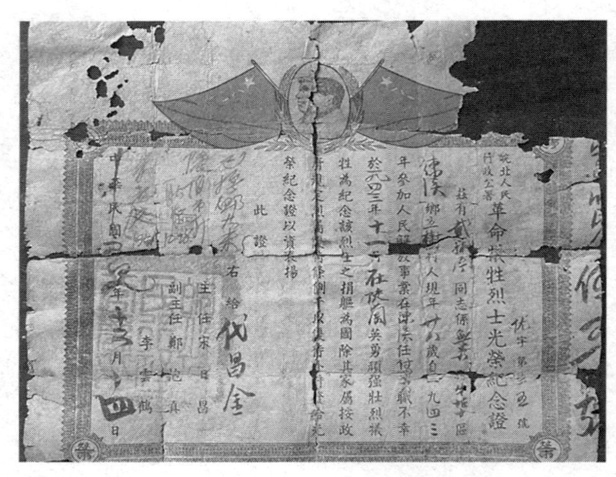

戴振南烈士证书

戴振南同志是在抗日战争时期牺牲的革命烈士，通过走访了戴振南烈士的牺牲地、出生地的村镇干部，并对一些知晓情况的亲属及长者进行了走访了解，我们在其侄子——一位八十多岁的老人的已倒塌的老屋基地，找到了破碎的烈士证书。经过对一些碎片化的信息进行的整理，最终还原了戴振南烈士的生平和牺牲情况。

戴振南（1922 年 2 月—1943 年 11 月），无为县牛埠镇栗树行政村人。他生长在一个较为富裕的家庭，幼时家里有田亩和长工，由于家庭条件较好，父母也很重视他的文化教育，不仅读了私塾，还让他念了高小。

（1）参见《铁军》杂志，2021 年第 11 期，第 14 页。

1937 年，抗日战争全面爆发后，戴振南果断放弃了学业，进入社会工作，逐渐成为家里的顶梁柱。1939 年，17 岁的戴振南在当地镇上一家较大的戴万昌商行作文职，由于他为人聪明机灵，善于与人沟通，很受老板的喜爱。当时，整个社会处于一种混乱无序的状态，日伪军、国民党顽固派、土匪恶霸不断欺压贫穷的老百姓，早早进入社会的戴振南看到这种场景，经常是看在眼里、急在心上。在商行做生意过程中，戴振南有时会接触到中共地下秘密采购人员，受到进步思想的影响，激发了他参军报国的爱国热情。戴振南的思想逐步向党组织靠拢。

我新四军地下组织认为戴振南有文化、有革命激情，到队伍中能发挥较大作用，便进一步对他进行了积极的引导。在党的光明感召下，1942 年 2 月，20 岁的戴振南毅然决然地放弃了相对稳定的工作和较为安逸的家庭生活，离开了父母和怀有身孕的妻子，全身心投入抗日队伍，追求远大的理想。

1942 年底至 1943 年初，为加强根据地党的一元化领导，皖江区党委下设沿江、皖南、含和等地委，部队也整编为相应的三个支队。戴振南参加了新四军第七师沿江地委五区游击队。因他的文化程度较高，入伍时，部队领导安排他担任了文书工作。但他主动要求到战斗班当一名普通战士，在战斗中锻炼自己。在党组织的帮助下，他思想上不断进步，政治信念更加坚定。戴振南为人谦逊，经常虚心向老战士学习，工作积极肯干，很快得到了领导和战友们的好评，半年左右就加入了中国共产党，并担任了副班长职务。

减租减息是我党在抗日时期的土地政策，实行这一政策，既能给农民群众带来经济利益，激励他们的抗日热情，又能团结开明人士和地主阶级共同抗日。为了使这一政策、法令得到贯彻落实，戴振南的部队积极组织了工作队、宣传队深入农村，反复宣传、讲解政府的这一政策、法令，使之深入人心，解除部分农民群众的思想顾虑。同时，对开明人士做统战工作，说服他们遵守政府的政策、法令，自觉地进行减租减息。1943 年 11 月的一天，根据组织安排，戴振南和另一名战士随同区里两名干部到湖陇乡陡岗徐村开展减租减息和其他群众工作。下午，他和另一名战友在村外执行流动岗哨任务时，突然发现姥山炮楼方向有几个日本兵向徐村方向走来。当时，日伪军为了报复群众的减租减息和抗捐抗税斗争，经常三五成群进行小规模“扫荡”，实行烧光、杀光、抢光的“三光”政策。特别是附近炮楼里的日军，经常三五成群地到附近村里抢劫老百姓的粮食、家禽，残害妇女。

在敌强我弱的情况下，他们充分发动群众，提高警惕，密切关注敌情，在突发的紧急情况下，戴振南完全可以自己率先撤离，但他首先想到了村里的两名工作同志和老百姓的生命安全，于是，他放弃了撤退到安全地点的机会。为了给区里的同志和老乡们争取更多的转移时间，他们立即开枪报警，对日军进行阻击。在敌众我寡、武器装备严重落后的情况下，他们和日军展开了激烈的枪战。在战斗中，戴振南身受重伤，后被战友救下送往无为襄安诊所救治，终因伤势过重抢救无效，光荣牺牲，当时年仅22岁。在后来的追悼大会上，戴振南的家人坐在主席台上，一方面痛哭流涕，为失去亲人而感到悲痛；另一方面，又感到亲人为抗日而牺牲，死得其所、死得值得！广大干部、战士和周边群众也为失去戴振南这样的好战士而泣不成声。大家决心化悲痛为力量，狠狠打击日本帝国主义和汉奸卖国贼，为戴振南报仇！

1945年8月，日本宣布无条件投降，烈士英灵终得告慰！今天我们的和平安康的幸福生活，正是因为有了戴振南这样无数的革命先烈抛头颅、洒热血才换来的，我们应当永远铭记他们！

青山永在埋忠骨　黄雒水长祭英魂

——季永木烈士传略[1]

伍　骁

季永木，原名季永遵，字海南，号沐天，曾用名季建成。1906 年 9 月 9 日生，卒于 1945 年 10 月底。安徽省无为县原仓头镇（2005 年撤并乡镇，现为无为市无城镇仓头社区）人。20 世纪 30 年代参加革命，在当地开展革命工作。1948 年，由于汉奸告密而暴露身份，为保护同志的安全，他销毁了全部资料后，悬梁自尽。

季永木之子季昌青

初入革命　参加农抗

抗日战争爆发后，1938 年 4 月，中共无为县工委与国民党县党部联合筹建了无为县各界抗日动员委员会，并建立了工人、农民、商民、青年、妇女等抗敌协会。其中，农民抗敌协会，被当地人称为“农抗会”，又称“农会”。年轻的季永木目睹日寇的种种暴行，毅然参加了革命，任无为县仓头镇“农会”主席。当时无为县仓头镇的社会环境很乱、面积不大，却有三股力量在这里活动，一股

（1）根据“百姓观察网”，2017 年 4 月 4 日，综合整理。

是日本鬼子，一股是国民党，另一股是共产党。当时的农民终日过着提心吊胆的生活。他们称国民党为“灰党”，称共产党为“红党”。季永木参加的就是“红党”。对于季永木的活动情况，仓头当地的老人季永刚回忆说：“当时村里人都不知道他到底在做什么。他们做任何事都是单线联系，第三人从来都不知道。”

1938 年 10 月，广州、武汉相继沦陷后，日军因财力、物力、兵力消耗过大，已无力再发动大规模的战略进攻，随之调整侵华战略，实行以保守占领区为主的方针，减缓进攻速度，抗战进入战略相持阶段。

1942 年 3 月间，驻仓头镇的日军要地方派人去他们的驻地服杂役，我党的地下组织借机派去包括季永木在内的 8 名 20 多岁的青年人去替日军站岗、扫地、做饭，同时伺机刺探军情，进行对敌破坏活动。一天，8 名青年人按照上级指示，在日军吃午饭的时候，火速夺取了日军 1 挺轻机枪，7 支三八式长枪，然后直奔位于无为县正北方的石涧埠（现为石涧镇），抵达无巢地区的独立团（即新四军第七师无巢独立团）驻地。这次行动计划周密，执行果断，给无为地区的日军的嚣张气焰以狠狠打击。

形势严峻　转入地下

随着无为形势的日益复杂，以及我党对敌斗争的不断深入，季永木的工作开始向地下转移。期间，他化名季建成，秘密发展共产党员，扩大组织队伍，开展地下斗争。其中有季昌志（入党后改名为季建华，1958 年 9 月任无为县第一中学党支部书记，后在无为县纺织厂、无为县经贸委工作）、季永全（解放后曾任无为县原工会主席）等人。在这期间，他为革命做了大量的工作，成为我党在无地区的骨干力量。

1945 年 8 月，日本宣布无条件投降，撤离无为。10 月，为了国共两党和平谈判需要，根据中共中央指示，皖江地区除了留下部分人员坚持对敌斗争之外，新四军第七师部队以及区以上的党政人员分 3 批北撤至苏北、山东。国民党政府、县党部机关迁回无为。数日后，桂军第 176 师 528 团由桐庐进入无为。无为再次进入白色恐怖时期，当时，除了原有的县党部、三青团分团外，国民党反动派还先后设立了军统直属组、国民党保密情报组、国防部人民服务队、保安司令部服务队、保安司令部情报组、县总队情报室、绥靖工作队、中统局调查室、“勘乱会”以及由县长、县党部书记长、调查室专员、驻地军队共同组成的“特种会”等特务组织。

保守秘密　壮烈自尽

当时，仓头镇有一恶霸地主的后代名叫朱鼎湖，日军驻扎无为县时他就欺压百姓、鱼肉乡里、无恶不作，曾经被我党组织进行过教育和批斗，因此怀恨在心。第七师部队没有北撤之前，他夹起尾巴来做人，十分低调；第七师部队北撤之后，国民党回到无为，建立了政权，部署了军队。他认为时机已到，带着一帮人（当时被称为“还乡团”）反攻倒算，卷土重来，帮助国民党“剿共”。因他是本地人，对“红党”人员情况掌握不少。他一回来就投入了“剿共”行动，带着人到处动员本地所有“红党”去国民党政府“自首”，争取顽军的宽大处理，还虚张声势地宣传“灰党”的威武强大、势力非凡。同时，他还配合当地的特务，搜集“红党”的骨干及名单，汇报给当地的特务组织。

1948 年 10 月末，季永木已经被朱鼎湖出卖，特务们埋伏在他的住处附近，日夜监视，此时，朱鼎湖以“同乡邻居”的名义劝告季永木去“自首”，遭到季永木严词拒绝。见一招不灵，他又使出第二招：“要想不去‘自首’也行，我政府方面有人，你拿出一千块大洋来，我帮你活动活动，事情也能过去。乡里乡亲的，怎么也不能看着你去送死啊？你还这么年轻，孩子还这么小，以后的路还很长呢，你应该为孩子想想啊！”季永木知道朱鼎湖这是在故意敲诈自己。共产党人在当时都食不果腹，衣衫褴褛，哪来一千大洋？退一万步，就是有一千块大洋，共产党人还要拿来开展革命工作，怎么可能拿给他！他作为一个农会干部，对党忠心耿耿，且掌握着大量的党内材料，他担心自己万一泄露了党内的机密材料，就会有更多的共产党员流血牺牲，党组织必将受到严重破坏，于是在当天夜间将手中的材料（包括公章）全部销毁，后悬梁自尽。其实，当时去“自首”了的部分党员，也尽数被杀死。从国民党部队返回无为起 3 个月内，无为县就有 3700 多人惨遭杀戮。

1948 年春天，华东野战军第四纵队南下，先遣支队（即 33 团）抵达含山和巢湖、无为地区，随后大军势同秋风扫落叶般击退顽军，朱鼎湖被我军抓获，在仓头村鱼塘旁的荒滩上，召开公审大会。公审之后，朱鼎湖被执行枪决。枪决朱鼎湖那天，荒滩上围满了愤慨的群众，他们把平时收租用的风车抬到朱鼎湖面前，轮流对着他的脸吹风，吹够了之后才执行枪决。在新四军没有到无为时，他家就是靠这个强力风车，把农民交的一斗租子吹成八九升。这次让他喝风，算是给穷苦人报仇了。

青山永在埋忠骨，黄雒水长祭英魂。愿季永木的英名与天地同在，与日月共存。

一切为了人民的解放事业

——周化云烈士传略[1]

伍　骁

周化云

周化云（1915—1948），1915年出生于无为县牛埠镇。1932年戴端甫回到家乡创办“仁泉小学”，王光钧是该校最早的学生之一。周化云由于积极要求进步，性格阳光外向，他很快和同学王光钧、何也等，团结在中共党员、学校代理校长任惠群和中共党员教师马中堂（又名马数鸣）、周心抚等人周围，在学生的自我管理、宣传反帝反封建的新文化思想、为农民夜校上课当小先生等方面，都有突出表现。周化云也因此成为仁泉小学的学生领袖之一。

1937年抗战全面爆发，周化云看到日寇侵略、国土沦丧、人民流离失所，深感国家有难、匹夫有责。1937年冬，何际堂、任惠群、刘方鼎和马数鸣常在襄安聚会，自发地搞些抗日救亡的宣传活动。他们多次去襄安东边谢家洼村，想以那里为起点搞抗日自卫队。几人又到牛埠镇，在知识青年中进行抗日的宣传和串联。周化云和王光钧、钱济民、萧继淮以及朱家荡村的周济群等20余人聚集在牛埠东郊一个小庙里开会，都积极要求加入抗战组织。在民主、爱国

（1）参见“无为县革命烈士陵园”《革命烈士事迹综合资料》。

思想的感染下，周化云认识到只有共产党才能救中国。

1938 年，无为成立了县抗日人民自卫军，下辖四个大队和政训处等。当年 5 月，周化云参加无为县抗日人民自卫军。当时政训处处长为吕惠生，团结了一批从事抗日救亡的知识分子，处以下设军训、民运、组织、宣传、秘书等科。周化云被分在民运科，任民运指导员，在湖陇、练溪、牛埠、洪巷、土桥等乡从事抗日救亡活动，结识了中共无为县委的领导胡德荣和党员何道容等人，在他们的介绍下，周化云光荣地加入了中国共产党。

不久受党组织指派，周化云和何道容、王光钧三人进入安徽省民众总动员委员会直属 17 工作团，在团长林立的领导下，组织发动各界群众，建立各界民众抗日团体（如农抗、青抗等），为建立皖中抗日根据地奠定了群众基础。

1938 年 10 月，第 17 工作团团部移驻黄姑闸，活动地区包括湖陇、鹤毛河等地。1939 年春，由周化云率领部分团员到练溪乡，住仁泉小学，活动在练溪、洪巷、牛埠一带。工作团一方面开展抗日救亡群众工作，一方面在团内、地方上建立了党组织，先后发展了陈厚权、钟国理、戴又峰、戴汝谷等一大批中共党员。

1939 年夏，国民党开始采取不抵抗政策，对坚决抗日爱国人士采取调动、监视、甚至暗害等卑劣手段，对爱国团体则进行解散，17 工作团被调离无为。我党则针锋相对，在湖陇、牛埠一带开始筹建党的区委并积极发展中共党员。当年，中共无为四区区委正式成立（现开城、严桥、石涧一带），区委机关先后驻扁担岗、郭公站等地，周化云任四区动委会指导员。他放手在这一带进行整党建党，发动群众，发展武装，征粮收税，搞情报，购物资，并护送我党来往干部。

此时，无为西乡的第四区党的基层组织已普遍建立，抗日活动蓬勃开展，新四军江北游击纵队司令部和中共无为县委机关亦设在开城桥附近。周化云进入四区工作后，与部队和县委频繁接触。为了工作需要，根据组织安排，1939 年底，周化云参加新四军，历任营副教导员、教导员、团政治处主任等职。四区的抗日活动也开展得轰轰烈烈、有声有色。

1942 年春节期间，王光钧和戴衍芳同志到牛埠小小酒家（实为我党地下情报联络站）秘密碰头，谈工作。酒家负责人马迪民对他们非常热情，亲自将他们安排在较僻静的小房间吃茶。哪知不多一会儿，周化云带着紧张神情跑去告知王光钧，“敌军已向西关开来”，并急忙带着王光钧等同志经马迪民家里从后门出去。出门后，周化云带着他们从自己所住屋后小巷子里向灵璧山方向急奔，刚跑出牛埠镇外，西关的枪声已响了。这其实是顽固派的预谋，要不是周化云的警觉和掩护是很难走脱的。

1945 年 8 月 15 日，日本宣布无条件投降，抗日战争胜利结束。8 月 28 日，毛泽东等赴重庆，与蒋介石进行谈判，在不损害人民根本利益的前提下，做出了让步，主动让出包括皖中、皖南在内的8个解放区，并将这些地区的人民军队调往长江以北或陇海线以东地区。从10月起，新四军第七师扩编北上苏北、山东，周化云随部队编入华野第七纵队，北撤江苏。

1948年11月26日，淮海战役第二阶段，国民党第12兵团四个军和一个快速纵队，被解放军合围在以双堆集为中心东西不足十公里，南北不到五公里的狭小地域。其中，位于双堆集的南侧的大王庄，原是一个有40多户人家的村庄，屏护着黄维兵团的核心阵地，地理位置异常重要。驻守大王庄的，是其第18军第118师第33团。第18军是国民党军的五大主力之一，其第118师第33团更是在抗日战争中立下赫赫战功，号称“老虎团”。该团全部是由战斗经验丰富的老兵组成，作战时凶狠顽强，罕遇对手，堪称是第18军之精华。12月6日，解放军对黄维兵团发起总攻，12月9日，中野第6纵和华野第7纵联手对黄维兵团部南面的屏障大王庄发起了猛攻。华野第7纵队第20师第58团率先突破敌阵地，战斗中，周化云不幸被敌人炮弹击中，英勇壮烈牺牲，牺牲前，他还用最后一丝力气打出一发子弹击毙了一个敌人。

在他的鼓舞下，经过血战，“老虎团”终于被我攻击部队逐出了大王庄。当天夜里，国民党军组织力量进行反扑，那些经验丰富的老兵凶狠异常，枪法准得很，拼刺刀也厉害，冲锋的时候成堆地上，剩了一个人也敢上，有炮上，没炮也上，充分利用地形地物和我军进行搏杀，竟连续发动了15次冲锋。打到最后，“老虎团”伤亡殆尽，我攻击大王庄的三个营也所剩无几。最后，解放军的老虎打败了国民党的老虎，而大王庄的丢失，也在黄维兵团的防御核心阵地撕开了一个口子。国民党军五大主力之一的第18军，经此一战，再也无力反扑，黄维赖以依靠的最后一根支柱也垮了。

战斗英雄周化云，为革命献出了宝贵生命，同志们心情都非常沉痛，他的名字永远在人民革命的丰碑上闪闪发光。

铁骨铮铮　英雄壮志

——俞琳烈士传略[1]

伍　骁

俞琳（1912—1948），又名俞维印，安徽省无为县严桥镇小俞岗自然村人。自小家中贫苦，父母都是穷苦农民。俞琳兄弟姐妹六人，他在家中行二，由于兄妹较多，童年时代的俞琳便过早地承担了家庭的重担，小小年纪的他成了放牛娃。和千万个贫苦农家一样，一家人起早贪黑，累死累活，却难以解决温饱问题。在幼小的俞琳心中，早早地感受到了地主老财的狠毒和反动官僚的黑暗与不公。由于家境贫寒，俞琳只在当地的老私塾短暂学过几个月字，虽然学习的文化不多，但他头脑聪明，为人灵活，同时打得一手好算盘，闭上眼都打得比别人快，人称“神算盘”。这段短暂的学习经历，让他早早地就懂得了一些做人做事的道理，这也为他后来走上革命道路、开展一番轰轰烈烈的革命活动打下了良好的基础。

俞琳的烈士证明书

1937年“七七事变”后，抗日战争全面爆发，在中国共产党的领导下，

（1）部分内容根据俞琳之侄俞佳银及俞佳广（曾任俞琳村党总支书记）、俞佳根老人口述提供。

全民族抗战开始打响。俞琳的家乡严桥属于革命老区，抗战时期，这里是皖中（江）行署和新四军第七师师部所在地，也是全国十九块抗日根据地——皖江抗日根据地中心区。受形势影响，年轻力壮的俞琳也想着参加革命，由于经常在外闯荡，他结识了本地几个热血青年蒋海云、万福民、沈斌、沈辉勇等人。他也将自己的名字“俞维印”简化成“俞琳”，意为行动敏捷的开展革命活动。他们开始秘密从事一些地下活动，经常白天潜伏，黑夜锄奸，破坏敌伪行动，让附近一带的日伪军和地主恶霸风声鹤唳、闻风丧胆，在战斗中，俞琳被锻炼成为双枪手，百发百中，两把驳壳枪从不离身，当地百姓亲切地称呼他为“印二爷”（因其在家中行二）。

1938 年，俞琳在严桥参加了地方游击队。由于作战勇敢，又善于动脑筋，很快成长为地方游击队的骨干。同时，为了进一步扩大革命果实，团结一切可以团结的力量抗日，在组织的安排下，1940 年前后，俞琳受命潜伏到巢湖高林，打入伪国民党内部。由于他为人机警、仗义好客，在敌伪内部很快获得了升迁，担任了国民党当地伪乡长。他充分利用自己职位优势，为游击队和穷苦人民做了许多好事实事。当时严桥当地农民购买粗盐不顺，经常被地痞恶霸和伪军盘剥，苦不堪言，为了帮老百姓解决生活困难，俞琳经常以伪乡长身份出面调处，使很多乡民顺利购得了粗盐。此外，由于游击队缺人少枪，俞琳又悄悄利用职务之便，将敌伪军的枪支偷偷转移出，再秘密送到游击队手中，他胆大心细，有时偷偷跟在几个伪军后面，看他们上厕所，便假装和他们一道，实则偷摸溜出来，将枪械顺走，伪军们以为遇上了高人飞贼，叫苦不敢言，只得暗地吃了哑巴亏。

还有一次，俞琳听闻新来了一个班伪军驻守高林，作恶多端，鱼肉乡里，于是他乔扮成卖柴人，决定单人独马去会会这些伪军。到了村公所，看门一伪军立马叫住他，恶狠狠地讲：“卖柴的，这柴我买了，把柴送我们食堂去。”他挑着柴到了食堂，一看里面还有九个伪军在喝酒聊天，步枪都靠在旁边的墙上。他不动声色把柴放下，解开绳子，把柴搬到隔壁厨房里，然后猛然间从柴火里抽出两把早已藏在里面的盒子枪，一个纵身跳到食堂，大吼一声：“不许动。动就要你们命！”十个伪军一下傻了眼，乖乖举起了手投降了。他挥着枪，让两个伪军用捆柴的绳子把八个伪军捆起来，绑在院子的大槐树上。俞琳厉声告诉他们：“都是中国人，今天放你们一马，不杀你们。今后要是为非作歹，祸害老百姓，那你们离末日不远了。”伪军们都吓得魂飞魄散，跪地谢恩：“以后再也不敢了，爷爷饶命！”教训完毕，俞琳把十把步枪让两个伪军用麻布袋装起来，让他俩抬着走在前面，他跟在后面，向着严桥霸王山阔步走去。

俞琳所在的游击队频繁转战于严桥、古楼、槐林一带，更曾奔赴江南等地奇袭敌人。芜湖县赵家桥距离无为县恍城区一百多公里。1944 年 10 月，俞琳所在的恍城区区大队，派出沈斌、汤先林、俞琳等 9 人，组成一个小分队，长途奔袭芜湖县赵家桥伪据点，在据点内应俞四保、大老张的接应下，趁夜智取，将一个排的伪军一锅端掉，缴获步枪 29 支，俘虏伪军 27 人，取得了辉煌的胜利！受到了新四军第七师师部和无为县政府、无为县人民抗日自卫军总队的嘉奖。一时间，夜袭赵家桥夺枪的故事，传遍皖江根据地的四乡八镇。

抗战胜利后，1945 年 10 月，新四军第七师奉命北撤，当时国民党军政特务遍布巢无各地，农村恢复保甲制度，对隐藏新四军者实施“一家不报，十家连坐”的规定。为了保存革命有生力量，俞琳继续秘密开展地下活动。

1946 年 2 月，蒋海云、沈斌、俞琳、汤先林在银屏山婆婆弯开会，决定重建巢南游击队，由汤先林任队长，沈斌任指导员，蒋海云任副队长，俞琳任文书；同时建立党支部，沈斌兼任党支部书记。支部很快将大沈、大方等村共 50 多名中共党员秘密组织起来。没有武器，游击队便用铁钉和花炮药、炮芯子等自制手枪，还能打连发，搞得敌人摸不清真假。游击队首先干掉了胁迫中共秘密党员和干部自首的地痞方老九、反动保长沈昌泽，勒令大沈村、凤凰乡保长沈昌平、程春甫为游击队筹粮筹款，又惩办了反攻倒算地主、反动的县参议员江顺安。他们狠狠地打击了敌人的嚣张气焰，群众的革命热情又高涨起来了。

1947 年春，随着中国人民解放军在华东战场节节胜利。战略反攻即将来临，中共华东局国民党区域工作部，分期分批派遣党政干部以及军队进入无为地区，恢复党的组织和老解放区的对敌斗争，开辟国统区的第二战场。1 月，南下干部组成中共巢无工委，整编了在该地区坚持游击斗争的游击队，并改番号为巢无游击大队，俞琳奉命编入游击大队，成为南下先遣队的一员。1948 年 2 月，中共皖西四地委、四专署、四分区在无为上庄院子成立，中共无为县委此时经四地委批准，在中共巢无工委的基础上成立，俞琳继续坚持在严桥、银屏一带活动。

当时，部队仍处在秘密活动阶段，为了躲避国民党反动派的追杀剿捕，他们白天隐蔽在附近的党员徐立华、徐立树家中，晚上出来行动，并安排了附近羊山村一个熟悉地形情况、行动快捷的联络员杨宠山（绰号“杨猫子”）负责购置一些必要生活物资，再秘密转送入部队手中。一天，杨猫子到严桥集镇购买电光石（部队夜间行动照明用），由于采购的时间较晚，不料当面遇上了一队从国民党伪严桥乡公所出来巡逻的伪军，领头的伪军一看杨猫子鬼鬼祟祟拎着个篮子，便大喝一声“干什么的！”此时，杨猫子吓破了胆子，放下篮子便跑，很快被伪军围住擒获。他胆小怕死，一被抓获便一股脑将南下部队的情况交代出来，敌伪军如获至宝，立即派出一队士兵，随杨猫子根据接头暗号抓捕俞琳等人，在徐古山（现属严桥街口村）下，将俞琳诓骗逮捕。

被捕后，关押在严桥伪乡公所狱中的俞琳宁死不屈，坚决不肯吐露关于部队的行动计划及人员分布的任何一个字，敌人对他无计可施，便将他转押至国民党无为县调查室，为了防止他逃跑，敌人凶残的用钢丝穿透俞琳的锁骨，并施以各种严刑毒打，但俞琳仍未交代任何情况，敌人恼羞成怒，便准备将其杀害。当时，外围的党组织得到消息后，积极组织开展营救，他们和俞琳家人一起，凑够了 70 余担大米，买通了国民党有关人员，准备释放俞琳，然而天不遂人愿，伪国民党县政府的“红笔师爷”艾秉之（专门负责勾决人犯）抢先下令处决俞琳。在一个月黑风高的夜晚，几个敌伪士兵在无为城外挖了一口大坑，灌满水后撒入十袋生石灰，俞琳被推入坑中，壮烈牺牲！

新中国成立后，1963 年的一天，时任无为县人保干事的任志华来到俞琳老家搜集整理有关烈士的资料，通过查阅发现，叛徒杨宠山仍然活跃在严桥当地，并在一个村耀武扬威当上了民兵营长。任志华立即向县有关部门报告了这一情况，有关部门大为震惊，在核实之后，立即将杨猫子抓捕归案，在铁的证据面前，杨猫子供认不讳，承认了出卖并杀害烈士的事实，杨猫子最终伏法，烈士英灵得以告慰！

俞琳去世后，留有妻子丁氏和一个不满周岁的儿子，然而母子二人先后不幸患上了黄疸病和天花离世。

2006 年，俞琳家乡的原中桥、长岗、山东三个自然村合并，新的行政村以俞琳烈士名字命名，为了纪念烈士，当地还将该村小学校名命名为俞琳小学，意为纪念烈士铁骨铮铮为百姓的精神。2015 年 7 月 13 日，国家民政部正式批复俞维印（俞琳）同志为革命烈士。

用生命书写辉煌

——蒋效农烈士传略[1]

左　华

蒋效农（1923—1971），无为县河坝乡蒋家村人，1923 年生，1942 年参加新四军，1943 年加入中国共产党。历任新四军第七师第 19 旅第 55 团 2 营 5 连战士、青年干事，第 55 团 2 营书记，后转入地方皖江区繁昌县政府任会计科员。1946 年重新回到部队任新四军第七师第 19 旅第 55 团政治处干事，1949 年任三野第 25 军第 73 师第 217 团组织股副股长、股长，三野第 25 军政治部干事。新中国成立后，任徽州军分区组织科副科长、科长，1954 年任安徽省军区队列科科长。1959 年任安徽省军区政治部干部处副处长，1961 年任安徽省军区军务处处长。1966 年任合肥市人武部副政委（副师级），1970 年任合肥警备区副政委，1971 年在工作岗位上突发疾病逝世，后被追认革命烈士。

1955 年，蒋效农被授予少校军衔，1963 年晋升中校军衔，荣获三级解放勋章。

1942 年，在抗日战争最艰苦的时期，蒋效农在无为县严桥俞家岗村毅然参加了新四军。开始分在第七师政治部大江剧团任团员。初到部队，他什么都不

（1）参见东部战区军事档案馆“蒋效农烈士”档案。

懂，但是他头脑机灵，虚心好学，工作积极肯干，吃苦在前，很快受到部队首长重用，几个月后调至第19旅第55团2营5连任青年干事。由于工作认真、成绩突出，一个多月后，又提升为2营书记，虽然其文化程度不高，但他不耻下问，刻苦钻研，埋头苦干，成绩显著，获得首长和战友们的一致好评。

1943年2月，蒋效农因病住进师医院，情绪一度很消沉，但医务人员对他悉心治疗，首长和战友们也常常看望并写信慰问，使他感觉到部队的温暖，精神得以振奋，从而更加坚定了他革命到底的信心。此时，由于皖江行署刚刚成立，需要抽调大批精干人员支援地方政府工作，经部队推荐，蒋效农同志转入地方政府工作。1943年，他调至皖江行署临江办事处、繁昌县孙村区、繁昌县政府分别担任会计、征税员、会计科员等职。在地方工作的两年期间，蒋效农积极转变角色，虚心请教、大胆心细、处变不惊，总是能够出色地完成各项工作任务。尤其是在繁昌县孙村区任财粮区员时，身处日伪军经常扫荡、顽军不断侵犯骚扰的恶劣环境，蒋效农不畏艰险、不怕牺牲，广泛深入群众、发动群众，积极开展征粮收税工作。由于业务熟练，机智灵活，点子又多，一次次出其不意、化险为夷，不折不扣地完成了上级任务，工作从未出现任何纰漏，多次受到繁昌县政府的表扬和嘉奖，上级领导曾赞扬他是征粮收税的行家里手。

1945年9月，组织上为了培养部队干部，蒋效农随同大批地方干部一道回到新四军第七师，踏上了北撤征程。1946年，解放战争全面爆发，蒋效农任第19旅第55团政治处干事，因有了抗日战争洗礼和地方工作的经历，蒋效农逐渐趋于成熟、老练，他的胆识、魄力及丰富的机关和基层连队工作经验，也让他的政治水平和综合分析能力大幅度提高，工作得心应手，首长对其表现更是刮目相看、赞不绝口。

1947—1949年间，蒋效农同志任华东野战军七纵第19师第55团组织干事、三野第25军第73师第217团组织股长、三野第25军政治部组织干事。期间，其创造性地发挥自身善于发动群众、善于总结经验的特长和优势，加之长期地方工作的经验及耐心细致的做群众的思想工作，使得所到之处，群众参军支前积极性空前高涨，得到了上级首长的多次表扬与高度信任。

1948年3月后，根据解放战争的形势不断深入，部队由防御转入进攻，全军上下士气空前高涨。蒋效农深知基层思想政治工作的重要性，他主动请缨，率先下基层担任指导员，掌握了第一手资料，对于连队的思想工作做到有的放矢。同时，他主动向上级反映了基层情况，并适时提出合理化意见，之后部队连续打了多个胜仗，他所总结出的连队思想政治工作经验，也得到军首长的褒奖，被提拔为团组织股股长。

蒋效农同志工作积极主动、意识超前，考虑问题细致且周到，执行上级指示毫不含糊。在长期的革命生涯中，他感受到，人民群众积极支前的实际行动与我军取得的辉煌胜利，是革命军人生命不息、革命到底的决心和勇气源泉，这也促使他更加坚持原则、坚守纪律，敢于与不良倾向做斗争，1949 年被第 25 军政治部记三等功一次。

新中国成立后，蒋效农无条件服从组织的安排与调动，继续在各个岗位上发光发热。1971 年，因突发疾病，他不幸英年早逝。

蒋效农的一生，无论身在何地、身居何职，始终不忘初心，牢记使命，任劳任怨，甘于奉献，为部队的建设与发展全心全意、呕心沥血，在平凡的岗位上做出了不平凡的贡献。他工作踏实，实事求是，光明磊落、高风亮节，为广大官兵与后人树立了光辉的榜样！

甘洒热血写春秋

——米亚洲烈士传略[1]

童毅之

米亚洲，1913年出生于无为县白茆区红旗乡。位于无为东乡的白茆，一直是中共无为地方组织领导革命的策源地。1927年8月，中共在无为建立了第一个党组织——无为县特别支部，成立后一直把领导农民斗争作为革命的首要任务，在白茆发展了无为农村最早的一批共产党员，如夏子旭、倪合台、吴大培、吴锦章、胡师旺等，积极组织农民协会，开展革命斗争。先后组织了“禁粮外运”“借粮斗争”“六洲暴动”等，使无为东乡成为无为地区最活跃的革命地区。“七七事变”后，张恺帆、胡德荣、倪化黎、吴锦章、任惠群、刘方鼎、吴大培等人先后来到白茆胡家瓦屋胡竺冰家，经研究，决定成立“无为县青年抗敌协会”，开展抗日宣传，写标语，出墙报，组织工农群众联系各界爱国人士，开展救亡活动。一时间，以胡家瓦屋为中心的白

米亚洲烈士殉难地——无为县汤沟镇观音庙

(1)参见《中国共产党安徽省无为县组织史资料》，安徽人民出版社，1993年12月，第65页。

茆便成为无为县人民抗日救亡活动的中心。

受各界人士革命活动的影响，米亚洲积极投身火热的革命斗争，参加了新四军江北游击纵队，并于 1940 年加入中国共产党。不久，调江西赣北特委工作。

1941 年 1 月，中共赣北特委（驻江西鄱阳北部山区）因景德镇市委遭破坏而暴露，特委书记黄先、武装部长刘宗超、宣传部部长刘光让等率特委机关，途经彭泽转移到宿松湖区，驻王家墩，直接领导宿松湖区人民的抗日斗争。特委在王家墩成立了“宿（松）望（江）湖区行政办事处”，米亚洲任主任，王梦槐任副主任，属赣北特委领导，下辖原“太宿联乡办事处”管辖的赤汉、湖演、许岭、太湖四个乡和套口、占峦一带湖区，行使“太宿联乡办事处”职权。米亚洲在赣北特委的领导下，组织湖区党组织及抗日游击武装与新四军第五师一部及新四军第三支队挺进团到达湖区的部队会合，并肩战斗，共同开辟了宿望湖区抗日游击根据地，对于动员和武装人民群众抗击日伪军，打击国民党顽固派势力，捍卫无巢中心区，沟通成立后的新四军第七师和第五师之间的联系，做出了重大贡献。

宿望湖区抗日武装斗争和根据地建设的发展，引起了国民党顽固派的严重不安。时任安徽省主席李品仙顽固地执行“攘外必先安内”的方针，于 1942 年初，以数倍于我之兵力，从太湖、宿松、望江三面进剿湖区，企图全歼我新四军挺进团和独立团（地方武装改编）。在敌人的重重包围下，我军奋起反击，激战七昼夜，终因力量悬殊，寡不敌众，不得不为保存有生力量而突围撤出湖区，留下少数同志成立宿望湖区工委（书记沈清之），米亚洲也奉命留守湖区领导游击斗争，与敌人周旋。

1943 年，米亚洲奉调赴皖南从事党的地下工作，多次冒着危险收集、传递情报，好几次差点被敌人抓获，他凭借自己的机智脱离虎口，深受同志们的赞赏。1945 年 8 月 28 日，毛泽东、周恩来等赴重庆，与蒋介石进行谈判，共商团结建国大计。在谈判中，中国共产党对解放区土地和人民军队数量等问题，在不损害人民根本利益原则下，做出了让步，主动让出包括皖中、皖南在内的 8 个解放区，并将这些地区的人民军队调往长江以北或陇海线以东地区。9 月，新四军第七师在师长谭希林率领下奉命离开无为，北渡巢湖，到达津浦路西。米亚洲负责处理我军北撤后的善后工作，未随军行动。10 月，赶赴苏北归队，奔赴山东。

新四军北撤后，国民党白色恐怖加剧，部分留在无为县临江境内坚持斗争的人员被迫自首，但仍有革命意愿。为团结他们继续革命，中共临江临时工委于 1946 年 9 月，以群众团体形式，建立“人民解放联合会”，组织这些人加入革命统一战线。1947 年 2 月，华东局国区部决定恢复临江地区，陆续派遣党员、干部回乡，米亚洲奉命南下返乡开展敌后工作。5 月，临时工委于南京季潮洲召开会议，决定临时工委，对外称“苏皖工委”，谢金陵任临时工委书记，米亚洲任临时工委副书记。成立临江游击大队，谢金陵兼任大队长，米亚洲兼任指导员，对外称“苏皖支队”，活动于无南、白茆、陡沟、河坝、蛟矶一带。8月30日，该部在流泗陡门的砀山遭反动派军队伏击，谢金陵牺牲，临时工委和游击大队损失严重，便转移至无巢山区。10月，临时工委和无巢工委组建了统一的中共无巢工作委员会，以集中力量，加强对无为全境武装斗争的领导。临江游击大队由张鹏代任大队长，米亚洲兼任指导员。

1947年7月，因游击大队枪支弹药严重缺乏，米亚洲只身去芜湖筹集枪支。归途中，因叛徒出卖，于汤沟观音庙被捕，敌人施以各种酷刑逼供，米亚洲宁死不屈，遭敌人乱刀杀戮，尸体被分成几段，惨不忍睹，最后壮烈牺牲。

划过天际的流星

——季业好烈士传略[1]

童毅之

季业好，又名季一好，1924年12月出生于无为县石涧区黄埠村七房自然村。季业好的祖辈早年参加太平天国运动，曾参加太平天国与清政府在无为石涧的著名的草鞋岭战斗，失败后回到老家隐姓埋名，利用老家太平乡圩区之便，养起了鸭子，也算小有收成。到季业好父亲时，家里养的鸭子已有一千多只，在当地算是比较富裕的家庭。

季业好

季业好六岁时进入本族的私塾读书，因为聪明伶俐，深得塾师的赏识和族长的赞许。加上祖辈的革命经历，祖父、父亲、叔伯等人时常向他灌输朴素的革命道理，使得幼小的季业好心灵里播下了革命的种子。

20世纪二三十年代的无为，同全国一样，反帝反封建（北洋军阀）的斗争此起彼伏，地处无为、巢县结合处的石涧革命斗争更是如火如荼。尤其是“七七事变”爆发后，中国人民在抗日民族统一战线指导下，有钱出钱、有力出力，纷纷投身于抗击日本法西斯的潮流之中。此时，年仅13岁的季业好带着11岁的弟弟季业胜，利用年幼的优势当起了通信员、侦察员，及时传达上下级信息，准确

（1）根据无为市档案馆馆藏资料“民政第558号”卷宗。

报告敌情。因为兄弟俩的机智，在传递情报、侦察敌情过程中每次都圆满地完成了任务，深受领导和同志们的赞扬和鼓励。

1940年6月，季业好正式参加新四军，加入新四军江北游击纵队第二团，后改番号为无为抗日游击纵队，在无巢地区进行抗日斗争。不久，季业好被任命为无巢游击大队石涧区游击队队长。一天，季业好带领两名游击队员，趁着黑夜摸进日伪军太平乡乡公所，当时守卫乡公所的日伪军有一个排，只能智取。季业好只身爬上靠近乡公所房屋的一棵大树上，手攀树枝，荡着秋千跃上房顶，扒开房顶，系着绳索进了乡公所，打开了乡公所大门，和两名队员一起杀死两名值班日军，顺势将靠在墙边的十三支长枪、两支短枪、五千发子弹设法运走，为新四军增添了急需的武器装备，受到无巢游击大队嘉奖，提拔他为游击支队队长。

季业好心里时刻想着人民。石涧地区百姓青黄不接，无米下锅，他带领游击队员，趁黑潜入地主恶霸家中，刀架在地主豪绅脖子上，逼迫他们开仓放粮，每户分米三斗，帮助百姓度过饥荒，深受百姓拥戴。

抗日战争胜利后，蒋介石集团矛盾重重，内战部署一时难以完成，因此在积极准备内战的同时，又表示愿意同共产党谈判。1945年8月28日，毛泽东、周恩来等去重庆，与蒋介石进行谈判，共商团结建国大计。在谈判中，中国共产党对解放区土地和人民军队数量等问题，在不损害人民根本利益的原则下，做出了让步，主动让出包括皖中、皖南在内的8个解放区，并将这些地区的人民军队调往长江以北或陇海线以东地区。

为了保卫人民抗战的胜利果实和壮大革命力量，华中局和新四军军部根据中央部署的“向北发展、向南防御”的策略方针，决定新四军第七师主力北撤到津浦路西。

从1945年10月3日，无为地区军政人员北撤后，10月5日，从1940年7月就退缩到无为、庐江交界一隅的国民党无为县政府、县党部机关带领县常备队即从驻地进入无为县城。不久，以周雄为首的国民党桂系第176师第528团亦由庐江、桐城进入无为境内，国民党安徽保六团、保八团进驻无为地区。国民党第21集团军第138旅亦由庐江进驻无为。一时间，无为地区大兵压境，城乡气氛恐怖。

为了实现独裁统治和镇压无为人民的革命斗争，国民党反动派一进无为县城就恢复和重建了各级反动政权机构，除国民党县政府、县党部、三青团分团外，还先后建立了许多特务组织。有搜集军事情报、监视人民群众进步活动的军统直属组、国防部保密局情报组、国防部人民服务队、保安司令部服务队、保安司令部情报组、县总队情报室、绥靖工作队；有专门杀害革命志士、强迫地下党员自首的中统局调查室，区、乡设有中心组和核心组；有由县长、县党部书记长、调查室专员、驻地军队头头共同组成的特设反动机构——“特种会”等特务组织；有的专门收罗特务、地痞、流氓镇压学生团体。

国民党无为县政府统治后，恢复保甲制，加强对城乡人民政治思想的反动统治。在无为县内设立 8 个军事联防区，并与庐江、巢县共同成立三县联防区，随时对人民群众的进步活动进行镇压。据不完全统计，仅 1945 年皖江军政人员北撤后的三个月内，无为县就有 3700 多名抗日志士、民兵和群众被杀，国民党杨创奇部驻无为不到一年，就屠杀革命干部和群众达 10000 余人。

新四军北撤后，季业好奉命留守无为，协助第七师留守处主任胡治平开展工作，先是被任命为石涧区警备连连长、指导员，后被任命为石涧区武工队队长。他带领武工队转战石涧山区，惩恶扬善。石涧街道地痞流氓周老七，横行霸道，欺压百姓，强抢民女，成为一方祸害。季业好得知情况后，决心为民除害。1946 年除夕之夜，周老七正和小妾寻欢作乐，季业好单身越墙入室杀死周老七，为百姓除去一害，百姓拍手称快，土豪劣绅闻风丧胆。但驻守地方的国民党头目盯上了季业好，多次诱捕未果，穷凶极恶之下抄了他的家，并三次放火烧毁了他家的房屋，父母惨遭毒手，弟弟无家可归，常年在外流浪。

季业好率领的武工队成为国民党反动派的眼中钉、肉中刺，必欲除之而后快。1948 年 2 月 26 日，国民党驻巢县保安团从巢县林家桥等数处出发，向石涧进发，偷袭我石涧武工队。武工队队员有 150 多人，但只有 10 支盒子枪、20 支步枪、1 挺轻机枪，武器、人员都明显处于劣势。为避免与敌正面冲突，季业好决定暂时撤离石涧镇，向太平乡黄埠圩转移，但没想到的是，从东边含山东关方向的另一支国民党军队又从我武工队背后包抄过来，我军两面受敌，不得不从鲁云闸村向潘家大村转移，我军在潘家大村还没站稳脚跟，国民党军队已将村子团团包围。面对重重包围的敌人，季业好临危不惧，他想到如果与敌人决一死战，不但部队伤亡惨重，甚至有可能全军覆没，当地群众也可能遭到毒手。为了保存有生力量，减少伤亡，季业好命令副队长组织突围，自己带领一个班断后，掩护群众转移。顿时，黄龙岗枪声、喊杀声混成一片，轻机枪吐着火舌，敌人纷纷倒下，终于杀开了一条血路。望着战士们冲出包围圈，部分群众安全转移，季业好脸上露出胜利的喜悦。然而，敌人的包围圈越来越小，终因弹药耗尽，加上敌众我寡，季业好与几名战友被敌人俘虏。

敌人将季业好等人带到黄图寺审问，企图从他们口中了解我军更多情况。为保护战友，季业好主动站出来说：“我就是武工队队长，要杀要剐随你们便。不要伤害他们，一切后果由我一人承担。”在毒刑拷打面前，季业好大义凛然，临死不惧，敌人一无所获，恼羞成怒，当晚就残忍地将其杀害。为了人民的解放事业，年青的季业好献出了年仅 25 岁的宝贵生命。

季业好牺牲后，其家人及战友将其遗骸安葬于今石涧镇太平行政村境内营盘山。1950 年 3 月皖北人民行政公署追认季业好为革命烈士，并建墓立碑，供后人瞻仰。

情报战线上的传奇人物

——吴培侬烈士传略[1]

童毅之

吴培侬

吴培侬，又名吴存宽，1903年出生于无为县陡沟区赵坝乡。幼年读过几年私塾，在农村算是个识文断字的人，加上他聪明灵动，很受当地人喜欢和称道。

20世纪20年代的无为，受全国反帝反封建斗争的影响，开展了一系列轰轰烈烈的斗争，如反贿选斗争、捣毁日货商店、声援五卅运动、夺印斗争等。无为地区的共产党组织成立后，一直把领导农民斗争作为革命的首要任务，他们以农民运动为工作中心，深入广大农村，积极组织农民协会，开展革命斗争。受其鼓舞，吴培侬在赵坝组织义勇队，任队长，组织领导农民开展劫富济贫活动，并配合中共无为特支在1928年春荒之际，领导农民开展“向大户借粮”活动，带领贫苦农民携带箩筐，有组织地向周围农户强制“借粮”。“借粮”斗争的胜利开展，不仅帮助农民度过了春荒，而且使农民看到了组织的力量，农民运动在无为东乡迅速开展起来。吴培侬虽然不是共产党员，但他带领农民同封建势力做斗争的行为受到了人民的一致赞扬。

（1）参见“无为市革命史迹展览馆”第三展厅《革命烈士综述》。

为了贯彻中共中央关于《新的革命高潮与一省或几省的胜利》的“左”倾决议，中共无为县委决定在农民运动基础较好的白茆六洲举行武装暴动，成立“中国工农红军皖南第三游击纵队”。刘静波任司令，任惠群任政委，张恺帆任政治部主任，纵队下设了3个中队和1个手枪队，吴培侬参加了暴动。暴动于1930年12月7日开始，经过一天的激烈战斗，最后失败。吴培侬在暴动失败后，被组织安排回到老家隐蔽，待机再起。

吴培侬家门前有口大龙塘，水面面积有3万平方米，他便回家依靠这口大龙塘养鱼、捕鱼、卖鱼，一方面补贴家用，一方面作为组织经费，大大减轻了无为地方组织的压力。当时，在无为东乡有一反动帮会“三番子”，因其创始人分别姓翁、钱、潘，其中潘姓势力日盛。潘姓门徒尊称其首领为先生，把“潘”字拆开，称该帮为“三番子”。它既有反抗封建统治和外国侵略的一面，也有充当帝国主义和国民党帮凶的一面，在东乡一带有帮会成员100多人，影响极坏。受组织派遣，吴培侬利用他在无为东乡地区的影响，和赵鹏程、谭长发等人拜把子，在和县、含山、无为一带收了很多“三番子”成员，这些成员自称学生，因为有师生之谊，为吴培侬开展地下工作奠定了深厚的基础。

1937年卢沟桥事变爆发，中国全面抗日战争开始。当“七七”“八一三”抗战消息传到无为后，无为县抗日救亡运动广泛兴起，许多农民积极参加“国民自卫总队”和“国民自卫分队”，就连一些开明绅士也在党组织和工农群众的影响下，认识到只有进行抗日斗争才能拯救民族危亡，保住阶级利益，因而他们表示以经济等形式资助抗日斗争。年底，芜湖、南京相继沦陷，大批难民涌入无为县境内，日军势力很快便伸展到国民党统治区的长江两岸，无为县开始处于日军的势力直接威胁之下，迫使国民党无为县政府不得不在口头上表示支持抗日，对中共皖中工委和中共无为工委所领导的民众抗日运动也不敢公开地横加干涉。因而，中共无为工委书记胡德荣利用这一有利时机，派吴培侬作为特殊党派人士游弋于各党派中间，收集情报为中共服务，并由胡德荣介绍，秘密加入中国共产党，对外公开身份为“三番子”先生。正是利用这个身份，吴培侬为党获取了大量情报，并在“三番子”内部暗中发展党员，分化瓦解，抗日战争和解放战争期间争取了不少成员加入了新四军和中国人民解放军。

抗日战争期间，无为作为皖中（江）抗日根据地中心区，无为县委、县政府做了大量工作。当时，吴培侬任新四军临江办事处敌工站站长，直接受陈作霖领导，后又担任临江工委敌工科科长，身上的担子更重。但其公开身份为民主人士，他先后担任过雍镇区区长、流泗区区长。因他为人豁达，又有“三番子”先生身份，三教九流，八面玲珑，家里经常来人不断，穿长袍的，穿短衫的，各色人等，应有尽有。他家有条小船，吴培侬经常深更半夜和几个人一道回家，每次回家其夫人都守在门外为他们放哨。家里来人有时候没有菜，就到门前大龙塘去捕鱼，再到菜园里扯几把青菜，日子在外人看来过得“挺红火”。当时去他们家比较多的有陈作霖、吕惠生、张恺帆、顾鸿、胡德荣、吴锦章、马长炎、吴大培等人。吴培侬和他们的关系都很好，胡德荣经常“借”穿吴培侬的衣服，基本上是有借无还。

1945 年 8 月 16 日，新四军第七师兼皖江军区和含支队配合第十九旅攻打安徽省和县雍家镇（今雍镇），从拂晓开始进攻，激战至黄昏，将该镇攻克。此次战斗全歼守敌伪警卫第 2 师共 1300 余人，击毙日军 21 人，俘日军 1 人、伪军 98 人，缴获炮 3 门、重机枪 6 挺、轻机枪 20 余挺、步马枪 700 余支。这次新四军在皖中雍家镇对日伪军反攻作战的情报，就是吴培侬领导的敌工站提供的，战后他受到了上级领导的高度赞扬。

抗战胜利后，中共中央在重庆谈判中，为了顾全大局，主动撤出皖中、皖南等解放区部队至长江以北或陇海路以北地区。北撤前，中共临江县委召开区以上干部会议，就北撤工作作出了具体部署，同时派遣部分地方干部就地坚持地下工作，建立秘密联络点、站，作为党在国民党统治区的秘密联络工作机构。受曾勉（曾希圣）、胡德荣指派，吴培侬留守无东地区。北撤送行时，张恺帆送给吴培侬一支驳壳枪，要他好好坚守无东地区，不久我们就会回来的。吴培侬和谢咸灵组建了无东游击大队，谢咸灵任队长，吴培侬任政委，这是北撤后无为成立的第一支武装力量，主要在汤沟后河沿岸一带活动。无东游击队活动频繁，狠狠地打击了敌人的嚣张气焰。

1946 年 12 月，游击大队成员王子坦裹众叛变，使无东游击大队遭到极大破坏。1947 年 2 月 3 日（农历正月十三），王子坦指派黄存仁、吴健等人以汤沟联防区名义将吴培侬和文书朱嗣林从赵坝三房姜村逮捕，押至汤沟途中，在前堡村土地庙旁先将朱嗣林枪杀，接着向吴培侬头部连开三枪，吴培侬当即倒在水边，黄存仁、吴健等人以为吴培侬已被打死，慌忙逃走。次日清晨，前集村亲友悄悄地将吴培侬用担架抬回村，安置在一个叫老鸭咀的农民家里。此时，他满脸是血，说话十分困难，艰难地对 6 岁的儿子吴抗生说：“要好好念书，长大做个有出息的人！”当时，从三官殿请来一位叶姓医生，他看了后觉得无法救治，就摇摇头走了。

无东游击大队大队长谢咸灵费尽九牛二虎之力，安排地下工作人员吴存银、吴存贵等人用小船秘密将吴培侬送往芜湖弋矶山医院治疗。在吴培侬食道气管边的子弹取出不久，又被叛徒姚国海、钱必中窥知，只好转移至四褐山前马场的许忠玉、许忠堂家中隐蔽起来，没想到又被姚国海、钱必中发现踪迹，立即向国民党芜湖特务机关告密。4 月 26 日（农历三月初六），国民党特务机关全体出动，将前马场包围，吴培侬和吴存贵、朱文质、许忠玉、吴光月等 7 人被捕，关押在国民党芜湖监狱。关押后不久，朱文质、许忠玉等 5 人经审查后被释放，仅剩下吴培侬和吴存贵二人，吴存贵后装疯卖傻逃离监狱，最终只剩下吴培侬一人被关押。

据当时审讯吴培侬的法官吴化南解放后交代，吴培侬在狱中经过多次审讯和严刑拷打，都没有暴露党组织的秘密，表现了一个共产党员视死如归的高贵品质。1947 年 9 月 28 日（农历八月十四），吴培侬在芜湖铁山脚下被国民党反动派杀害，年仅 45 岁。当时的《新华日报》刊载了吴培侬被杀的消息。解放后，吴培侬被追认为革命烈士，参与告密和杀害他的叛徒全部被缉拿归案，大部分被镇压，少数被判重刑。

吴培侬原葬于芜湖神山口，后迁至无为赵坝东头吴村大垣六分田内。后因农业学大寨，割田成方，又迁至东头吴村大龙塘东侧古树旁，现为吴氏祖坟地。

执高山之志　为革命奋进

——高省山烈士传略[1]

伍　骁

高省山（1904年6月—1948年7月），字德如，又名高省三，原名高德余，无为县襄安镇沈马肖庄人。1904年出生在一个勤劳的农民家庭。家中兄弟姐妹5人。高省山的祖父和父亲都较为勤劳，虽然家中子女众多，但是尚能维持温饱生活。由于深知读书学文化的重要性，开明的父亲在高省山年幼的时候就安排他在本地的私塾读书，在私塾的几年求学生涯，让少年高省山懂得了为人处世和做人的道理。20世纪初的中国，正处于晚清政府即将覆灭的时期，帝国主义、封建主义、官僚资本主义“三座大山”严重压迫着穷苦的人民，处于乡间村落之中的高省山初涉社会，便见识了基层的黑暗，通过在私塾的学习，在老师们的口中他渐渐意识到了

革命犧牲工作人員家屬光榮紀念證

字第　號

查高省三同志在革命鬥爭中光榮犧牲，豐功偉績永垂不朽，其家屬當受社會上之尊崇。除依中央人民政府「革命工作人員傷亡褒卹暫行條例」發給其家屬卹金外，幷發給此證以資紀念。

永垂不朽

主席

一九五　年　月　日

高省山烈士光荣纪念证

（1）参见无为市档案馆《原安徽省供销合作社芜湖专区办事处主任何月波、原芜湖市政协副秘书长章啸衡（山）二同志关于致沈平同志的“高省山烈士证明材料”》。

救国救民的道理。但年幼的高省山深感个人能力有限，只能从帮助身边的人慢慢做起。在深思熟虑之后，高省山决定从医，先从解除身边穷苦百姓的肉体上的伤痛做起。

当时襄安、泉塘一带有一位小有名气的专治跌打损伤的医生名为王后宁，他便上门向王医生学习一些医疗知识，由于他为人聪明，对待伤病人态度和善，很快就在附近打出了名气，不少老百姓都愿意找他看病，他也因此结识了社会上的不少人士，其中不乏一些民主和进步人士。当时，五四运动影响波及全国各地，新思想、新文化运动浪潮，一浪高过一浪。时代的前进和发展，推动高省山思考人生的价值，他鄙视为富不仁，崇拜李大钊、陈独秀这些新文化运动中的领袖人物，决心通过自己的奋斗和努力，去开创一片崭新的天地。年轻的高省山与一群追求进步的朋友开始共同宣传反帝反封建的爱国思想。

1937 年“七七事变”爆发后，全民抗日的浪潮一阵高过一阵，高省山看到日寇侵略、国土沦丧、人民流离失所，深感国家有难、匹夫有责。1937 年 7 月，无为地区的早期共产党员胡德荣、倪化黎、吴锦章、任惠群、刘方鼎、吴大培等人会聚白茆胡家瓦屋，成立了“无为县抗敌后援会”和“无为县青年抗敌协会”，高省山也积极参加了这些抗战组织并加入了无为县抗日自卫队。在民主、爱国思想的感染下，在几位共产党员的言传身教下，高省山终于认识到只有共产党才能救中国，只有在共产党的领导下才能解救劳苦大众。1938 年，高省山光荣地加入了中国共产党，正式走上了革命的道路。

参加革命后，根据组织安排，高省山以行医为名，开始在襄安、泉塘一带展开地下活动。他深知全面抗战，必须团结地方上的开明士绅和一切有识之士加入抗日斗争行列，在治病救人的同时，他也努力与各界士绅交往，做朋友，号召他们支持农民抗敌协会，支援抗日游击队伍，努力化消极因素为积极因素。高省山为扩大和巩固抗日阵线，为最大限度地孤立和打击敌人而竭尽全力，促使这些人的态度和立场发生了明显的转变。

1945 年 8 月，日本宣布无条件投降，全面抗战胜利结束。中国共产党为了和平谈判大局和中华民族的共同利益，主动撤出皖江区等 8 个解放区，高省山随军北撤山东，任华东军区司令部事务长。1946 年下半年，在时任皖西工委书记桂林栖、王竟成的安排下，高省山秘密潜入南京，与何月波等同志一道，肩负起打通大别山与苏北联络的地下交通线的重要任务。他以行医为名，频繁在南京八卦洲、太兴洲、雁来洲等地从事地下活动。1947 年 6 月，根据组织安排，他执行掩护时任山东野战军七纵第十九师副师长兼参谋长张铚秀和舒宜卿 2 位同志到苏北转回山东工作，他不辞辛劳、义无反顾，向南京的亲戚高明宏家借了伪币十二万元（约值小麦一石五斗）作为进入大别山地区的路费。然而由于伪币贬值太快，高省山在安排好两位同志的行走路线后没有随同，再次回到敌人的心脏南京，一面行医筹款还债，一面继续从事地下工作。1947 年 7 月，我党在南京成立地下工作队，章啸衡（山）任队长，高省山任指导员。

1948 年 2 月，组织安排高省山回到家乡，任桐庐县委书记，利用他丰富的地下工作经验，准备为解放军全面战略反攻积极准备。高省山深知我军的战略反攻中，沿江一带的大战役即将到来，作为地方工作者，必须与时间赛跑，抓紧时间熟悉掌握周边敌情，为下一步的大战役提供信息和情报。他利用自己长期奔走于芜湖、南京等沿江地区经验，将个人生死置之度外，频繁游走于敌人心脏部位，夜以继日、殚精竭虑的工作。不幸的是，1948 年 3 月，高省山在无为土桥被国民党军逮捕，他没有吐露自己是共产党员的身份，而是自称是民间的游方郎中，并利用为国民党军大队长医治好了伤腿而获得信任。然而其家乡一名方姓保长得知这一情况后，当即赶到国民党无为县政府告密举报。1948 年 7 月，敌人将坚决不泄露一个字的高省山在无城残忍杀害。该方姓保长后逃窜至芜湖一带从事运输行业，新中国成立后的一天，高省山的侄媳探亲经过芜湖码头的时候发现了其踪迹并立即回家告知了高省山的妻子沈平，沈平怀着丧失丈夫的悲痛心情当即到有关部门检举告发，有关部门核实后立即逮捕了方姓保长，绳之以法，烈士英灵终得以告慰。

高省山虽然英年早逝，但在他的影响和带动下，同宗族的子侄后辈中，涌现出了一大批走上革命道路的同志，其中，高省山的侄子高策章，在叔父的熏陶下，十几岁就参加革命，并在抗日战争时期，在无为泉塘一个偏僻的村庄里，凭一己之力，徒手打死了一名日本鬼子，随后又机智地跳入河中脱险。新中国成立后，高策章参军入伍，成了一名光荣地海军战士。高省山的儿子高策和，年仅七岁便帮助父亲在家中建立了地下交通站，利用自己孩童隐蔽性强的身份，往来传递情报，成为一名“小交通员”。此外，还有高俊超（原安徽省林业厅厅长，享受副省级待遇）、高群、高峰、高策五、陶凤、沈沛等同志，均为人民解放和新中国的建设发展事业在各自岗位上，做出了应有贡献。

高省山牺牲后，为缅怀其革命伟绩，弘扬其革命光荣传统，族中的几位长者赋诗一首以纪念：

盛世今朝后辈人，不忘烈士建功勋。
捐躯换得新天地，沥血染成锦绣程。
造福后人思木本，缅怀先哲效贤君。
英雄伟绩垂青史，记取忠魂启后昆。

抒写家国情怀的抗战一兵

——胡师伟烈士传略[1]

王敏林

胡师伟

胡师伟，1920 年出生于无为县白茆镇冒新村胡家瓦屋。胡家祖籍枞阳县浮山，祖辈在清光绪年间逃荒至无为落户，世代垦殖劳作，家境渐丰，颇具田产。胡师伟生父胡竺冰，素有壮志，为了拯救积弱积贫的祖国，他甘心抛弃家庭舒适的生活，去从事随时有杀身之祸的革命生涯。而胡师伟自幼就跟随父亲走南闯北，寻求革命真理，耳濡目染，逐步滋生了爱国爱家的家国情怀。

1929 年春，胡竺冰受中共安徽省临委指派前往上海从事地下工作，他寄身于上海交通大学教务处。小小年纪的胡师伟则成了父亲的地下联络员。胡竺冰每天晚上都忙于刻钢板、翻印文件和传单，大都是由胡师伟传递到三个地下联络点。为防不测，父子俩这样约定，临街窗户上如挂着毛巾则暗示平安，如挂着袜子则暗示情况有变。在敌人防范严密的上海，胡家父子就这样细心、机智、出色地完成了党交给的任务。严酷的政治环境，使少年胡师伟更加机警、沉着和冷静。

1930 年，原中共芜湖中心县委书记宋士英生病来上海治疗，胡师伟按照父

（1）参见“安徽党史方志网”，2018 年 7 月 17 日。

亲的要求，跑前跑后，请医诊治，上街抓药。宋士英病逝后，他协助父亲为他收殓，并联系地下党组织，以无为同乡会名义在安徽会馆举行了追悼会。

在革命低潮中，在白色恐怖最严重的时刻，胡竺冰带着胡师伟始终坚持为党工作，冒着生命危险营救党的干部，与共产党人同舟共济。1935 年，由于国民党特务盯上了胡竺冰父子，中共党组织及时安排他们离沪返皖，父子俩人曾在凤阳、贵池两地辗转。途中，胡竺冰教导孩子学习文化，阅读进步书刊，向胡师伟灌输爱国主义思想。他常邀集一些热血青年与胡师伟畅叙国事、家事，研讨御敌卫国，救亡图存之道。胡师伟也因此变得更加坚强、更加成熟。

抗战初期，胡竺冰父子从外地回乡。一些在外地从事革命活动的同志纷纷回到无为聚集于胡家瓦屋。他们通过矿石收音机了解前线战况和国际形势，研究无为的抗日斗争。为了更加清楚地了解时事动态，胡师伟根据父亲指示，每隔两天就要进城一次，取回反映抗战情况的报纸。一来一回就是 60 多里路，他从不叫苦，毫无怨言。

1938 年 2 月，胡师伟又跟随父亲去立煌县（今金寨县）省动委会文化委工作。在立煌，胡师伟更加感受到山区人民的抗战热情，看到许多抗日救亡的宣传团体，每到一处，粗食布衣，与群众同甘共苦，从不扰民。一些热情洋溢、悲壮激昂、脍炙人口的抗战歌曲响彻群山原野。山区人民“有钱出钱，有力出力”积极投入抗战行列的举动使胡师伟激动不已，他下定决心，回乡以后，一定要满腔热情投入到抗日洪流中去。

1938 年春，共产党领导的“平津流亡团”来到无为。胡师伟随同父亲赶赴无城，以“无为县抗敌后援会”的名义，邀请平津流亡团到无为东乡宣传抗日。在声势浩大的抗日动员大会上，胡师伟结合在立煌的所见所闻，历数日军暴行，备述切肤之痛，令与会者无不为之动容。平津流亡团也就地演出了《放下你的鞭子》《松花江上》等剧作和歌曲。胡师伟不时带领群众呼喊口号，激发东乡群众的抗日热情和民族仇恨，东乡青年纷纷踊跃报名参加抗日。会后，参与组织这次动员大会的张恺帆对胡师伟的表现赞誉有加，他说：“胡师伟是在抗日救亡的路上成长起来的，将来一定是国家栋梁，也是胡门的希望。”

1938 年 9 月，中共无为县委通过省动委会知名人士敦促省政府撤销不事抗日的无为县县长韦廷杰职务，推荐胡竺冰担任无为县县长。10 月 8 日，胡竺冰就任无为县县长，他亲自拟定《告无为民众书》，发表热情洋溢的讲话。胡师伟俨然以“侍卫长”身份随侍在侧，体现了在抗日斗争中凝练的父子深情。

在中共无为县委的帮助下，胡竺冰力除反动势力；大量吸收共产党员和抗日爱国人士参加县政府工作；改组县、区抗日动委会；建立抗日武装；为新四军筹措大量经费；城乡中小学恢复招生。所有这一切，胡师伟都为此竭尽所能，利用与胡县长的父子关系，直接进行联络与沟通。无为县蓬勃发展的抗日形势，胡师伟则起到了很好的推动作用。

同年 10 月下旬，国民党安徽省政府以“擅起兵端”为由将胡竺冰革职查办。胡竺冰在任仅 20 余天，对于革职他早有思想准备，但未想到来得如此之快。离任前夕，胡竺冰亲自安排儿子胡师伟加入新四军部队。临走那天，正是大年三十，天降大雪，胡师伟回家辞行。除夕之夜，家人都希望他在家里过个年，吃顿年夜饭再上征程。胡竺冰坚决不允，他说：“你已是一个革命军人，命令已下达，难道还要等过了年再执行命令吗？”胡师伟闻言，二话没说，转身就走进漫天大雪之夜。一家人看着连一顿年夜饭也没让吃的胡师伟，消失在茫茫雪夜中，不免有些难过。虽然胡师伟调往第二师的调令并不等于作战命令，也许当天不走，或者几天以后再走，在家里度过除夕并不会影响部队行动。但是，他却使我们清晰地看到一个强者的意志，体现出胡师伟的无私与无畏。

1940 年 4 月初的一个夜晚，被人们誉为“党外布尔什维克”的胡竺冰先生在新四军第三支队医院里溘然长逝。临终前，他对赶来探视的长子胡师伟说：“‘富贵不能淫，威武不能屈，贫贱不能移’，胡家后代都要参加新四军。”胡师伟将这些掷地有声的话，深深地镌刻在心中。

胡师伟是一位勤恳工作，不善张扬的人。他身体一向不好，患有肺病，但仍然带病坚持工作。1940 年，他在新四军路东部队直属供给部任指导员，后来又调任“抗敌报社”任指导员。1942 年由第二师调至第七师“武装报社”工作。1943 年 3 月，在反日军“扫荡”中壮烈牺牲，他用青春热血抒写了炽热的家国情怀。

风雨见证"十三坟"

——胡斯林烈士传略[1]

王敏林

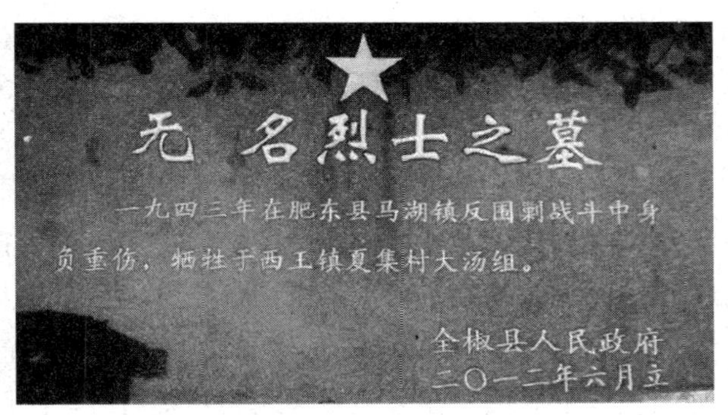

"十三坟"烈士墓

胡斯林，又名胡师林，1921 年出生在无为县东乡白茆洲的一个崇尚革命、追求进步的大家庭。胡家先后有许多人为革命献出了生命。胡斯林的叔父胡竺冰，毕生追随中国共产党，被称为"党外布尔什维克"。胡家瓦屋成为无为革命志士集聚的据点、革命活动的摇篮。胡斯林生长在这样的环境中，耳濡目染，也就自然滋生了矢志革命的理想与信念。

1936 年，胡斯林考入了位于无为城内绣溪湖畔、树木葱郁的无为县立初级中学。他是一个面貌清秀、衣着整洁的孩子。他天真、纯洁，心怀坦荡，对积弊深重的社会问题却有着独到的见解。在学校里，常常发表一些对当时社会不满的意见，揭露国民党的反动宣传和欺骗。在和同学们相处中，常常流露出对共产党和毛泽东的崇拜和向往，充满了无限的敬意。他认为，中华民族的希望，祖国的

（1）参见《往事萦怀》，中共江苏省委党史工作委员会办公室编，2001 年 5 月，第 410 页。

未来，都在共产党的身上。

1937年“七七事变”以后，中国抗日战争全面爆发。在中华民族生死存亡的危难时刻，胡斯林毅然离开学校，返回无为东乡，他在三官殿参加了“抗日救国青年训练班”，学习抗日救国的道理，用以做抗日宣传工作。他在训练班里引吭高歌“手把锄头锄野草呀！锄去野草好长苗呀！”而“大刀向鬼子们的头上砍去”的歌声响彻村野，令人热血沸腾。

此时，湖北省黄安县七里坪新四军第四支队的几位同志来到抗日训练班，胡斯林满腔热情地邀请他们讲述新四军初创时期的艰苦生活；讲述共产党、新四军的斗争情况；讲述新四军是一支真正的抗日救国的革命队伍；讲述中国工农红军在内战时期艰苦奋斗的故事。这些增进了胡斯林对新四军的崇拜之情，对他接近革命、走向革命有着极大的影响。

1938年5月31日—6月1日，日军飞机连续轰炸无为县城，城内到处是残垣断壁、触目惊心。谣言一日数起，人心惶惶不可终日。国民党无为县政府的达官显贵们纷纷弃城而逃，窜至无为西南乡偏安一隅。无为城乡处于无政府状态，土匪豪绅各自为王，拉起几杆枪，打起抗日招牌，白天强征暴敛，晚上打家劫舍。民怨沸腾，怨声载道。面对此情此景，胡斯林更加坚信：中国人民只有跟着共产党，跟着毛泽东，抗战才一定能够胜利，人民才一定能够得到解放。

抗战初期，无为县成立了抗日动员委员会。在县动委会的领导下，抗日活动搞得轰轰烈烈。1938年6月，县动委会成立抗日工作团，胡斯林主动报名参加工作，每到一处，他就站在凳子上做街头演讲，宣传抗日形势，宣传中国共产党抗日救国十大纲领，听得听众们频频点头。

1938年8月上旬，胡斯林告别家乡父老乡亲，赶赴新四军第四支队战地服务团驻地泉塘镇。在战地服务团团长程启文、副团长汪道涵的见证下，他填写了入伍志愿书。从此，胡斯林身着灰布军衣、背着竹斗篷、打着绑腿、挎着布挎包，以一个英气勃勃、气宇轩昂的新四军战士形象出现在世人面前。胡斯林终于在人生道路上，找到了自己的归宿，他决心把一切献给党，献给祖国和人民。

1940年，胡斯林跟随部队转战至来安县半塔，参加了半塔保卫战，并取得了胜利。在广大群众的支持下，建立了津浦路东抗日民主政权，开辟了津浦路东抗日民主根据地。在半塔保卫战中，胡斯林当时在新四军第五支队工作。他除参加战斗外，还成了火线政治鼓动工作的宣传员，也做了到战地运送茶水、饮食等后勤工作。战后，他写了一篇保卫战散记，真实地反映了根据地军民英勇抗敌的英雄壮举。文章题为《半塔守备战日记》，战斗未结束，即开始在支队快报《前锋报》上连载，极大地鼓舞了根据地军民的士气。

《半塔守备战日记》是胡斯林生前第一次也是最后一次的战地力作。它描述了新四军抗日民主根据地的一片胜利欢乐的动人景象，又提出根据地军民要在胜利声中，提高警惕，随时准备痛击来犯之敌，指明了我们是处在“前门有虎后门有狼”，敌伪顽随时有可能入侵的斗争环境中。胡斯林还大声疾呼“我们有党的领导，有英勇的人民军队和广大人民的支持，抗日斗争是一定能够取得胜利的。如果敌人胆敢来犯，我们一定要把他们消灭干净”。《半塔守备战日记》言简意赅，在津浦路东抗日民主根据地迅速传开。因为客观真实，充满对抗日事业的激越之情，深受广大群众的欢迎。

1940 年夏，胡斯林在新四军第十三团政治处任青年干事。在津浦路西反顽斗争中，与桂系军阀李品仙部在太平集作战。第十三团先打了一个胜仗，但胜利后遭到敌人疯狂反扑，团部机关被敌包围。胡斯林毫不畏惧，奋勇还击来犯之敌。一颗罪恶的子弹，击中了他的胸部。为了革命，为了人民，为了党，他献出了年轻的生命。胡斯林牺牲时不满 19 周岁。后来，根据第十三团的战友们说，他胸部中弹，血向内流，所以牺牲时形象完整，身上干净，像安静地睡了过去，面部似乎还带着微笑。与他同时牺牲的还有第十三团政治委员刘树藩同志，他们安葬在一起，同为革命烈士，含笑九泉，永远相伴。

在那烽火连天的战争岁月，革命战士早已将生死置之度外，都做好了随时流血牺牲的准备，至于“光荣”了的身后事看得很淡。正所谓“青山处处埋忠骨，何必马革裹尸还”。革命战争年代，无数先烈战死沙场，又有几人能魂归故里。直至 2014 年 10 月 20 日，《合肥晚报》、“中安在线”披露了位于肥东县马湖乡小高村的“十三坟”，确证了马湖“十三坟”为当年新四军烈士们的埋葬地，揭开了一段尘封的历史。70 多年的风雨侵袭，当年高高隆起的坟茔，如今几成一片荒野。当年的热血青年胡斯林和他的战友们，为了民族独立，人民解放，勇敢地走上了抗日战场，为国家、为民族壮烈牺牲，彪炳千秋。修葺“十三坟”，借以告慰先烈，激励后人。

慷慨赴死的革命伉俪

——李萍、张新烈士传略[1]

王敏林

1948 年 2 月 16 日，正是万家团圆的春节。此时，天空中飘着雨雪，路上结着霜花，国民党无为县调查室的匪徒们用两层毛巾蒙住李萍、张新夫妇的头，把他们俩强行拉到无为县城桃花埠的一个深坑里，下了毒手。

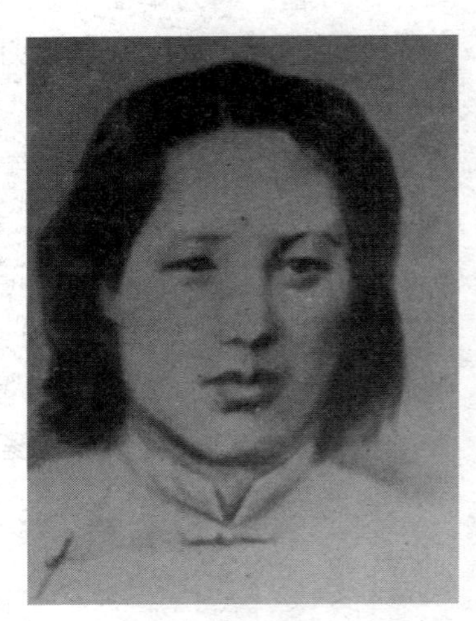

李　萍

夫妇二人牺牲了，妻子李萍年仅 24 岁，丈夫张新年仅 25 岁。当时，还丢下一个不满 2 岁的孩子张冬生，他成了铁窗里的“无为小萝卜头”。

李萍就如《红岩》中江姐一样的女英雄，对于一腔热血为国酬的丈夫，她是默默奉献的妻子；对于嗷嗷待哺的孩儿，她是永不屈服的母亲；七个昼夜的酷刑，枪指头的逼供，连日饥饿的关押，未能让她放下心中坚定的信念。

巾帼如花气如虹。李萍是一个普通的平民女性，更是一名坚强的革命战士，是堪比江姐的女中英杰，她是无为人民的优秀女儿，更是一个令人崇敬的革命烈士。

李萍，是无为县无城镇人。从小就当了童养媳。成年后，曾在无城镇杏花泉

（1）参见《濡须风云》，九州出版社，2021 年 1 月，第 254 页。

小学当过代课教师。1941 年，父亲因贫病交加，溘然长逝，母亲迫于生计而改嫁。李萍因此无依无靠，她当机立断，在无为东乡参加新四军临江游击大队，成了一名英姿勃勃的新四军女战士。

张新，是安徽省桐城县金草乡双店村人，自幼家境贫寒。14 岁的时候，经人介绍到一家木匠店当学徒。因不满老板的打骂虐待，1939 年，16 岁的张新悄悄逃离虎口，一路乞讨来到无为东乡临江坝，在那里也参加了新四军临江游击大队，走上了革命的道路。

李萍在临江游击大队工作期间，她和战士们在一起，深入发动群众，组织儿童团、妇女会开展减租减息和抗日救亡运动。她工作认真负责，表现突出，很快就被委任为交通联络站站长，常住三官殿、新河等地，她积极做好接待同志和伤病员、收集情报及传递党的文件等工作。期间，她与张新建立了深厚的感情，并结成了革命伉俪。

1947 年，临江游击大队奉命编入华东野战军第七纵队，并北上山东，参加新四军第七师对敌伪的最后一战。此后，人民解放军势如破竹，节节胜利，做好了横渡长江，消灭蒋家王朝，解放全中国的准备。1948 年春节前夕，为确保人民解放军顺利渡江，保证在无为地区实施过江的 20 万大军的粮草供应，人民解放军南下先遣纵队组建“粮草筹备先遣小组”，以李萍、张新为正、副组长的七人小组先期潜入无为县，与地下党取得联系，积极筹措军粮，实现“兵马未动，粮草先行”，保证渡江部队无后顾之忧的庄严承诺。

一日，军粮筹备小组的 7 位同志聚集在李萍弟弟家召开会议，研究筹粮筹款的具体方案。由于叛徒出卖，国民党无为调查室的军警们悄悄包围了位于仓埠门的李家老宅，然后破门而入，强行将李萍、张新夫妇以及先遣小组其他成员一并抓进无为县调查室监狱。凶残的敌人甚至没有放过年幼的孩子，不满 2 岁的张冬生也被带进了牢房。

敌人以为抓到像李萍这样一个年轻的女子，容易对付，洋洋得意，立即审讯，逼迫李萍供出军粮筹备计划，与无城地下党的联络方式以及筹集军粮的收藏地点。声言，只要说出来，就立即释放回家，否则就要活埋。李萍不怕威胁，守口如瓶。

敌人见她不开口，又将丈夫张新吊在监狱院子中一棵杨槐树上严刑拷打，直打得皮开肉绽，鲜血直流，几次昏死过去。见此情景，李萍悲痛欲绝，眼前一黑，险些晕倒。她强忍着剜心的剧痛，控制眼泪不让流出，坚强地站稳身子，心想：我不能在敌人面前倒下去。她把满腔悲痛化作对敌人的无比仇恨，只见她昂首阔步，正气凛然，两眼射出炯炯威光。狱中战友们都被她这种坚强不屈、无所畏惧的革命精神所感动，对凶残、惨无人道的反动派更是深恶痛绝。

连续七天，敌人对李萍夫妇不断施以暴行。匪徒们强行将李萍悬空吊起，点燃几支香，在李萍的脊背上反复灼烧，身体上被烫起大片燎泡，但李萍咬紧牙关不开口。敌人用皮鞭一阵乱抽，燎泡抽破了，浑身血肉模糊，李萍昏死过去又被冷水泼醒，活过来敌人便继续用刑。李萍被摧残的遍体鳞伤、死去活来、奄奄一息，她苏醒后只说了一句话："你们这些畜生！"

在无为调查室的牢房里，2 岁的张冬生随父母一道被关进阴暗、潮湿的囚室。由于没有水喝，孩子渴得受不了，就偷偷地把一个长有"杨梅疮"叔叔的洗疮水喝下了。没几天，孩子的身上也长满了杨梅疮。疼痛、奇痒、恶臭，成天折磨着这个牙牙学语的孩子。

1948 年农历正月初七，天蒙蒙亮，国民党匪徒把李萍、张新夫妇五花大绑地押往无为县城北门一个叫桃花埠的刑场，又将他们的孩子由"通匪"的舅舅抱着，寸步不离地跟到了桃花埠。匪徒们早就挖好了一个大坑，里面堆放了生石灰，然后向坑里灌水，霎时，坑里翻腾起白泡、白烟。如狼似虎的匪徒们将李萍、张新连拉带拽地推向白泡翻滚的石灰坑。这是人生生离死别的最后艰难时刻，李萍、张新此时最放心不下的就是年幼的张冬生，他俩回头望着呼天抢地"我要妈妈"的孩子，拼尽力气告诉张冬生"爸爸妈妈和你永远没有见面的机会了。冬儿啊！望你快快成长，你不要忘记爸爸、妈妈是为国家牺牲的"。凶残的敌人竟然用刺刀将李萍夫妇捅下石灰坑，刑场周边的群众无不失声痛哭，痛斥穷凶极恶的敌人竟如此歹毒和毫无人性。

李萍、张新夫妇被残害后，孤儿张冬生又被带回牢房。他成天瞪着一双恐惧的大眼睛，哭啊，喊啊，成了国民党无为调查室监狱里的"小萝卜头"。

光荣的经历　胜利的步伐

——钱光胜烈士传略[1]

叶悟松

钱光胜（1910—1957），无为县无城镇人。1910年出生在一个富裕的地主家庭。1926年，在无为私立中学读书，在校期间，受到进步师生传播马列主义和苏联十月革命思想的影响，开始向进步组织靠拢，参加了共产党领导的学生会，在地下党的领导下参加学生运动，反对国民党的反动统治。

钱光胜

1927年，钱光胜转入芜湖读高中，在学校里被推选为学生会领导之一。

1928年，钱光胜考入私立芜湖职业学校，在职校加入中国共产主义青年团。

1929年，钱光胜转入安庆东南中学读书时，加入中国共产党。同年，中共芜湖中心县委遭到敌人破坏，国民党反动军警疯狂捕杀共产党人和进步人士。反动军警闯入学校搜查，在钱光胜宿舍的床铺下搜出了几本进步书籍，敌人不问青红皂白，抓走了钱光胜，关押在安庆监狱。钱光胜在狱中被敌人严刑拷打，要他提供中共地下组织的秘密。钱光胜宁死不屈，不吐一字，敌人将他打得遍体鳞伤，却一无所获。

（1）参见学习强国·（党史钩沉）上海学习平台2021年4月23日。

1932年，在党组织的多方营救下，钱光胜侥幸获释出狱。治好伤病后，继续参加革命工作。

1938年，经中共华中局批准，恢复了钱光胜的党组织关系。

抗日战争爆发后，钱光胜在无为严桥参加了党的地方政权建设，为皖江抗日根据地的建设和发展贡献力量。

1942年，钱光胜任中共领导的无为苏塘区政府副区长、区长。在艰苦卓绝的抗日战争岁月里，钱光胜与敌伪斗智斗勇。一次，他秘密潜入无城执行任务，被伪军当成新四军嫌疑抓起来关进炮楼，城内地下党得知后，化妆成修炮楼的民工把他救出来，送到他的老宅钱家大院隐藏起来。这时日本鬼子进行了全城大搜捕，当两个鬼子闯入钱家大院时，他便装成传染病人躺在床上。扮成佣人的警卫员故意碰翻屋里的马桶，顿时臭气熏天，两个鬼子捂着鼻子跑了出去，使他又一次地逃脱虎口。

1945年日本投降后，钱光胜担任无为县无城区政府区长。皖江区党委、行署与新四军第七师奉命北撤至苏北解放区时，钱光胜随军北撤，到苏北解放区后，担任了苏皖边区政府秘书、新四军第七师干部队队长。

1946年，国民党军疯狂进攻解放区，10月，钱光胜随军北上山东，参加了孟良崮战役。

1948年，钱光胜随军参加了淮海战役。淮海战役胜利后，年底他又随大军南下，回到故乡无为，担任无南办事处（无南县）主任（县长）兼泥汊段渡江战役支前总指挥。当时，三野第27军驻泥汊准备渡江。钱光胜全力以赴，组织领导渡江战役的支前工作，筹备大军粮草柴薪，征集渡江船只，动员操舟船工、支前民工等。1949年4月20日夜，万船齐发，打响了渡江战役。由无为泥汊出发的船工张孝华驾驶着载有解放军指战员的船只冒着敌人的炮火，奋勇前进，率先抵达江南荻港板子矶，被称为“渡江第一船”，该船现陈列于北京的国家博物馆，供世人参观。作为“渡江第一船”出发地的支前负责人，钱光胜为渡江战役的胜利立下了汗马功劳。

渡江战役胜利后，钱光胜被任命为合肥三河市（县级市）市长。1949年12月，钱光胜调任含山县县长。

1949年底，新中国刚刚成立，经历战火的皖东大地满目疮痍，百废待兴。作为新任人民政府县长，钱光胜为建立和巩固人民民主政权日夜操劳。

首先，对妄图颠覆新生人民政权的反革命分子、潜伏特务、反动道会门等仇视人民政权的反动势力予以严厉打击，铲除反动余孽，还人民群众一个明朗的天空。钱光胜亲自兼任含山县人民法庭审判长，用法律的铁拳彻底砸烂旧世界遗留下的黑势力。

他深深认识到教育的重要性。建设新中国没有人才不行，培养人才离不开教育。钱光胜又兼任了含山县县立中学校长，在百忙的政务中，还经常到校检查和指导教学工作，为学校解决困难。在他的关怀重视下，含山县立中学等学校为新中国培养了一大批品学兼优的人才。1951 年 6 月，含山中学第三届学生毕业时，钱光胜刚从乡下回来，他卷着裤脚，穿着一双沾满泥泞的布鞋与师生们合影留念，师生们被深深地感动了。他心系青年、情系学生，对这些莘莘学子，寄予了深切地希望。

钱光胜大部分时间都在基层，他走进工厂、农村、山区等搞调研，心系民生。一天夜晚，他在山区的农家院外的野地上，点起篝火，召集当地农民骨干开会，商量农业生产安排，正在开会时，警卫员发现周围有动静，定神一看，有一只狼在盯着人们，警卫员赶忙捡起一根木棒，横扫过去，狼被吓跑了。钱光胜气定神闲，继续与大家交谈。在含山县担任县长期间，钱光胜走基层、抓调研，为群众办实事，为含山县的经济文化发展与城乡建设谋篇布局，他走遍了含山的山山水水，磨破了多少双布鞋，流下了多少辛劳的汗水，含山人民永远铭记这位老革命的人民县长。

1953 年，钱光胜调安徽大学任总务长（时在芜湖）。

1954 年，调任安徽省文教委员会财务处任副处长、处长。

1957 年初，中共安徽省委调钱光胜去马鞍山筹备建市工作。他一头扎进筹备建市工作中，事无巨细，亲力亲为，与筹备组的同志们一道，尽力完成新马鞍山市的建市任务。从他调到马鞍山市开始，就一心扑在建市的工作中，很少有时间给在外地工作的儿子写信，直到去住院前还在家中的病床上处理相关公务，体现了一位老共产党人生命不息、奋斗不止的革命精神。

马鞍山市成立后，钱光胜担任马鞍山市副市长。

1957 年 7 月 5 日，钱光胜因积劳成疾，旧伤复发，经医治无效，不幸逝世于南京市鼓楼医院，终年 47 岁。

钱光胜是在第一次国内革命战争后期参加革命的老同志，一位坚定的革命者。在他的革命经历中，经历了一次次的严峻考验，但他始终忠于党，坚持共产主义理想信念，矢志革命事业，诠释了一名共产党员的初心。他出身地主家庭，却投身革命无怨无悔。1929 年被敌人逮捕关押，受尽酷刑，仍坚贞不屈，三年多后被党组织等多方营救出狱。三年多的狱中经历，客观上对钱光胜的革命生涯带来了一定的影响，但他相信党组织会调查清楚，会有公正的评价。他终生毫无怨言，埋头工作，体现了一位共产党员的博大胸怀。

1957 年 4 月，中共安徽省直机关党委在慎重审查后，对钱光胜在国民党监狱中三年多的表现，做出了“钱光胜同志在狱中受尽了严刑拷打，没有屈服，在狱中参加地下党领导的斗争，敌人给他枷上 20 多斤的镣铐，但他自始至终没有暴露党员身份，没有自首，没有破坏组织，没有损害同志”的历史结论。同年 10 月 3 日，经中共安徽省委批准，追认钱光胜为革命烈士。

钱光胜的夫人何为凤出身无城大户人家，于 1946 年在苏北参加革命，在严酷的战争环境下，他们的两个女儿先后夭折。解放后，她一边工作，一边照顾孩子和家庭，使钱光胜心无旁骛，一心扑在工作上，是钱光胜的好战友和革命伴侣。1980 年 8 月逝世后，她遗言与丈夫同穴而葬。

钱光胜烈士安葬于无为市革命烈士陵园，名字镌刻于烈士陵园正门内汉白玉烈士名录碑上，让我们永远怀念他。

军中一枝梅

——肖若红烈士传略[1]

王敏林

1950年秋，突然从广播里传来了令人震惊的消息："美帝国主义打着联合国的旗号，发动了侵朝战争。从朝鲜中部仁川登陆，联合海陆空突然袭击朝鲜人民军。"正在进行训练的无为县医疗队停止了训练，静听广播全文。听完广播，队员们个个怒火冲天，摩拳擦掌、义愤填膺，恨不得长着翅膀飞奔朝鲜战场，痛打美帝国主义野心狼！

肖若红

女护士肖若红是无为县泥汊镇日新村肖家大墩人，这年她刚满18岁。此时她正在医疗队训练救护技术，她听完广播后，忍不住心中的怒火道："队长，美国主义太霸道了，支持国民党蒋介石打内战、供给他们武器弹药，屠杀中国人民，又阻止我们解放台湾，这笔血债尚未清算，又无端发起侵朝战争，真是忍无可忍，血债必用血来还。我请求支援友好的邻邦朝鲜人民共和国、同朝鲜人民军并肩战斗，尽一尽国际主义义务！好吗？"

医疗队长陈松林扬起眉毛，眼睛闪着光，他对肖若红赞赏地说："肖若红同

（1）参见《濡须风云》，九州出版社，2021年1月，第316页。

志，你一席话代表了我们医疗队的心愿，但你别太激动，党中央和毛主席自有英明决策。我们的任务是练好本领、掌握技术，只要党一声号令，就立即奔赴朝鲜战场，痛打落水狗——美帝国主义，新账旧账一起算。”他们俩人的一席话，说得医疗队战士们激动万分、情绪高涨，纷纷要求支援朝鲜人民。

过了几天，中国政府果然组成了志愿军抗美援朝，雄赳赳、气昂昂，跨过鸭绿江，痛打美国野心狼。无为县医疗队也响应祖国的号召，随军奔赴朝鲜战场。志愿军入朝首战告捷，打得侵略者屁滚尿流。美帝国主义侵略者像输红了眼睛的赌徒，依仗着空中优势，狂轰滥炸。但是，我们几十万志愿军神出鬼没，像孙悟空钻进铁扇公主的肚子里，只听阵阵响，不见人影现，白日里无踪无影，一到黑夜，像天降神兵，突然出现在敌人心腹地带，打得敌人手忙脚乱，鬼哭狼嚎，逃也无处逃，只有挨打的份。

无为医疗队队员，也和千千万万的志愿军战士一样，冒着枪林弹雨不怕牺牲在阵地前沿、在坑道里救死扶伤，特别是我们的女队员肖若红同志，只见她头戴军帽，身穿草绿色的军装，腰束红色皮带，配着她那苗条的身材，端庄艳丽的面容，像一朵含苞待放的红梅。半年前还是个文静的少女，入朝参战仅仅 3 个月，经受枪林弹雨、烽火硝烟的洗礼，磨炼成一个泼辣能干的白衣使者，成为无比出色的救护英雄。

1951 年 2 月的一天，陈松林和肖若红奉命率领一支医疗队奔赴前沿阵地。当他们胜利完成光荣使命，返回营地途中，突然遭到空袭，蓝天白云，被乌鸦般的敌机遮住阳光，罪恶的炸弹倾泻下来。顿时，山林和山下的村庄成了一片火海，村民纷纷冲出燃烧的村庄，老人和孩子惊慌得四处逃散，面对手无寸铁的老人和孩子，敌机仍然盘旋呼啸着，继续投下罪恶的炸弹，很多老人和孩子被弹片击中、只见血肉横飞，老人呻吟着，孩子哭喊着，真是惨不忍睹。

肖若红及其战友们目睹敌人的残暴，极其愤怒，恨之入骨。纷纷跃身冲向受伤的老人、孩子。肖若红发现离她不远的地方，一个孩子被弹片击中，她急忙赶到他身边，一把把他抱入怀中。急救之时，又有一枚炸弹落在她附近爆炸，肖若红自己腿部也中弹片，她顾不得包扎，忍痛沉着地抱着孩子的伤肢，给他包扎好之后，急呼身边的战友，把孩子抬离危险境地。肖若红目送孩子远去，深深地呼了口气。刚要自救之时，抬头又发现一名孩子，吓得喊着乱跑，一声呼啸，敌机又俯冲下来，投下数枚炸弹，她没有多想自己，强忍伤痛，勇敢站起来，扑向惊慌的孩子，想用自己的血肉之躯来保护孩子的身体。霎时，一枚炸弹离她仅 10 步之遥，轰隆一声爆炸，她又身中数枚弹片，孩子得救了，可她却昏迷过去。

陈松林和战友们目睹此情此景，焦急万分，急步赶到肖若红身边，陈松林一把抱住若红，大声地呼唤：“若红，若红，醒醒呀！醒醒呀！”肖若红在重度昏迷中，被亲密的战友唤醒过来，强忍着剧烈的疼痛，睁开秀目，面带微笑，紧紧握着陈松林的手，用尽平生的力气断断续续地说：“松林呀，快去指挥同志们抢救受伤的朝鲜老人和孩子吧，不要伤心难过，战争是要付出代价的，唯有付出代价，战争才能赢得胜利，我的血和生命付出，这代价是值得的，是幸福的。身为一名中国人民志愿军战士，没有辜负祖国的期望。为了祖国母亲，我把一切献给祖国，是我最大的愿望，最大的幸福和快乐！”她的一番肺腑之言，深深感动了战友和陈松林，他们抱着肖若红，口中不断呼喊：“若红！挺住，挺住……”然而端庄的、艳若梅花的肖若红，头一歪，倒在他的怀中，心脏已经停止了跳动。肖若红犹如那在花丛中含笑的红梅，在战友们和朝鲜人民心中永远留下她那灿烂的微笑！

战友们在整理肖若红遗物的时候，发现一封她还未来得及发给家乡亲人的一封家书。家书中写道：“爸爸、妈妈：投入紧张、激烈的战斗已有5天5夜了，敌人天天来进攻，都被我们打退了，保卫了阵地，实现了抗美援朝、保家卫国的尊严。现在朝鲜正在下大雪，满山遍地都积有五六尺厚的雪……风吹裂了我的脸，霜雪冻伤了我的手脚，但我们有一颗赤诚的心，心中热爱党，热爱祖国，热爱家乡亲人，什么千难万险也能战胜它。”战友们读着，读着，不禁泪流满面，因为肖若红的话表达了他们共同的心声。

战友们悲愤交加，朝鲜人民为痛失这位英勇的国际主义战士而热泪滚滚，他们不约而同地要为牺牲的战友，为朝鲜的死难者复仇，他们更加勇敢地在阵地上继续战斗！

英雄的志愿军战士肖若红同志，为了国际主义和世界和平，为了保家卫国，光荣地献出了她那年轻的生命。肖若红永远是无为人民的优秀儿女！

王成式的英雄儿女

——丁祖喜烈士传略[1]

丁以龙

2020年是中国人民志愿军抗美援朝出国作战70周年。在纪念日前夕，中国和韩国双方协商达成共识，韩方于9月27日向中方再次移交一批在韩中国人民志愿军烈士遗骸及相关遗物。27日当天，第七批共117位在韩中国人民志愿军烈士遗骸及相关遗物返回中国，此次共交接117具烈士遗骸和1368件相关遗物。在这些烈士遗物中有三枚印章，分别是马世贤、林水实、丁祖喜。在多方努力之下，三名志愿军烈士的家乡和亲属均已找到，其中

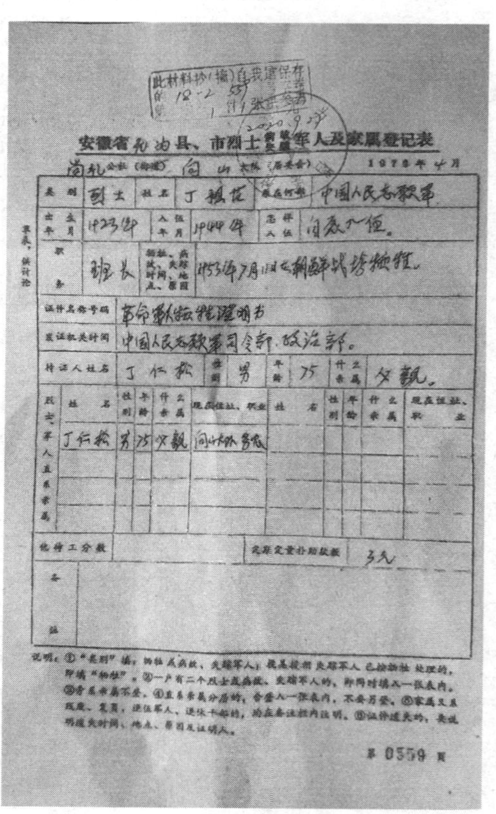

安徽省和县县、市烈士军人及家属登记表

[illegible]公社（乡镇） 向山大队（居委会） 1978年4月

类别	烈士	姓名	丁祖喜	所在部队	中国人民志愿军
出生年月	1923年	入伍年月	1944年	怎样入伍	自愿入伍。
职务	班长	牺牲、病故、失踪时间、地点、原因	1953年7月11日在朝鲜战场牺牲。		
证件名称号码	革命[illegible]证明书				
发证机关时间	中国人民志愿军司令部、政治部。				
持证人姓名	丁仁松	性别	男	年龄	75	什么亲属	父亲。

烈士、军人直系家属 姓名	性别	年龄	什么亲属	现在住址、职业	姓名	性别	年龄	什么亲属	现在住址、职业
丁仁松	男	75	父亲	向山大队务农					

优待工分数		定期定量补助款数	[illegible]
备注			

说明：①“类别”填：牺牲或病故、失踪军人；残废牺牲失踪军人已按牺牲处理的，即填“牺牲”。②一户有二个烈士或病故、失踪军人的，即同时填入一张表内。③旁系亲属不登。④直系亲属分居的，合登入一张表内，不要另登。⑤家属又是残废、复员、退伍军人、退休干部的，均在备注栏内注明。⑥证件遗失的，要说明遗失时间、地点、原因及证明人。

第0559页

革命烈士、军人及家属登记表

（1）芜湖新闻网：《丁祖喜烈士，70年来，亲人们一直以你为荣》，观察者网：《马世贤、林水实、丁祖喜烈士，国庆快乐！》《中国人民解放军陆军第二十三军军史》《中国人民解放军第23军战例选编》。

烈士丁祖喜就是无为的英雄。

丁祖喜，1923 年出生于无为县严桥镇象山村（原属尚礼乡）的一个贫苦农民家里，父亲名为丁仍松，一家几口只住一个窝棚。遇到灾年，家里没米揭不开锅，父亲就带着孩子们讨饭度日。后来，等丁祖喜长大了一些，父亲舍不得他饱一餐饿一顿，就把丁祖喜寄养在附近的一个好心的亲戚家里，帮他家放放牛求得生计。

1941 年 5 月，新四军第七师在无为胡家瓦屋成立，不久就转移到严桥的团山李三水涧（今属红庙镇）。新四军第七师和共产党地方组织领导无为人民开展抗日救国斗争，丁祖喜受到了很大的启发和教育，经常帮助他们做一些收粮、运输等力所能及的工作。1944 年，第七师在根据地开展扩军活动，号召有志青年踊跃参军。他们在象山村搭起了一个“英雄台”，所谓“英雄台”就是堆一个一人多高的土台子，四周比较光滑，一般人不容易徒手攀登，只有攀登上去的人才有资格参军。时年 21 岁的丁祖喜不仅个子高，人也长得壮实，一下子就爬上了“英雄台”，光荣地成为新四军第七师第 58 团的一名战士。

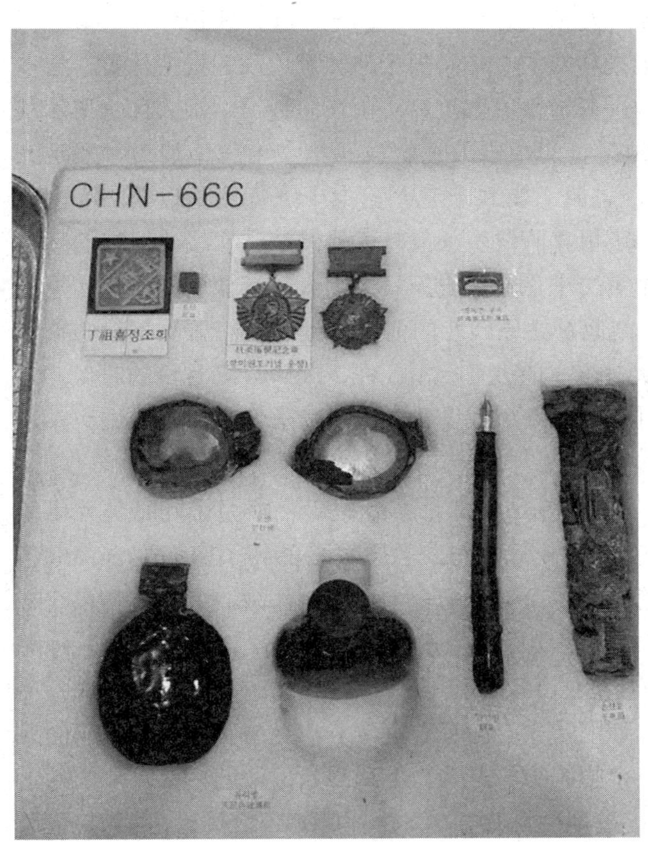

丁祖喜烈士遗物

从此，丁祖喜就离开了父亲和乡亲们，跟随部队作战南北。1945 年抗战胜利后，丁祖喜与新四军第七师的战友们一起撤离皖江，北上山东。后来的几年里，他参加了伟大的解放战争，为中国人民的解放事业做出了积极的贡献。自从入伍后，丁祖喜就很少回家，到他牺牲为止，只回来两次看望父亲，他把自己的一切都献给了祖国和人民。

1950 年 10 月，抗美援朝战争拉开序幕，中国人民志愿军赴朝作战。1952 年 9 月，丁祖喜积极报名参加中国人民志愿军，经组织批准后，他成为中国人民志愿军第二十三军第七十三师的一名排长（有的档案写作“班长”）。1952年7月，第二十三军奉命入朝，丁祖喜雄赳赳气昂昂奔赴保家卫国的朝鲜战场，入朝后参加了元山、金城战役。

自从丁祖喜赴朝参战后，他的父亲丁仍松就盼望儿子的来信。1953年的一天，丁仍松收到了一封来自朝鲜的信，他兴奋地和乡亲们一起拆开了信件。信封里除了信件之外还有一张照片，照片上的丁祖喜因头部受伤缠着白布，脸颊明显肿了不少。大家都知道丁祖喜在朝鲜受伤了。

这封信收到没过多少天，父亲丁仍松又收到了一个来自远方的小包裹。老人把包裹打开，里面只有两件血衣和一张写着字的纸片。虽然不识字，可是，血衣已经说明了一切问题。丁仍松一下子就瘫在了地上。从此丁仍松变得更加沉默了，只有人们主动去问老人，老人才哽咽着说出自己儿子的姓名。至于丁祖喜烈士的牺牲情况，只有在1979年4月的一份《安徽省无为县烈士、病故、失踪军人及家属登记表》中“牺牲、病故、失踪时间、地点、原因”一栏里，记载着一行文字：“1953年7月11日在朝鲜战场牺牲”，还有的就是2020年随烈士遗骸带回国的丁祖喜的一枚印章、两枚纪念章和一支钢笔等几件遗物。

据韩国方面的消息，第七批移交的117具烈士遗骸及遗物的发掘位置，很多是位于朝鲜半岛中部韩国境内江原道铁原郡“箭头山”附近。中国人民志愿军战史资料称该高地为281.2高地。查阅中国人民解放军第二十三军战史，发现在1953年6月下旬到7月上旬，志愿军第二十三军第七十三师正是以第218团主力反攻281.2高地。林水实、丁祖喜两位烈士很有可能就是这次战斗牺牲的。

据《中国人民解放军陆军第二十三军军史》《中国人民解放军第二十三军战例选编》等书籍记载：281.2高地是铁原西北的前哨阵地，在第五次战役中被敌人占领，之后志愿军组织部队对该高地进行反击。在1952年10月份的时候，志愿军第三十八军奉命反击394.8高地、281.2高地。但由于各种原因，志愿军没有完成预期的目的。

中国人民志愿军第二十三军于1952年7月奉命入朝，10月上旬抵达元山地区，接替了第二十军防务。1953年6月中旬，志愿军总部为了密切配合停战谈判，发起金城战役，志愿军第二十三军奉命配合主要方向作战。为了配合东线方向作战，志愿军第23军决心对韩军实施大规模的反击作战，部署第七十三师对281.2高地西北及无名高地的韩军展开反击作战。

韩军在此高地部署了第二师团防守，韩军心里十分清楚中国志愿军强悍的战斗力。一旦志愿军攻来，以一个师团防守有些力不从心。因此韩军第二师团除了自身4个炮兵大队和1个重迫击炮中队外，请求美军第12炮兵营、第15炮兵营、第37炮兵营、第674炮兵营给予支援。一共有上百门105毫米榴弹炮、155

毫米榴弹炮，火力十分强大。

战斗持续到 11 日 2 时，志愿军打垮敌人大小反扑 47 次，歼灭敌人 1500 余人，俘虏 7 人。鉴于大量歼灭敌人目的已经达成，便胜利撤出战斗。我军也付出了巨大的牺牲，而这些牺牲的志愿军战士大多被掩埋在了异国他乡。

如果我们的推测正确的话，丁祖喜烈士也就是在这场战役的最后一天牺牲的英雄战士。我们虽然没有丁祖喜烈士惊天动地的英雄事迹的文字记载，但是通过二十三军军史对这场战役的激烈程度的描述，可以想象的出丁祖喜烈士在负伤后仍然带伤战斗，奋力杀敌，与敌人拼杀到底的可歌可泣的英雄形象，他像《英雄儿女》里的王成一样是我们心里永远的英雄，他是我们无为人民永远的骄傲！

2020 年 9 月 28 日上午，丁祖喜等 117 位从韩国接回的志愿军烈士遗骸安葬仪式在沈阳抗美援朝烈士陵园举行。这里长眠着黄继光、邱少云等前六批归国的中国人民家喻户晓的志愿军烈士。

英雄模范

誉满抗日根据地的拥军模范

——刘桂珍传略[1]

王敏林

无为县的抗战拥军支前模范刘桂珍，在抗日战争时期，面对日军的残暴统治及父老乡亲的悲惨遭遇，主动加入妇女抗敌协会组织，并成为所在地的妇抗会主任。期间，她组织全乡妇女为新四军和区武工队做饭、洗衣服、照顾伤病员，利用堡垒户身份接纳新四军指战员，掩护抗日干部，还巧妙机智地为新四军第七师传送情报，为新四军将士们做慰劳鞋，多次获得皖中地区抗敌协会联合会的嘉奖，荣膺抗日拥军支前模范的光荣称号，刘桂珍所获得的大大小小的荣誉纪念奖章，记录着她矢志抗战、支援前线的印迹。

刘桂珍

刘桂珍1912年1月13日出生于无为县石涧区纯疃乡一个贫苦的农民家庭。30岁出头，就当上了县里的抗日干部，她为人正直，随和，胆大心细，做事干练，深得纯疃乡广大妇女的拥护和信任。

当时在整个石涧区，纯疃乡的妇女抗敌工作开展得最好，无论是生产劳动还是做慰劳新四军第七师部队的布鞋，纯疃乡的妇女常常受到区里、县里甚至皖中

（1）参见《濡须风云》，九州出版社，2021年1月，第119页。

行署的表扬。她们纳的布鞋底厚实、鞋帮耐穿，做工也讲究，在部队的战士中和全区全县都很有名气。刘桂珍亲自纳制的一双布鞋，第七师师长谭希林从抗日战争穿到解放战争直至全中国解放。鞋帮穿烂了但鞋底仍然结实完好。2014 年，谭师长夫人吴文彬将它捐赠给新四军第七师纪念馆珍藏，它见证了军民之间的鱼水深情，透析出老区人民的炽热情怀。

1942 年冬天，第七师师部决议送交一批军用物资支援在苏北的新四军军部。师部特别指示无为县石涧区纯疃乡快速做出 300 双布鞋，在春节前送到三水涧的第七师师部。离春节只有个把月了，刘桂珍接到县里下达的任务后，她二话没说，就风风火火地走村串户，落实做鞋任务。纯疃乡各村的妇女们在刘桂珍主任的带领下，白天糊鞋帮，晚上纳鞋底，全乡妇女常常在油灯下纳到深更半夜，有的妇女手指都被针戳破流血不止……幸好当时是农闲季节，千赶万赶，她们硬是在腊月二十三赶做好了 350 双有大有小的布鞋，比原计划还超出 50 双。布鞋送到师部后，受到师部首长们的交口称赞。他们拿着一双双做工考究的布鞋，无不欣赏赞叹。从此，纯疃乡和刘桂珍主任真是高山打鼓——响声在外，不仅区、县有名，连整个第七师也传开了。

刘桂珍从她出生的那一天起，伴随她整个童年和少年记忆的，是此起彼伏的枪炮声和在反动统治重压下劳苦大众的声声呐喊，她目睹了日军的烧杀抢掠，见证了身边同胞、亲人的苦难遭遇，在心中埋下了复仇的种子。

抗日战争爆发后，刘桂珍毫不犹豫地投身革命，亲自为丈夫戴上大红花，把他送进新四军第七师部队。刘桂珍逢人就说："我大大（父亲）在青台衖兵工厂给新四军造枪、造子弹，跟着新四军干革命，1943 年 3 月里在鬼子扫荡中被抓起来了，被汉奸捆住了手脚、弄瞎了眼睛，后来在路上被刺刀一刀挑死了，我能不恨鬼子吗？我一家大小对鬼子都恨之入骨！"那时候，乡里大部分青壮年都上了抗日前线，刘桂珍主动带着妇抗会的会员们排岗、站岗、查岗以及收岗，防止敌特混进根据地搞破坏。白天，刘桂珍组织妇抗会员们为伤员洗衣服、做饭、换药，一刻也不敢放松。到了晚上，她们又点起煤油灯，拿起针线为战士们缝补衣服，做鞋做袜子。遇到日伪军突然下乡扫荡，刘桂珍胆大心细，多次成功地完成转移、照顾伤员的任务，受到上级组织的表彰。

1944 年 4 月 20 日，新四军第七师独立团在祈雨山进行反顽战斗，战斗尤为惨烈。战斗结束后，新四军从战场上抬下来 200 多名伤员。刘桂珍看在眼里，痛在心里，她没日没夜地服侍伤员，洗衣服、晒被子、洗涤伤员用的纱布。卫生队药品不够，刘桂珍不顾山路崎岖，翻山越岭采集中草药。战士们亲切地称呼她为"珍嫂"。

其时，驻无为县城的日军宪兵队和伪军，也从群众的传说中知道了纯疃乡妇抗主任刘桂珍的情况，处心积虑地要将她捉住杀害。1943 年春，一队日军和近百名伪军在翻译鲜于谦的带领下突然包围了纯疃乡陈圩村，气势汹汹地要抓捕刘桂珍。所幸刘桂珍正在村头的裕溪河边洗涤，村上群众迅速通报了讯息。刘桂珍在河上捕鱼的渔民掩护下，躲进渔船，这才得以匆匆离去，幸免于难。她从此成为驻无为的日伪军的心腹之患。

同年底，日伪军对皖江抗日根据地的中心区进行“扫荡”，中心区的第七师部队转移至外围开展反“扫荡”斗争。一些中心区干部也转移至外围村庄群众家里隐蔽。师直机关党总支书记吴志坚（陕西人，红军）奉命转移至纯疃乡，就在刘桂珍家就地隐蔽。具有丰富对敌斗争经验的刘桂珍，即刻帮助吴志坚换上当地农妇的服装，涂抹锅底灰改改面色，混同在本村群众之中。第二天，乡递步哨传来情报，告知下乡“扫荡”的日伪军已经得知一些抗日干部转移到群众之中，各地必须做好准备，以防敌军搜村。刘桂珍向来行事缜密，突然想到吴志坚梳着齐耳的二道毛短发，这是典型的抗日女干部发型，与本村妇女的“巴巴头”有所差别。情急之下，刘桂珍从下午到晚上跑遍全乡的各个村庄，动员所有妇女都放下“巴巴头”，一律将头发剪成“二道毛”。隔日，30 多个日伪军“扫荡”纯疃乡，他们挨家逐户搜查，盘查妇女的发型和肤色，但全村妇女肤色、发型一致，未见到抗日妇女干部特殊形象。敌人像泄了气的皮球，悻悻而退。刘桂珍也常常借此聊以自慰。

解放战争时期，刘桂珍一如既往，全身心投入支援大军渡江的支前运动中去。新中国成立后，她积极投身社会主义革命和建设事业中去，直至 1968 年因病辞世。

九死一生的平民英雄

——汪宗胜传略[1]

汪大木　王敏林

汪宗胜

汪宗胜，又名汪中胜、汪宗圣、汪忠胜，生于 1923 年，无为县十里墩镇赵渡村汪家旗杆人（现属十里社区）。父亲英年早逝，留下兄弟 3 人，年龄依次相差 2 岁，汪宗胜为老大。幼年时，兄弟三人相依为命，苦苦地在生活的漩涡中挣扎。兄弟仨没有在兵荒马乱的战乱年代冻饿而死，已属不易，哪里有什么条件上学读书，兄弟仨均是目不识丁。

1939 年 6 月，苦大仇深的汪宗胜毅然参加了新四军江北游击纵队。1940 年 4 月 21 日，他跟随部队参加了照明山反顽战斗。在战斗中，他临危不惧、舍生忘死，与战友们一道，打退了顽敌一次又一次进攻，直到傍晚才撤出阵地。在烽烟滚滚的战场，汪宗胜经历了人生第一次磨炼。

1941 年 5 月，新四军第七师在无为东乡白茆洲成立，汪宗胜所在的江北游击纵队编入第七师序列，汪宗胜亦被编入第七师特务营 3 连 3 排 7 班任通信兵。先后参加了两次反日军“扫荡”和三次周家大山保卫战，经受了抗日战争的生死

（1）参见“无为网”《纪念建党百年特刊》，原野牧歌，2021 年 6 月 16 日。

考验，1944年他加入了中国共产党。汪宗胜为人真诚、朴实，但又机警过人。1945年初，他被选调担任新四军第七师代师长谭希林（开国中将）的警卫员，多次受到谭司令员的褒奖。

1945年10月，新四军第七师奉命北撤，汪宗胜随部队转战山东。1946年6月，在山东枣庄参加“讨逆战斗”，一举攻克枣庄，胜利地打赢了新四军第七师对敌伪的最后一战。同年冬，所在部队又改编为华东野战军第七纵队，他先后参加莱阳、淄川、兖州、曲阜、南马、临蒙等大小十几次战斗与战役，锤炼了汪宗胜的革命意志与品格。

汪宗胜多次参加抗击日寇的战斗。在山东期间，他和小鬼子拼过刺刀，他深知小鬼子的狡猾与凶残。在对敌白刃战中，汪宗胜的臀部、腿部挨了小鬼子的刺刀，鲜血淋漓，昏然倒地，他与战场上诸多阵亡的敌我士兵尸体混杂在一起。清醒后无法动弹的他，艰难地拉过身边的尸体遮挡自己。战后，敌人检索战场，挨个“补刺刀”时，幸运的是刺刀只扎到他的皮带上，他与死神擦肩而过。后来，被当地民兵救起，送进战时卫生所。

1947年初，华东野战军在山东峄县对国民党军进行反击战，在这场激烈的战斗中，汪宗胜腹部、眼睛被弹片炸伤，一只眼睛几乎失明，身负重伤昏迷不醒。战友们夜间清理战场时，以为他已经牺牲了。后来发现他还有一口气，赶紧抬着赶回来，不料远远地看见来了一支队伍，大家以为是敌人，迅速隐蔽，并做好战斗准备。好在遇到的是自己的队伍，虚惊一场。汪宗胜及时得到救治后，又活了过来。

在山东养伤期间，汪宗胜遇见了连云港赣榆县沦落街头的孤女徐家英，俩人自幼苦难的经历相同，惺惺相惜。徐家英细心、周到地照顾汪宗胜的生活起居，帮助他恢复身体健康，他俩互相帮助，互相鼓励，并且相约结成伴侣。

1949年初，汪宗胜伤愈归队，编入中国人民解放军第二十五军特务团2连，随部队重返革命老区无为。参加了改天换地的渡江战役，为祖国为人民再立新功。

新中国成立后，汪宗胜经组织批准，转业到合肥工作，徐家英也如约至合肥成家。因为没有文化，他们俩难以适应城市工作和生活节奏，遂请求一道返回老家无为重新安置。

汪宗胜一生把名利看得很淡，这应当与他九死一生的经历有着很大的关系。汪宗胜回乡后，在虹桥公社工作过短暂时间，也曾担任过专职武装干部，但他始终感到难以胜任政法部长的职务，他也绝不想贻误革命工作。于是他主动请辞，要求回赵渡小学当炊事员。用他的话说：“我没有文化，干干粗活可以，不能连累他人。”

汪宗胜由转业到省城，下迁到公社，再到乡村小学当炊事员，他抖落一身光环，一步步又回到社会的最基层，默默无闻地做着自己能做的事情。也许局外人根本无法理解，可这才是最真实的他。

20 世纪 70 年代末，一些学校邀请汪宗胜宣讲革命经历，以教育后代。汪宗胜每次都欣然接受，他用最朴素的语言描述着曾经发生过的战斗历程。他用情专注、真实贴切，一件件、一桩桩，娓娓道来，令听者无不动容。

1972 年，无为县民政局重新鉴定了汪宗胜的伤残等级，评残二等甲级。时过境迁，伤残等级更多的只是伤残意义。唯独汪宗胜自己知道，常年独自默默地忍受着伤痛之苦。了解情况的村民们说："你自幼参加革命，为国为民九死一生，现在常年受伤病折磨，而每月工资微薄，入不敷出，你不觉得不公平吗！"还有一些好心人向他建议去县里、省里反映情况，或者直接去找当年部队首长谭希林提提要求。可汪宗胜非常执拗的拒绝，他的回答一概是："我们图什么？是打江山啊！那么多战友都牺牲了，我毕竟活下来了，我知足了，有什么不公平的！国家也困难，我不能给党增加负担！"

"苟利国家生死以，岂因祸福避趋之。"这就是一个老共产党员、老革命军人高风亮节、甘愿无私奉献的真实写照。没有豪言壮语，不居功自傲，永远值得后人尊敬与缅怀。

1988 年底，汪宗胜因病去世。他在平静中溘然长逝，没有遗言、没有遗憾，只是说自己无愧于心。

汪宗胜是革命战争年代的一个平民英雄，没有将星闪耀之荣光，没有世人皆知的丰功伟绩，而是淹没于尘埃。他是平凡的，可他又是伟大的，他和千千万万个无名英雄一样，用青春、激情书写他们的时代精神，以鲜血、生命为党旗增光添彩。

理事贤内助　一书天下名

——水静传略[1]

丁以龙

水　静

水静，1929年5月17日出生在无为县湖陇乡（现属无为泉塘镇水家桥村）。其父水铸清是个有些文化的农民，平日挑着货担走街串巷叫卖，也帮过工，家境尚可。水静姐妹四人，因为她最小而深得父母喜爱，就送她在家族私塾里读书。抗日战争时期，共产党在无为西南乡建立了抗日民主政府即湖东办事处，办起了“关槐联立学校”，解决青少年读书识字的困难，为抗日培养人才。水静进入学校学习，文化知识不断增长的同时，也受到了党的教育，政治觉悟迅速提高。

1944年9月，年仅十五岁的水静毅然投身革命，参加了新四军第七师文工团，曾担任宣传队负责人，在根据地开展抗日宣传、发动工作。1945年9月，抗日战争胜利后水静随新四军第七师北撤，先赴山东临沂集中，后于1946年春天，乘小机帆船渡海到达东北辽东地区，在辽东军区四分区参加开拓东北的工作，历任军区干部大队干事、供给部专职支书。由于水静同志表现突出，1946年7月批准加入中国共产党。1948年冬，辽沈战役胜利结束之后，水静又随所在部队第四十二军入

（1）参见《特殊的交往》，江西人民出版社，2017年6月，第1—2页。

关参加了平津战役。随后南下江西，在江西军区后勤部任指导员。1952 年转业到地方工作，曾任南昌市委宣传部干事。经同志介绍与当时已是中共江西省委书记的杨尚奎相识，并结成伉俪。

结婚后，水静曾任省文委宗教事务处组长、省粮食厅秘书科副科长和省委组织部副科长、科长。为了让杨尚奎集中精力做好领导工作，水静在完成自己工作的同时，还担起了一应家务琐事，包括照顾、侍奉双方四位老人，抚养教育五个儿女等重任。从 1959 年开始，组织上正式任命水静担任杨尚奎的机要秘书。

从此，水静的接触面广了。特别是 1959 年、1961 年中央两次庐山会议，水静成了杨尚奎接待工作上的一名重要的助手，多次陪同或代表他去看望来自中央和各省市的领导人，协助解决日常生活中的问题。水静也由此结识了党和国家领导人和他们的夫人，其中有许多成了真诚的朋友。因为水静参加革命多年，做事细致妥帖、周到得体，因而受到了领导和同志们的称赞。杨尚奎不止一次地肯定水静在扩大、加深他和同志们的革命情谊上的作用。水静聪明、活跃、热情、机灵，善于应对各种场面。

1966 年的一天，造反派在对刘俊秀批斗的同时，要杨尚奎等其他省委领导陪斗。远在北京的周恩来总理了解杨尚奎和刘俊秀，知道他们是几十年为革命忠心耿耿、出生入死的好党员，为社会主义建设呕心沥血、废寝忘食的好干部。总理为了保护他们，特意安排专机将杨、刘两书记接到北京保护了起来。

杨尚奎被总理接走之后，水静心里的一个最大负担没有了，但她自己却要接受没完没了的批斗，无休无止地写检查。水静咬紧牙关，坚强地活着。疲惫的身躯在顶住外部压力的同时，还要照顾好双方父母，给他们以安慰，为他们治病；还要抚育好几个未成年的孩子，让他们坚定走革命正道。直到 1969 年 9 月，突然接到当时省革委会的通知："中央办公厅来电话，让你到北京探望杨尚奎。"这意味着杨尚奎没事了，水静也从此"解放"了。

1976 年以后，水静历任南昌市轻化工业局副局长、副书记，省人事局四处处长，省劳动人事厅正处级干部，1985 年 6 月按副厅级离职休养，享受副省部级标准报销医疗费待遇。1986 年 7 月 7 日，杨尚奎同志去世。水静在深深的悲痛中，振作精神组织人力，用半年多的时间，撰写了《杨尚奎传》和《杨尚奎画册》，由中央文献出版社出版发行；编写了杨尚奎的主要生平和业绩，在《中共党史人物传》第四十三卷上刊登；将杨尚奎的著作和文章汇编成集，取名《艰难的岁月》出版发行。

因水静与杨尚奎共同生活了几十年，更有幸的是她在六十年代前后与党内的上层人物有较多的接触，领导们高尚的品德、坦诚的态度、幽默的话语、亲密无间的同志间关系，无不激励和鼓舞着水静。于是，年近花甲的她于 1988 年春天开始动笔，在一没有资料，二没有参考书的情况下，全凭自己的回忆，整整花了三年时间，用二十四万多字，撰写出版了《特殊的交往——省委第一书记夫人的回忆》。此书以实事求是的态度，记下了领袖们和许多高层领导人及他们的夫人的生活、思想和心灵的一隅，水静没有写他们的丰功伟绩、光辉的一生，只写下他们生活中的一个或几个小小的浪花，也就是他们作为普通人的一面，亲切、真挚而生动。水静记录的这些趣闻，暖人心窝、启人心智，有助于加深群众对领袖们的理解，有助于恢复和密切领导与群众之间的血肉关系。《特殊的交往——省委第一书记夫人的回忆》出版后受到了历任党和国家领导同志以及广大读者的喜爱，因而多次再版。

水静对无为的亲人非常关爱，曾将父母接至身边养老，两个当时健在的姐姐也迁至江西。水静不以权谋私，姐姐们一直是普通的家庭妇女，两个姐夫一是仓库保管员，一是锅炉工，直至退休都是普通工人。1992 年，水静回到了家乡无为，在时任县委书记徐业培的陪同下，到水家桥看望了家乡的父老乡亲。

2021 年 4 月 14 日，水静因病医治无效，在南昌逝世，享年 92 岁。

腰缠万贯独闯大别山

——孙海波传略[1]

叶悟松

孙海波出生地——无为县牛埠镇青山村

孙海波（1924—1996），无为县牛埠镇青山村人。出生于贫苦农民家庭，1942 年参加新四军，1944 年加入中国共产党。因作战勇敢，机智顽强，被选调中共无巢工委警卫连，当过侦察员、警卫员。

1947 年冬，孙海波奉无巢工委之命，只身一人，怀揣黄金白银巨款，突破敌军重重封锁，机智勇敢地把钱款一分不少地送到大别山刘邓大军手中，及时缓解了部队入冬缺衣少食的给养之困。为刘邓大军站稳大别山，胜利完成党中央战略意图做出了贡献。孙海波舍命送钱的壮举，受到了刘伯承、邓小平二位首长的高度赞扬。

（1）参见《濡须风云》，九州出版社，2021 年 1 月，第 259 页。

一、参军入党

1940 年 7 月，为了落实中共中央关于“恢复无为县”的指示精神，新四军第三支队参谋长林维先率三支队第 5 团 3 营由皖南渡江，到达无为三公山一带，与当地抗日武装合编为新四军第三支队挺进团。挺进团在三公山下的牛埠、昆山等地区发动群众积极开展抗日活动，使三公山下、扬子江畔抗日形势大好。孙海波在新四军民运工作队的宣传鼓舞下，加入由共产党领导的农抗会，积极参加抗日活动。1941 年，孙海波参加民兵游击队，协助正规军打击日伪顽。1942 年，在新四军扩军运动中，孙海波参军入伍，成为一名真正的新四军战士。

在部队里，孙海波作战勇敢，出色地完成上级交给的作战任务，经常执行保卫首长，化装侦察，打探敌军情报的任务。孙海波多次立功受奖，但为人低调，从不张扬，是一位默默无闻而埋头工作的老战士。

1947 年 7 月，中共无巢工委成立，为保障工委安全，相继组建工委警卫连。孙海波被选调入中共无巢工委警卫连，与战友们一起负责工委首长和机关的安全保卫工作。

二、筹款支援刘邓

1947 年 8 月，中共中央军委决定刘伯承、邓小平率十万大军千里跃进大别山。把尖刀插进中原，直指华东地区，威胁国民党的政权中枢——南京。刘邓大军孤军深入，国民党军畏之如虎，派重兵围追堵截。刘邓大军与敌巧妙周旋，三个月歼敌 30 余万，在大别山扎下了根。

转眼已到冬季，大别山区本属贫困，物产有限，刘邓大军给养困难，粮食与冬衣无以着落，三餐吃不饱，御寒无棉衣，一时陷入困境之中。党中央对此十分关心，电令中共华东局就近火速筹款，支援刘邓大军。华东局把此项任务交给无巢工委，立即筹款，支援大别山。无巢工委立即行动，仅数日便筹到可买 500 石大米的钱款，并兑换成金条和银圆（硬通货不会贬值），准备立即送往皖西大别山区刘邓部队手中。这是一笔从革命老区筹集到的巨款，是缓解十万大军平安过冬的救急钱，出不得半点差错。

如何把这笔钱款安全地送到大别山，工委的领导们犯了难。国民党军调集了 14 个整编师的兵力，重重围堵大别山，无为通往皖西的道路上，舒城、桐城、庐江等地都有重兵把守，武装押运绝无可能。况且，从无为到皖西走最近的路也有 100 多公里，敌情复杂，也无党组织的支援帮助，困难是可以想象的。工委经反复研究，决定派一名忠诚可靠，机智勇敢，有对敌斗争经验的同志执行送钱人任务。

工委把机关和直属分队人员中的优秀骨干挑选出来，反复比较，最后选定警卫连的老战士孙海波来执行送钱任务。

三、独闯大别山

孙海波在抗日烽火中参军，中共党员，是有五年军龄的老战士。当过侦察员、警卫员，立过战功，有丰富的对敌斗争经验。孙海波面相老成，换上便衣就是一位老实巴交的农民，站在人堆里毫不起眼。最重要的是，他对党的忠诚。

工委首长找来孙海波，向他下达了去大别山送钱的任务，并说明了此次任务的重要性和危险性，孙海波二话不说，表示“保证完成任务”。孙海波化妆成叫花子，把金条和银圆缝在破棉袄里面，手提一根打狗棒，腋下夹着一个破碗，成了一个穷困潦倒，衣衫褴褛的乞丐。

敌工部的同志向孙海波交代了他的身份，是地主翟老爷家的长工，因老婆病重，让孙海波去给国民党部队中当连长的儿子翟金宝送信，让他回家一趟，看看老娘，并给了他一封信和身份证明，以及少许的盘缠。

孙海波一路疾行，到庐江县城时，城门口有国民党军士兵把守，对过往行人严加盘查。孙海波选择早晨与赶集上街的农民一道混进城。城内到处驻有国民党军队。夜晚人静之时，还能听到远处的炮声。孙海波判断，有枪炮声的地方必定是两军交战之处，打仗的地区必有我刘邓大军的部队。顺着炮声的方向走肯定不会错。炮声的方向是桐城、舒城一带，孙海波立即向桐舒进发。由舒桐方向进大别山，必经汤池、大关，这里是进山关口，敌军守备很严，行人通过需接受层层盘查。孙海波不敢冒险，只有想办法从山里绕过去。山路难行，身上所带的盘缠路费早已用光，忍饥挨饿之下还要躲避敌军和民团抓夫。虽身藏黄金白银，但却是分文不可动用。孙海波真的当起了叫花子，饿得没办法，找到好心的农家讨口饭吃。

孙海波送钱路上的遇险地——庐江汤池、大关

一天，孙海波走到一片荒郊山地，看到地里有一些未被老乡收尽的玉米棒子，孙海波捡了一堆玉米秸秆生了火，找了几根玉米棒子，放入火中烧熟充饥。未承想，烧火的浓烟被山下的敌军发现，一阵枪响，子弹从孙海波擦身而过，他惊出一身冷汗，冷静地脱下藏有金银的破棉袄，塞进地头的玉米秸秆堆里，坐在火堆旁仍然烤玉米棒子。几名国民党士兵跑上来二话不说，一顿枪托，押到山下营房审问，严刑拷打，说他在山上放火打信号，是共军的探子。孙海波身无旁物，没有任何让敌人怀疑的地方，一口咬定自己是给东家送信的长工。他回答："我是给东家翟老爷送信的，他儿子是国军第四十八师的连长叫翟金宝。""找他干什么？""他妈妈生病快死了，想见儿子一面。""信在哪里？""在汤池被你们的哨兵搜去了，连同身份证、路费都被拿走了。"

"你在山上放火干什么？"

"我一路讨饭，昨天没要到饭，饿得受不了，到山上找六谷[(1)]烧着吃。"

孙海波一副憨厚的农民相，一口地道的无为老牛埠土腔，审讯的敌人也捉摸不透，枪毙他，又担心是国军家属会惹上麻烦。于是，要孙海波找保人。孙海波说："我家离这里一二百里地，这里又没熟人，我哪里找到保人？"敌人见他实在榨不出油水，只好把他放了。

坏事变成好事，敌人放了他，他便可在敌区走动。孙海波找回破棉袄，忍着伤痛，在敌人的战区里穿行，还不时打听"翟连长"。越往西走，战火气越浓，士兵、伤员、民夫遍地，不时枪炮声响，人喊马叫，孙海波穿着与民夫没有两样，无人盘问他。尽管如此，孙海波丝毫不敢大意，他找到一个敌军的大伙房，帮助炊事班干杂活带送饭，一干十来天，人混熟了，加上又勤快，炊事班的人都喜欢他，炊事班长还发给孙海波两颗手榴弹防身。夜里送饭到阵地很危险，没人愿意干，孙海波说我去。到阵地前沿虽然危险，但容易脱身完成任务。

此时正是冬季，山中时有大雾，起大雾之时，敌我双方停止战斗。一天夜里，山中起大雾，孙海波从平时送饭时观察好的山路脱险，溜到阵地前沿，用扁担撬开铁丝网，绕过雷区，进入前沿交战的开阔地。敌军探照灯不断扫射，他埋伏隐蔽，待凌晨大雾升起，孙海波一跃而起，向着对面我军阵地奔跑。敌军发现人影便开枪扫射，孙海波凭着丰富的作战经验，跃入弹坑，避开枪弹。正准备跃起奔跑时，不远处有脚步声传来，这是敌军的巡逻队赶来搜寻。孙海波掏出随身携带的手榴弹，待敌人走近时扔了过去，手榴弹在敌人中间开花，紧接着，又扔出一颗，把敌人的巡逻兵炸得晕头转向，除死伤者外，剩下的便往回跑，敌方阵地在浓雾中也不敢开枪。孙海波在此瞬间，从弹坑中爬起来，扎紧破棉袄，拼命

（1）六谷：无为土语，称玉米为"六谷"。

地向着刘邓大军的阵地方向奔跑。敌人醒悟过来，机枪猛烈扫射，孙海波冒着枪林弹雨，不顾一切地向前冲去，突然左肩一麻，他被击倒在地，他知道自己中弹了。朦胧中，孙海波看到了穿着灰色军装的人向他跑来，孙海波松了一口气，战友们冲过来了，来救他了。孙海波说了一句：“快！快拿出棉袄中的钱！”便昏了过去。

第四天，孙海波醒了过来，伤口已包扎好，他明白，这是在部队的营房里了。破棉袄已不在身上，黄金白银已送到部队，孙海波这才放心下来。刘邓大军第 24 团团长吴先宏到病房里看望孙海波，紧紧握住他的手，深情地说：“辛苦了！任务完成得很好，我们要为你请功！”

侠肝义胆扬正气

——耿秀峰传略[1]

王惠舟

耿秀峰出生地——无为县福渡镇耿家湾

耿秀峰，无为县福渡镇耿家湾村人。1908年出生，1928年参加了我地下党领导的农民协会，1931年加入中国共产党，是耿家湾我基层党组织负责人，有一定的文化素养，处事光明磊落，宽以待人，经受过长期白色恐怖的严峻考验，在群众中颇有威望。

1938年，国民党无为县县长韦廷杰，贪污腐化，不事抗日，专门压迫人民，是骑在无为人民头上的土皇帝。国民党安徽省政府，迫于各界进步人士强烈要求，决定任命胡竺冰接任县长。但是韦廷杰拒绝交任。

当时韦廷杰手下有反动武装四个大队，1000余兵力，拥兵自重，企图以武力对抗胡竺冰上任。胡经请示省政府同意，由新四军四支队第七团护送自安庆到无为赴任。七团威力强大，一路未受到什么抵抗，迅速包围了无城。韦廷杰困守

（1）参见《胡德荣回忆录》，安徽省新四军历史研究会，2000年9月，第85—87页；安徽省农垦总公司《耿秀峰档案》。

城中，妄图负隅顽抗。但新四军勇士们进攻的枪炮声在县城四面响起，他们生龙活虎，英勇战斗，势如暴风骤雨，一举攻下县城。韦廷杰在仓皇逃亡中，被自己的卫兵打死。此时，韦廷杰的小股残余匪徒还未消灭，例如耿湾鲁村顽军第10中队。不过他们已如惊弓之鸟，惶惶不可终日。我地下党员耿秀峰得知这一情况，立即组织亲属耿海明、耿惠民、耿海清、倪受道等，会同耿湾党支部的其他同志，前往第10中队召见队长胡焕章。耿秀峰说是接受新四军委派，收取10中队的枪支，以防流失。胡焕章慑于当时不利形势，又接到上司通知等待新四军接收，加之耿秀峰在地方很高的声望，所以只好从命，当即交出长枪54支和两支德制小手枪。

耿秀峰收取顽军枪支，是很好的革命行动，也很冒险。他回村后，立即将枪支收藏好，以防发生意外，并同时报告了县委。但是接着却连续发生了意外。

10中队所驻的鲁村，有个外来走亲戚的方千锁，他自称是新四军，前来收取10中队的枪支。耿秀峰立即报告县委，县委马上通知第七团，查明了方千锁是冒充新四军的坏人。于是第七团很快逮捕了方千锁并就地处决，为地方清除了一个祸害。

过了几天，韦廷杰残部的一个分队长陈德舟，率20多名匪徒到了耿湾村，要求耿家退还他们的枪支。这些人本是土匪，气势很凶，显然不好对付。

耿秀峰临危不惧，当即挺身而出，婉言否认有这样的事情。他说现在是胡县长主政，新四军部队尚在县城，任何私人是不能收取枪支的。如果不信，请陈队长和弟兄们到我耿家搜查。其实有一部分枪支就藏在耿的家中。耿秀峰这种机智果敢的表现，是革命者在危急关头的可贵胆识，也是共产党人所特有的大无畏精神。

陈德舟原本是反动县长韦廷杰的爪牙，现在韦已被打死，胡竺冰任县长。陈自感心虚，又畏惧耿秀峰处世为人的正义，在群众中有着良好的影响，所以胆怯起来。再说，即使耿家收去了枪支，也不会放在家中，一定会转移或已送给了新四军。陈德舟不敢贸然行动，只好自下台阶，双手抱拳向耿秀峰表示歉意："误会、误会，请先生谅解。"说罢带着匪徒们灰溜溜地离去。

胡竺冰县长赴任后，首先改组了县政府的人事，安排吕惠生任秘书，主管县政府的行政工作；选用进步人士担任各科科长。胡县长自兼县抗日动员委员会主任，并请中共无为县委书记胡德荣担任动委会指导员。共产党员林立率第十七工作团来无为，并兼任县委副书记，各区也都成立了共产党领导下的工作团。在胡竺冰县长领导下，全县工作有条有理，出现了国共合作，团结抗日的好形势。

胡竺冰同时整顿了县武装部队，成立了无为县抗日自卫军，胡县长兼司令，共产党员老红军张学文任副司令，下设三个大队，各区委和农抗会，纷纷发动青年参军，队伍很快达到一千多人。

根据中共无为县委决定，耿秀峰以收取的枪支为基础，在耿湾村成立了一个连队。耿秀峰负责连队党的工作。连队的生活给养，也是耿秀峰一手筹措。这个连队很有战斗力，后来编入了新四军江北游击纵队，转战南北，屡建戓功，部分成员成长为部队骨干。这是耿秀峰对我军建设做出的一个重要贡献。

胡竺冰任无为县县长好景不长，只历时20天，国民党安徽省政府以所谓“擅起兵端”，即下令撤胡竺冰的县长职务，派反动军队护送桂系反动分子马炯任无为县县长，真是无耻之极。一个堂堂的国民党省政府，竟到了如此枉顾民意，颠倒黑白的无耻地步。明摆的事实是，当初派兵护送胡县长赴任，打击以武力对抗省府决定的韦廷杰，是完全必要的和正确的，也是经过省政府同意的，怎么能歪曲事实，说是“擅起兵端”？国民党省政府所以反咬一口，实际是因为胡竺冰县长，真正实行国共合作、团结抗日，因此引起了顽固派的不满。这恰恰暴露了反共分子们的丑恶面目。

马炯接任了无为县县长，马上改组县政府，大量任用反共分子，对进步人士和共产党人则排斥不用。吕惠生被免去了县政府秘书职务，胡竺冰靠边。各界人士及人民群众反映强烈，愤愤不平。在各方面压力下，马炯让胡竺冰担任了县财经委员会主任。这样胡就继续发挥着重要作用。

再说耿秀峰，因收取枪支组成一个连队交给了新四军，也受到了打击迫害。反共分子马殿南，被马炯重用任县大队长，握有兵权。他派张秋鼎等四人到耿家湾，持枪逮捕了耿秀峰，追逼要耿交出收取的枪支。

耿秀峰被关进了马殿南大队部，全家心急如焚。三弟耿惠民当夜奔赴白茆洲胡家瓦屋报告了新四军第四支队第二游击纵队黄育贤（桂蓬）主任。黄主任非常气愤，当即打电话给马殿南，说明耿秀峰同志奉命收取枪支组建的连队，已编入新四军江北游击纵队，开赴前线正在和日寇战斗，这是完全正确的抗日行动。你大队逮捕耿秀峰是非法的。希望立即放人，否则由此产生一切后果，由你马殿南负责。

黄主任打过电话，又写了信给耿惠民进县城，要马殿南放人。耿惠民连夜赶路，第二天清晨进城，见到了已被释放的耿秀峰。原来昨夜马殿南接到黄育贤（桂蓬）主任电话，害怕起来。因为他知道新四军第四支队在无为的游击纵队是很有实力的。迫于军事压力，所以当夜就放出了耿秀峰。此时，县抗日动员委员会，仍然在中共无为县委书记胡德荣等共产党员领导下。耿秀峰被吸收为动委会委员，并与方一清等先后担任农抗会理事长，在陡沟的新河、马口、叶渡、刘港、甚至县城东郊王福渡、官圩、兴隆、晏公圩日伪占领区，为发展农抗会力量，宣传群众、组织群众，贯彻党的抗日统一战线，做了很好的工作。

1939年秋冬，国民党在无为的反共行动，已逐步暴露出来。中共无为县委书记胡德荣被迫离开动委会，转入农村。县委要求各区委做好组织上的准备，以防止国民党的进攻。同时县委组建并直接领导了新三连，丁继哲任连长，陈化群任指导员，军事编制序列属新四军江北游击纵队。

1940年初，国民党安徽省政府派保安二支队司令吴绍礼，率省保安团进驻无为，制造了一系列反共事件。其中以“牌楼事变”最为突出。当年4月，新四军江北游击纵队孙仲德司令员，率部离开无为，转战未归。吴绍礼竟率反动武装四千余人，围攻驻照明山牌楼村的江北游击纵队司令部。我纵队留守部队被迫自卫，发生了惨烈的照明山战斗。由于我寡敌众的力量悬殊，我方伤亡很大，纵队参谋长桂逢洲同志，在反击凶顽的战斗中献出了宝贵生命。

牌楼事变后，我军撤出，国民党得意忘形，更加疯狂地推行其反动统治，残酷迫害我党、群组织。无南二区环境恶劣，区委书记雷文转移到无东百官圩。党的重要活动联络地耿家湾，成为敌人打击迫害目标，耿秀峰的家被敌人抄了，只得带了全家人也来到百官圩，真是形势险恶，斗争艰巨。

1940年5月，农村中正是耕种插秧的大忙季节，百官圩的农民整日辛劳，夜晚闭门入睡。不料一天深夜，运漕镇日伪军头目涂小琴，派郁发保、萧玉成率伪军侵入百官圩，包围了宋家村，挨家挨户破门搜查，抓住了四个人，其中有二区区委书记雷文、游击队员陈效如、耿秀峰的二弟耿海清。日伪军对四人进行了严刑审讯，追逼交代各人的身份。但四人均一口咬定自己是种田的农民。日伪军中的郁发保是陡沟人，发现耿海清是耿家湾人。他知道耿家是有钱大户，认为发财的机会到了，要大捞一把。百官圩和运漕镇地下党组织虽全力设法营救，可是涂小琴和郁发保这两个汉奸，坚持要给两打（24支）驳壳枪，才可放人。这当然就是勒索巨款，中饱私囊。

县委书记胡德荣得知此情，决定为保证四人安全获释，要想法筹款。很快，他组织力量，多方侦察，周密部署，顺利地打进东关鬼子的洋行，砸开钱柜，取出全部现金，并将存放的布匹、香烟、肥皂等日用商品全部取出，还拉出九头黄牛。附近的鬼子不知来了多少新四军，只得龟缩在据点里，不敢采取任何行动。

打东关鬼子洋行成功了，对含和地区的日伪军起了很好的威慑作用。但是所得现金，作为营救同志的费用，还差得很多。县委领导以及同志们依然十分焦急，生怕资金延迟到位，汉奸们对雷文等人下毒手。在这危急关头，耿秀峰以坚强的党性和大公无私的精神，果断变卖土地，倾家荡产，凑足金额，才将被捕的雷文等四人救了回来。县委对耿秀峰的这种正义行为和崇高精神，给予了充分肯定和高度赞扬。

由于国民党极力反共，在无为制造了“牌楼事变”，迫使我江北游击队撤出了无为，因此给日寇提供了入侵无为的时机。1940 年 7 月 17 日，日寇轻易地侵占了无为县城，国民党无为县县长赵鑑书及其反动武装，省保安二支队司令、穷凶极恶的反共分子吴绍礼，及其所率反动的保安团，对日寇不做任何抵抗，弃城西逃。无为城乡广大人民沦陷于日寇的铁蹄下，遭受侵略者的屠杀和残害，面临着亡国奴的生活。

在无为人民遭受日寇践踏残害之际，中共无为县委书记胡德荣毅然率部回到无为，广泛开展抗日斗争。针对无东地区国民党三区区长翟汝舟，带着区公所武装狐朋狗友欺压和剥削人民。胡德荣致信翟汝舟，晓以大义，希望其与共产党合作抗日，翟拒绝接触，带着区公所武装，窜到县城附近邹家村，显然另有所图。

邹家村与耿湾村仅一塘之隔，耿秀峰和党支部同志立即将翟汝舟的行踪报告了县委。胡德荣和丁继哲率小部队到了耿湾，听取了耿秀峰的具体汇报，并做出解除翟汝舟武装的作战计划，坚决消灭这个害人的区公所。在夜间突袭中，翟汝舟听到风声，仓皇躲藏，邹村未发现其踪影。耿秀峰带领耿家湾党支部全体党员和自家弟弟们，配合部队一起行动，堵住了通往外面的所有路口，布下了天罗地网，使翟汝舟插翅难逃。天渐渐亮了，大家在尚未收割完的稻田里，抓住了在泥水里装死的翟汝舟。胡德荣以最大的耐心，对翟进行教育，表示“你如愿意与我们合作抗日，可以留下来继续担任区长”。翟汝舟口头称是，却心怀鬼胎，伺机逃回国民党，坚持与人民为敌，死心塌地为国民党反共卖力。解放后，人民政府接受广大百姓的控诉，根据其严重罪行，依法处决了翟汝舟。当年，在追剿和逮捕反动分子翟汝舟的战斗中，耿秀峰和耿湾党支部以及他的弟弟们确实功不可没。

1945 年 9 月，遵照党中央的指示，皖江区党委和新四军第七师奉命北撤。胡德荣负责第七师北撤的后勤工作。他在沿江组织运输时，区党委副书记李步新向他传达了区党委和第七师北撤的决定，并对胡德荣说：你对无为同志熟悉，可以布置一些同志留下来打入敌人中去，曾政委说这叫作“身在曹营心在汉”。

北撤工作在紧张地进行。胡德荣夜以继日地解决北撤中水上运输问题。离开皖中根据地时，胡德荣接到曾希圣来电，日夜兼程赶到江苏六合，成立了六合办事处。在这里，胡德荣做出了一部分同志返回无为的安排。耿秀峰和儿子耿治安，带着李步新的介绍信，前来接洽安排回敌后。当时耿秀峰身患重病，无法行动，不能随军北撤。胡德荣对此深感不安，要耿秀峰先找个地方治病，待身体好了再想办法。又对耿治安说，要好好照顾父亲，为他请医治病。以后在必要时，你可以打入敌人里面去，等待党的联系。这在非常时期，胡德荣最后紧紧握着他们父子的双手，只得亲切难舍地说声：“再见，后会有期。”耿秀峰也眼含泪花连连点头道“后会有期”。

此后，耿秀峰回到家乡，继续坚持革命斗争，曾任临江办事处供给科副科长、临江县支前指挥部陡沟区区长。解放后，任无为县政府建设科科长、芜湖专署林业局副局长，在宣城敬亭山茶场场长任上离休，1987 年 7 月 8 日逝世。

勇斗敌顽弥志坚

——丁铁牛简介[1]

左 华

丁铁牛，无为开城人，安徽省六安军分区原副司令员，1940 年 2 月参加新四军，1941 年 5 月加入中国共产党，历任皖浙赣支队第五连连长、皖浙赣支队司令部第一团二营副营长、皖南军区军政干校三中队中队长、皖南军区卫生部协理员、定远县人武部副部长、全椒县兵役局局长、全椒县人武部部长及六安军分区副参谋长、参谋长、副司令员等职。参加过皖南太平县龙门镇、江西省婺源县甲路、皖南江家坑等战役，荣获三级独立奖章、三级解放勋章、独立功勋荣誉章，1984 年离休，行政十三级，副师待遇。

丁铁牛

（一）蒋家坑伏击战

1947 年春，中共皖南地委在太平县樵山荷花坑召开地委扩大会议，会议决定将沿江中心县委改组为黄西工委，黄西工委下辖泾太石县委，陈爱曦任书记。同年 5 月，陈爱曦指挥了沿江游击队进入皖南以来最著名、影响最大的一场战斗

（1）参见《休宁党史资料选编》，中共休宁县委党史办公室，1989 年 12 月，第 361—365 页。

——蒋家坑伏击战。根据情报和侦察，陈爱曦指派丁铁牛选调少数由神枪手和投弹手组成的突击班，以猛烈的火力佯攻敌龙门乡公所，诱敌增援，自己则率 3 个班在蒋家坑设伏，待歼援敌。果然，第四天拂晓，敌 40 余人出县城仙源赶赴龙门增援，走进我游击队伏击圈，陈爱曦一声令下，信号枪响起，警卫员刘章甫率先开枪，击毙敌机枪手，埋伏的游击队员像猛虎下山一样冲向敌人，丁铁牛迅速率突击班包抄过来，20 分钟结束了战斗，歼敌一个排，毙敌 12 人，俘虏 10 人，缴获机枪 1 挺，步枪 10 多枝，而我游击队仅有两人负伤。这是沿江游击队进入山区后战果最大的一仗。

（二）龙门小解放

皖南地委在竹园坦传达华东局“三八指示”的会议期间，太平县警保中队四乡联防队进驻龙门镇，企图报复我龙门游击队。于是地委研究决定，由原皖浙赣边区游击支队队长、苏皖边区司令部参谋长倪南山负责指挥，以杨明和刘奎带来的沿江部队（黄西总队）第一连为主攻力量。各路部队由倪南山指挥，并切断敌方的通讯和水源，开展强攻。

龙门乡公所设在周家大祠堂里。大祠堂建筑面积有 2800 平方米，前后三大进，院落高深，易守难攻。在大祠堂周围 50 米外的龟山和尖山高点上，建有三个碉堡，居高临下，占据着有利地形，与大祠堂形成掎角之势。敌人虽然只有 80 余人，但凭借着三个碉堡和大祠堂的高墙厚壁，很难攻破，连攻两天，都没有拿下。第三天下午，在蒋家坑伏击战中立下战功的龙门三连连长丁铁牛，接受了主攻任务，他做了细致的准备工作，要求当晚一定要拿下这块硬骨头。

电影《渡江侦察记》解放军江南游击队最高首长的原型、苏皖边区司令部司令员熊兆仁，关键时刻表现出了大将风度，他没有板着脸去下死命令，而是风趣地对连长丁铁牛说：“拿不下，你就不是铁牛了，而是一头不能耕地的老牛了！”丁铁牛应声答道：“坚决完成任务！”他率一个班的战士在火力掩护下，架起梯子，爬上周家大祠堂屋顶，压住了敌人的火力。敌群中有个家伙刚端起机枪，就被我方击伤，栽倒下去，机枪成了哑巴。这时，后继攻击部队搬来大量柴草，浇上煤油辣椒粉，在祠堂周围放起大火。顿时，大祠堂上空浓烟滚滚，火光冲天，熏得敌人涕泪满脸，只得缴械投降。

这场战斗，俘敌 80 余人（有四乡联防队长、龙门乡长），敌警保中队全部缴械投诚，缴机枪 1 挺、步枪 50 支，手枪 3 支，手榴弹数千发。这次战斗打了三天四夜，太平县政府却根本不知道，当我军放回俘虏到太平县城内，国民党才知道龙门四乡联防队被我军消灭了。

“龙门小解放”是新四军沿江部队、皖浙赣边区和黄山游击队汇合成立苏皖边区司令部仅一个月内打的第一个大胜仗，打击和动摇了皖南国民党反动政权的统治基础，是皖南游击队大活动大发展的起点和转折点，为皖南的游击战争打开了新的局面。

（三）甲路阻击战

1948年10月中旬，新四军皖浙赣支队长倪南山带领支队，从许家山出发到婺源县甲路宿营，丁铁牛任五连连长，奉命担任前卫任务。第二天中午正吃饭时，群众跑来报告，大概有一个多营敌人，从春川向里路方向开来。倪支队长向丁铁牛下达任务：“由你连负责，掩护机关转移。”丁铁牛立即派一个班到前面侦察敌情，同时命令部队轻装跑步前进，迅速抢占有利地形，先于敌人10分钟抢占了制高点，掌握了主动权。

阻击战斗一打响，倪支队长带领一连迅速赶到支援。战斗打得很激烈，敌人的枪炮声突然停了，丁铁牛抬头往下一看，好家伙，七八十敌人分成两排，端着枪、上着明晃晃的刺刀，正向我阵地冲来。当敌人离阵地前沿只有几十米时，丁铁牛一声喊打，机枪、步枪同时开火，子弹、手榴弹雨点般向敌人打去，打得敌人丢盔卸甲，抛下二十几具尸体，连滚带爬地退了回去。

甲路阻击战，仅用了2个小时，就结束了战斗，全歼国民党军队两个正规连，毙伤敌87名，俘敌156名，其中包括一名副营长。缴获轻机枪12挺、步枪165支、六〇炮4门、手枪5支、子弹3000余发、手榴弹23枚。甲路阻击战的胜利，是新四军南进部队进军皖浙赣边区以来的一次大胜利，打击了敌人的嚣张气焰，也打出了新四军的神威。

丁铁牛离休后先后担任六安市关工委副主任兼家教委员会主任、六安市新四军历史研究会常务副会长、安徽省新四军历史研究会理事等职，是六安军分区干休所“红路”报告团的主讲人。他曾三次被六安市评为“关心下一代工作先进个人”，并荣获六安市“老有所为精英奖”，多次被安徽省军区表彰为优秀共产党员和先进离休干部。1997年、2000年、2004年、2007年四次被南京军区表彰为“先进离休干部”，2005年、2010年两次被评为“全国关心下一代先进工作者”。

抗战岁月里的“双枪女将”

——方针传略[1]

李紫煦

方针原名方佛生、方文霞，1917年8月出生于无为白茆镇。幼年时就参加革命活动，15岁入团，抗战初参加新四军并加入共产党。先后担任过乡妇女主任、乡长、书记、新四军战地服务团团员，部队政治教员、指导员、保卫干事、政治干事等职务。方针的童年生活是在缺衣少食中度过的，家里经常因无粮而断炊。靠耕种为生的父母因大字不识，吃尽了睁眼瞎的苦头，攒了几斗粮，还是把她送到本乡启明小学读书。

方　针

苦难少年立志革命

无为是一块红色沃土，之后成为皖江抗日根据地的核心地区。1929夏荒季节，由于奸商的囤积居奇，套购贩运，致使粮价飞涨，饥饿严重地威胁无为城乡人民，中共无为县委领导了农协会员开展了禁粮外运斗争，迫使粮商低头认罪，方针和同学刘伟在中共党员教师任惠群带领下参加了这次斗争，表现积极，十分

（1）参见《新四军合肥女兵》，合肥市新四军历史研究会，2019年10月，第143页。

活跃，于1929年秋经任惠群、刘静波介绍加入了共青团。从此，她经常参加秘密会议，接受组织分配的任务，晚上刷写革命标语、口号，和国民党反动派进行斗争。

1930年12月7日，在无为发生了“六洲暴动”，由于敌强我弱，力量对比悬殊，苦战两日，据点仍未攻下，最终“六洲暴动”以失败宣告结束，但这是无为人民向国民党反动派打响的武装斗争第一枪，打乱了国民党在无为的统治秩序，扩大了中国共产党在人民群众中的影响，积累了武装斗争经验。启明小学的共产党员教师任惠群，共青团员方针、刘伟等在此次暴动前后四处奔走，做了大量宣传、鼓动工作，暴露了革命身份。为了避开国民党的缉捕，方针只得和党员教师、同学离校隐蔽。这时，恰巧芜湖姑母要方针母亲去给照顾孩子，方针因家贫，身为女儿，故随母亲投奔到芜湖谋生。她姑母思想进步倾向革命，在芜湖开设一座小旅馆，也是芜湖和无为党的组织经常来往的秘密联络站。这样，方针又很快地见到了任惠群、刘静波，按照党的要求，方针继续为革命积极活动，联络同志、掩护组织。由于姑母的安排，她陪伴表妹在芜湖市立小学读书，经任、刘二位老师介绍，她又在共产党员女校长张云鹏等同志组织领导下，积极参加校内秘密会议，带头举行罢课等活动。

1932年秋，方针随母由芜湖又回到家乡无为。在当时敌强我弱的白色恐怖下，党组织活动转入更为秘密的斗争，方针和忠贞不渝干革命、炽热心肠为人民的党员胡仁达以及共青团支部的黄兆贞、刘伟等常在一起秘密接触，始终心向革命，坚持斗争，继续过团组织生活，研究开展对敌斗争，直到1937年秋。

国难当头投身抗日

1937年全面抗日战争爆发后，方针从秘密活动转为公开活动，在无为县早年投身革命的共产党人张恺帆、桂蓬等同志直接组织和领导下，积极投入了抗日救国斗争。由于方针表现积极敢于斗争，被桂蓬同志推荐担任乡妇抗会主任，后任宣传队长。1938年3月，她由地方转入部队，参加了新四军。后任无为县白茆区第一任女乡长，为保一方平安，她打黑除霸，围歼土匪，和敌顽作殊死斗争。敌人公开扬言，要砍她的头，她却坚贞不屈，更勇敢地投入到抗日斗争中去。

1939年6月，新四军江北游击纵队驰骋在皖江大地上。队伍纪律严明，作风艰苦，抗日英勇，爱护人民，受到群众的热烈拥护。从1939年11月起，方针担任新四军第四支队、江北游击纵队战地服务团团员。她和战友杨哲伦等到群众中去宣传抗日，做群众工作、教群众唱抗日歌曲。还通过家庭访问、街头宣传，组织召开抗日动员大会。大会一般都是先由地方抗日人士上台宣讲，服务团领导讲话，再进行文艺演出。以多种形式，认真贯彻执行党的抗日民族统一战线政策，广泛联系和团结爱国人士，保护工商业，实行“二五”减租，做了许多卓有成效工作。此间，方针还与被新四军江北指挥部指挥张云逸称为“党外布尔什维克”的胡竺冰多有接触。早在 1938 年 9 月，胡竺冰在新四军第四支队林维先参谋长的护送下担任无为县抗日县长。他思想进步，不惧怕顽固派的压制和打击，抗日坚决。在他的影响下，全家有 20 多人参加革命，方针经常圆满完成胡竺冰交办的抗日斗争任务，在与胡竺冰频繁接触中，革命意志更加坚定，思想上得到进一步升华。后来，她与胡竺冰的侄子，江北游击纵队的胡斯夫结为伉俪。1939 年 3 月，方针加入了中国共产党。

皖南事变挺身救援

1941 年 1 月，皖南事变后，不断有新四军指战员从皖南渡江来无为。一天凌晨，一支近百人的队伍突围渡江来到江北。方针同志和江北游击纵队战地服务团的战友们，在无为县委书记胡德荣同志统一安排下，妥善地安排突围渡江部队的食宿，帮助联系治疗伤病员，安排人员为部队送食送衣。此后两个月时间，先后接应新四军突围出来的干部、战士 230 多人，还有突围后零星渡江来无为的人。经过精心安排和武装护送，最终确保了全部人员安全到达盐城新四军军部，为革命保存了火种。方针在接送安置渡江突围部队中，吃大苦耐大劳，以高度的热情和责任完成了任务，得到胡德荣书记的高度赞扬。

1941 年 2 月，新四军第七师成立后，方针所在的战地服务团遵照上级命令，向四周开展工作，建立和扩大抗日游击区，配合皖中、皖东地区抗日斗争，她先后调任定远县中心学校、津浦路西联防办事处担任政治教员，直到 1941 年 5 月，无为县抗日民主政府成立后急需干部，于 8 月奉调回无为县，再度担任白茆乡党支部书记兼乡长。她上任后大力宣传中共抗日民主政策，健全敌后抗日民主政权，建立财税机构，大力开展禁止烟、赌、娼，镇压汉奸、恶霸。她遵照上级指示，全力建设乡农抗会、青抗会、妇抗会等群众组织，发动农民群众开展抗日斗争，创建农抗游击队，成立党领导下的农民武装。后来这些农抗游击队有的上升为抗日民主政权领导的游击队，有的加入新四军正规部队。

双枪女将意志坚强

此时方针经常骑着一匹马，身上斜挎一支盒子炮，腰间别着把小手枪四处奔波，哪里危险就哪里上。一次因骑马太急太快，从马上摔了下来，地上的树枝将她左眼戳伤，当时战事紧张没有及时治疗，从此失明。祸不单行，也就在她受伤不久，从前方传来她唯一的弟弟在山东枣庄与日军战斗壮烈牺牲的消息，而她的大女儿也在此时夭折。她强忍伤痛和悲伤，继续投身抗日斗争，与日本帝国主义斗，与国民党顽固派斗，与地方反动势力斗，直至抗战胜利。当年与她朝夕相处，见证方针从事革命活动的伯母陈老太太，几十年后回忆这段历程，称赞佩服方针的英勇果敢、不怕苦、不怕死。她说："抗战中，方针真是太厉害了，敌人怕她，老百姓爱她，全乡人都称她为双枪女将。"在整个抗日战争中白茆乡群众抗日热情一浪高过一浪，抗日斗争形势迅猛发展。1945 年 8 月，抗日战争胜利结束后，方针又投入解放战争，服从组织调动，先后在定凤怀县支队、解放军华东军区后勤部兵站、军械部、营房部担任指导员、保卫干事、政治干事，直至 1955 年从部队转业。

方针同志英勇顽强，敢于斗争，乐于奉献，是新四军中的优秀女干部。她的一生是平凡的一生，但却是革命的一生，奉献的一生。

满门忠烈　军功卓著

——黄绍财传略[1]

陈贵生　童毅之

黄绍财，又名黄绍才，中共党员，1921 年出生于无为县六店乡高王村陈家嘴自然村。陈家嘴背靠都督山、毛公山，面向周家大山、花桥河，花桥河与陈家嘴村之间是周家圩、高王圩，战略位置非常重要。加之这里居民生活困苦、民风淳朴，因此中国共产党无为县委在无为西乡的活动常以此为落脚点，发动群众进行反帝反封建斗争。

黄绍财

1939 年 1 月，新四军江北游击纵队司令部由无为县城登瀛街迁至无为西乡开城镇先锋村的王家大墩后，陈家嘴成为江北游击纵队活动的中心区域，该村陈仍玉家因房屋较宽敞（直开进三间，前有门楼，中间大院子，西边厢房），成为纵队首长经常借宿的“客房”，新四军第七师政委曾希圣住进他家后，还题写了诗词，可惜已佚。抗战时期，无为西乡有著名的“血战花桥毛公山”，部队最后就是在该村宿营的。

正是在火热的革命形势影响下，年少的黄绍财耳濡目染，思想越来越先进，先是参加了基干民兵，后于 1940 年加入了新四军无为游击纵队，因是本

（1）参见无为市民政局《复退军人档案》（长期）第 606 卷。

地人，加上人又机灵，便担任了侦察员，多次出色完成了部队首长交给的任务。

“皖南事变”爆发后，1941 年 5 月 1 日，在无为东乡白茆洲成立了新四军第七师，部队包括无为游击纵队的 6 个连，第三支队挺进团的 6 个连，皖南来皖中的指战员（700 余人），共 1900 余人。黄绍财隶属第七师第 19 旅第 56 团，先是当侦察员，不久抽调到团部任团长张铚秀的警卫员，随部队活动于无巢中心区、巢南、无为北乡。

1943 年，黄绍财调至新四军含和支队，期间同日寇进行的直接战斗有西埠、石灰张突围，大、小龙王山战斗，十村庙战斗，陈家湾袭击战，攻克陶家厂南义等，以及粉碎日伪对南义、清溪两地的“扫荡”等，同顽军进行的几次较大战斗有草窝战斗、百姓塘战斗等。

1945 年 10 月 3 日晚，黄绍财所在的皖江军区含和支队作为第二梯队往巢湖北撤（即北上），在肥东县西山驿登陆，然后经全椒抵达津浦路东根据地，11 日到达定远县东南藕塘地区。整个解放战争时期，黄绍财先后参加了涟水、新泰、莱芜、孟良崮、南麻、临朐、华阳、潍县、周村、济南、淮海、淞沪杭等战役，为中华民族的解放事业英勇奋战。

新四军北撤时，黄绍财同一个行政村共有 6 人一同北上，另外五人分别是丁干成、张大生、张大林、黄宗全、丁某某，到全国解放时，张大生、张大林、黄宗全、丁某某先后为祖国的解放事业献出了宝贵生命。一次，在山东鱼骨庙，黄绍财侦察到了一个重要敌情，他将情报绑在胸口，在波涛汹涌的大海上，硬是凭借惊人的毅力，从海岛泅渡到海边，将情报送达我军，而他本人被捞起来硬是昏睡了一天一夜才醒。

在渡江战役总前委的部署下，1949 年 4 月 6 日晚，黄绍财所在的第 27 军组织渡江侦察营潜入江南侦察敌情，侦察营共 300 余人，在 242 团参谋长亚冰和侦察科科长慕思荣率领下，分两路从江北偷渡，被敌人发现后强渡，在繁昌荻港十里场至夹江口十公里地段登陆。接着，他们在皖南地方党组织与地方游击队配合下，活跃在皖南敌占区心腹地带，开展侦察活动，将侦察到的情报通过电台发到江北，同时将侦察到的敌第二梯队部署、敌后方兵力部署绘成图纸，派专人送到江北，为百万雄师过大江做出了卓越贡献。同时，为策应解放大军渡江，先遣大队于 4 月 20 日晚开赴沿江地带，在繁昌党组织和地方武装的配合下，奉命破坏敌人江防通讯联络，扰乱敌指挥部署，并直接攻占敌江防据点，接应大军顺利渡江。21 日凌晨，27 军军长聂凤智、政委刘浩天在繁昌大磕山下的一个小山村接见了渡江先遣大队和南（陵）繁（昌）芜（湖）游击队全体指战员。黄绍财所在的渡江先遣大队，在皖南地方党组织和地方武装的配合下，出色地完成了渡江侦察任务，侦察营荣立集体一等功，在中国革命史上书写了光辉的一页。电影《渡江侦察记》就是以此重要史实为基础，艺术地再现了这段历史。这部20世纪50年代拍摄的影片，90年代被中央宣传部、国家文化部、教育部等部委确定为“全国百部爱国主义教育影片”之一。

1949年5月，27军作为上海战役的主力，黄绍财又参加了解放上海的战斗。在上海战役中，该军率先突入市区，不顾自身蒙受巨大伤亡，对盘踞苏州河对岸的敌军坚持不使用重武器，发动群众支援，开展统战工作，迫使敌军放下武器投降。上海解放的当夜，黄绍财所在的第27军上自军长，下至马夫全部露宿街头、秋毫无犯。

朝鲜战争爆发后，黄绍财所在的第27军随第九兵团于1950年10月入朝作战，随即参加了第二次战役。中国人民志愿军第九兵团3个军在艰难困苦的条件下，与武器装备世界一流、战功显赫的美军第10军于11月27日至12月24日在朝鲜长津湖地区进行了直接较量，将士们浴血奋战，歼灭了美步兵第7师第31团、第32团第1营和师属第57炮兵营共1个加强团4000余人，并缴获第31团团旗，这是整个抗美援朝战争中志愿军唯一全歼美陆军一个完整团建制的范例，迫使美国王牌部队经历了有史以来“路程最长的退却”。这次战役，收复了三八线以北和东部广大地区，一举扭转了战场态势。

黄绍财当时随部队在长津湖西南岸附近的柳潭里和兄弟部队共同攻击美军陆战第一师。那时解放战争刚胜利不久，部队士气高涨，斗志顽强，经过抗日战争和解放战争的磨炼，内心既不怕死，同时又渴望和平，也不畏惧打仗。当时部队是从江浙一带匆忙进入朝鲜的，身上穿的是薄棉衣，脚上穿的是单薄的解放鞋，在朝鲜零下三四十摄氏度的天气里，远不能御寒。一杯水泼出去，到一半的时候就开始结冰。枪拿在手里，手就被黏住了，要是撕得快一些，连皮都撕掉。许多战友被冻伤冻死，黄绍财的大脚趾也被冻伤。由于没有制空权，为躲避敌军的轰炸，往往只能白天隐蔽，夜晚作战，加上后勤补给跟不上，最困难的时候，渴了就抓一把雪吃，饿了就到处找草根吃。就是在这样的恶劣条件下，黄绍财和战友们用坚强的信念和毅力等待时机，打击武装到牙齿的敌人，而且还成功将敌人击退、打败。

在朝鲜战场，黄绍财任侦察排长，既担任侦察任务，也担当战斗任务。在五次战役中，他左腿被弹片炸伤，血流如注，但他只进行了简单包扎，又投入战斗之中，后被评为三等甲级伤残，但他考虑当时国家经济困难，主动放弃了这个权利和荣誉，以至于后来在农村务农，生活再怎么困难都没有向党组织和政府提起过。

1953年10月，黄绍财从部队转业回到无为。先在乡镇任指导员，后调去石山嘴乡任武装部长。1959 年 8 月，调至徽州地区林业局驻芜湖办事处，办事处地址在芜湖鸠江饭店。为了林业调查，他经常在南陵、繁昌、祁门等地来回奔波，但从不言累，一心扑在工作上无怨无悔。

1963 年，黄绍财调回无为，先后任高王大队书记、六店林场党支部书记。他为人耿直，一心为公，从不想歪门邪道，家里虽然孩子众多，生活困苦，也从不向党和政府伸手。表现了一个共产党员的博大胸怀，时刻想到的是为党分忧，更多的是作为抗日战争、解放战争、抗美援朝战争的老兵，他时常教育三个儿子要报效祖国、为国效力。

黄绍财的长子黄宗苗 1971 年刚满 16 岁，就参军来到了成都军区某部，刻苦学习军事技术，积极参加军事训练，多次受到表彰、嘉奖，被任命为某团作战参谋。在 1979 年对越自卫反击战中，他随军行动，机智勇敢，顽强作战，在完成任务的撤退途中与越军遭遇，激战中壮烈牺牲，被所在部队追记二等功。

1979 年，黄绍财的次子黄宗道正在读高中。在黄宗苗牺牲的消息传回家乡时，黄绍财强忍着巨大的悲痛，让黄宗道终止了学业，亲自把他送到了黄宗苗生前所在的部队，接过了烈士的枪。父亲叮嘱儿子，穿上军装，接过枪，就是一份责任，就意味着要忠诚与勇敢，就意味着要时刻为国家献身。黄绍财这一举动，深深地鼓舞了前线指战员的士气，得到了部队首长的高度赞扬。黄宗道在部队五年，先是被分配至哥哥黄宗苗生前的 448 团特务连警卫排，半年后，参加司训队毕业，到 150 师后勤部汽车连任文书至退伍。期间，加入了中国共产党，获得过四次嘉奖，1984 年 8 月在成都军区开展的“保卫祖国，振兴中华”青年读书活动中，成绩突出，被军区政治部通报表彰，并授予“先进个人”称号。

黄宗道的爱人徐春江，中共党员，1976 年 10 月入伍，在中国人民解放军 105 师医院工作。在部队服役的 8 年时间里，获得过八次嘉奖，一次先进个人表彰。

黄绍财三子黄杰，于 1989 年参军入伍，进入中国人民解放军海军潜艇学院学习，12 月分配到海军东海舰队潜艇部队某潜水艇服役，参军期间任劳任怨，深得部队首长和战友认可，加入了中国共产党，执行过水下 30 昼夜远航训练任务，1992 年 12 月退役。

黄绍财参加过抗日战争、解放战争、抗美援朝战争，立过大小战功 24 次。1985 年 9 月，他受邀到北京参加“抗日战争暨世界反法西斯战争胜利四十周年”纪念大会，受到了党和国家领导人的亲切接见。

1986 年 12 月 15 日，黄绍财因病逝世。病重期间，他叮嘱爱人伍秀华，教导子孙爱党爱国，廉洁奉公，努力工作，不要向组织伸手。这真正体现了一个老共产党员的胸怀：坦诚做事，光明磊落，不怨天、不尤人，不退避、不畏缩，高风亮节，过真正有意义的人生！

濡须先锋

默默奉献的孺子牛

——商恩甫传略[1]

丁以龙

商恩甫

商恩甫，1906年10月10日出生于无为县白茆镇，1914年起就在当地念私塾。由于他学习成绩优秀，1922年考入南京国立师范。商恩甫的舅父胡竺冰是一位将全身心都奉献给共产主义事业的英勇战士，被誉为“党外的布尔什维克”。商恩甫从孩童时期开始，就受舅父的影响一直向往救国救民的理想。1926年7月，他参加叶挺独立团北伐，在二营任文书，1926年10月在武昌加入中国共产党，同月考入位于武汉的安徽党务干部学校。

1927年蒋介石发动了“四一二”反革命政变，全国笼罩在白色恐怖之中，革命中心之地武汉更是血雨腥风。在安徽党务干部学校学习的无为籍中共党员学生商恩甫、倪受健、张泰康等人为了积蓄革命力量，陆续返回家乡，在家乡无为继续开展革命活动。8月初，曾在安徽党务干部学校学习的同学任惠群，赴芜湖与中共安徽省临时委员会取得联系后，奉命返回无为筹建党的组织。8月中旬，任惠群与商恩甫、倪受健、张泰康及同校党员校友刘方鼎五人，在无城米市街刘魁记衣店召开会议，正式成立中共无为县特别支部。特支直属省临委领

（1）参见刘渡镇先锋网《无为东乡农民运动的先驱》。

导，这是中国共产党在无为县建立的第一个党组织。

无为特支成立后，立即组织已取得联系的党员积极开展工作，宣传革命道理，启发群众，扩大影响。按照特支的分工，支委商恩甫先在白茆一带负责发动农民，培养积极分子，发展党员，建立党的组织。商恩甫在白茆洲积极活动，向农民和知识分子宣传党的宗旨和主张，发动广大农民积极行动起来，成立农会，带领农民开展自救互助。商恩甫的革命工作得到了当地知识青年夏子旭的积极支持，两人结成了莫逆之交。1928 年春，经商恩甫介绍，夏子旭加入了中国共产党，成为中共无为特支在农村首批发展的党员之一。在商恩甫、倪合台、夏子旭等人的共同努力下，当时白茆洲一带的农民运动开展得极有声势。

1928 年夏，根据中共安徽省临委的指示，中共无为特区委在无为东乡冒新洲召开党员大会，会议确定了今后的主要任务。会议决定由夏子旭、商恩甫、高策清 3 人负责在复凝洲建立农民协会，把农民兄弟组织起来进行“借粮斗争”和“禁粮外运”等革命活动。在很短的时间内无为东乡农民群众被普遍地发动起来。[(1)]

1930 年，商恩甫受党组织的指派前往芜湖市开展革命活动。该年 6 月，两次停顿的芜湖工人群众组织——工会联合总会恢复建立，11 月全市工人代表大会召开，重新建立芜湖工会联合会，主任徐竹涛，党团书记霍锟镛，1931 年 1 月后他两人先后被捕。中共芜湖中心县委对工联工作进行整顿，管昌宗任工联主席，商恩甫任党团书记。芜湖工人在工联的领导下，积极投入抗日民主运动。

1931 年 6 月初，为了解决安徽组织混乱问题，中央决定取消安徽省临委和“皖南县书联席会议”，指派刘静波、商恩甫、管昌宗等 7 人，恢复芜湖中心县委组织，指导安徽 34 个县的工作。1932 年 3 月 30 日，由于芜湖中心县委委员陈贤彬叛变，出卖了组织和同志，31 日，芜湖中心县委负责人管昌宗被捕，芜湖中心县委遭到彻底破坏。[(2)]时间不久，商恩甫也因叛徒出卖被捕入狱。直到抗战爆发国共第二次合作，商恩甫才在坐了五年牢后被释放出狱。

商恩甫出狱后来到了江西省彭泽县辰子号村，他的弟弟商群在“六洲暴动”失败后与部分共产党人郑曰仁、郑中翔、吴锦章、吴大培、李白玉等同志先后在此隐蔽斗争。1938 年 7 月 15 日，商群与商恩甫、夏学周等同志在一起研究讨论抗日救亡运动的办法。商恩甫有一定群众运动经验，他提出把“抗日救国会”改名为具有战斗性、群众性的“抗日十人团”，以自然村为单位，依托这个群众组

（1）《中国共产党无为地方史》，中共无为县委党史研究室，2002 年 3 月，第 13—15 页。

（2）《湾沚地方党史一卷》，第二章第二节党组织的沿革。

织来发展武装队伍。于是大家分头日日夜夜到各村各户串联，成立了“抗日十人团”。发动群众到马路两边的山上、树林里和湖塘中寻找国民党队伍溃退时丢弃的枪支弹药，动员农民献出拾到的武器。不久，这支抗日游击武装力量就像雨后春笋般地发展壮大起来了。

随着抗日力量的壮大，更需要上级党的指导。由于商恩甫参加革命时间早，熟悉的老同志多，大家研究决定请他到安徽无为接通关系。商恩甫翻山越岭长途跋涉，步行七百多里地，艰难地回到无为县找到了新四军第四支队江北游击纵队司令部。纵队司令部热情接待了商恩甫并决定由黄育贤（又名桂蓬）率一个连的部队，随同商恩甫来到马当对面望江县吉水镇，然后商恩甫回辰子号同商群一道，带领部队星夜偷渡日寇封锁的长江，到望江县境杨湾村驻下。黄育贤同志代表司令部授于商群组织的这支部队为新四军第四支队江北游击队第十八中队，委任商群为中队长。

由于司令部出现了紧急状况，黄育贤遂率领十八中队昼夜兼程赶回无为司令部。此时纵队处于初建时期，武装力量薄弱，第十八中队到无为纵队司令部后，被整编为纵队司令部警卫连，加强司令部保卫力量，并任命商群为警卫连副连长。黄育贤离开望江时，留下干部米亚洲（后改名米济群）随商恩甫到彭泽辰子号从事抗日救亡工作。

1941 年 1 月皖南事变后，在日伪顽的夹击下，新四军第五师、第七师的联系暂时中断，位于彭泽、宿松、望江等县的敌后抗日游击根据地也遭受严重破坏。彭泽地区仅有彭泽独立大队等少数武装坚持斗争。为了把第五师、第七师在战略上连成一片，新四军首长把这项艰巨的任务交给了鄂皖边境的第五军分区十八团政委郑重。

在郑重的领导下，彭泽抗日根据地得到巩固和发展。为了发展经济、保障供给，挺进十八团到彭泽不久，1943 年 3 月，郑重就任命商恩甫为后勤处主任，专抓经济工作。商恩甫先是在辰字号成立了合作社，主要负责收购供应军需物资和采购出售民用百货。接着成立货物检查处，防止不法奸商坑害、欺骗百姓。税务工作也开展起来，在郭桥、郎溪、湖西、太平、天红等都成立了税务所。对于行商，根据地组织部队护送他们过境，保证其生命和财产安全。

为了不给群众增加额外负担，根据地党政机关和部队通过自力更生来解决服装供应问题。1944 年 3 月，商恩甫领导的后勤处在团山头朱家坞盖了两间草棚作为被服厂，又从安庆买来 4 部缝纫机，赶制夏装军服。随着部队的不断胜利，11 月份，后勤处用从敌人手中夺取的纸币和银圆，再从安庆购进 5 部缝纫机和大批灰细布，在湖西乡办起了第二被服厂，批量生产冬装。不久又在浪溪操家垄办了第三被服厂，同时还有枪械修理所。全军和全体行政人员的军衣、军被基本上能实现自给。[1]

1949 年 4 月，商恩甫任彭泽县农会主席。1953 年 8 月，商恩甫调任人民银行九江市分行中央拨款科科长，1954 年 10 月任中国建设银行九江市分行中央拨款科科长。1982 年 12 月商恩甫离休，1989 年 4 月 23 日病逝，享年 83 岁。

（1）《郑重率部战斗在彭泽》，《人民政协报》2020 年 8 月第 20 期 10 版，彭泽县政协文史委。

沙场征战苦　犹忆任将军

——任超传略[1]

耿松林

任超，无为县严桥镇辉勇行政村马道自然村人，1915 年出生。任超小时候家境清寒。任家和周边的乡亲们一样，以耕田种地为生，过着日出而作，日落而息的农家生活。抗战初期，流行于无为西北、巢南山区的封建帮会组织大刀会，又名黄旗会，是一种松散的群众性组织，以防匪防盗、保卫家乡为宗旨，当地群众大多数都是其中的会友。在国民党特务和地主恶霸操纵下，对新四军第四支队采取敌视态度。在中共舒无地委的正确领导下，经过艰苦细致的争取工作，于 1940 年 3 月，由大刀会会员改编而成的巢南民众抗日自卫总队及巢南独立团成立。大刀会首领项举鼎、任道济及新四军代表蒋天然等人，分别担任这两支队伍的负责人。任超于 1939 年参加了新四军江北游击纵队，由于表现突出，于同年 10 月光荣地加入了中国共

任超的出生地——无为县严桥镇任山行政村

(1)参见《皖江抗战岁月》，无为县党史和地方志办公室编，2015 年，内部出版，第 161 页。

产党。此时巢南独立团成立，任超受组织上的派遣，到该独立团任职，以加强该团的领导力量。

1940 年 4 月，国民党保安二支队司令吴绍礼，率保安八团、保安四团配合国民党第二十一集团军第 176 师一部共 4000 余人，分 3 路向驻守在严桥牌楼的新四军江北游击纵队司令部、中共舒无地委机关及所属第九团发起进攻。新四军被迫在照明山、笑泉口一带反击，战斗中巢南独立团在团长任道济率领下，担负阻击从高林桥方向来犯的敌人。此战江北游击纵队伤亡百余人，纵队参谋长桂逢洲壮烈牺牲。为保存力量，江北游击纵队奉命撤至淮南津浦路东地区，蒋天然率巢南独立团改称江北游击纵队侦察大队，在无巢山区坚持游击斗争。

1940 年 9 月，江北游击纵队改番号为无为游击纵队。9 月底，“和含巢无各区联合办事处”在无为东乡三官殿成立，无为地区的抗日斗争活动又得到了蓬勃开展，广大农村地区都是中国共产党领导下的抗日武装活动范围，中共中央关于要求新四军“恢复无为县”的指示得以实现。此时的任超在抗日队伍里得到了锻炼，逐步成长为一名英勇顽强，敢于斗争又善于斗争的基层指挥员。

1943 年 2 月，新四军第七师原无巢独立团改编为无为县保安大队，军事上作为皖中军区直属队，政治上受中共无巢县委领导。大队长余坤，政委胡德荣，任超担任副大队长。当年 4 月，为加强基层对敌斗争的武装力量，并组织和发展地方武装，保安大队分散编为各区警卫队。[(1)] 当年 6 月，经过两次对日军的反“扫荡”斗争，新四军第七师的影响日益扩大，人民群众参军参战的积极性高涨，地方武装和各区民兵、自卫队组织都有较大发展。为加强和统一对全县地方抗日武装与群众武装的组织领导，组建了无为县人民抗日自卫军总队，县长陆学斌兼任总队长，政委张世荣，参谋长初期为叶树槐，任超于 1945 年 7—9 月间接任参谋长。[(2)]

1945 年 10 月中旬，新四军第七师在北撤途中于天长县铜城镇进行了改编，此前当年 6 月已组建的第 19 旅保持原貌，第 19 旅下辖第 55、第 56、第 57 团；新组建的第 20 旅下辖第 58、第 59、第 60 团，第 21 旅下辖第 61、第 62、第 63 团。其中第 20 旅旅长梁金华，政委黄耀南，参谋长周绍昆，政治部主任高立中，原皖南支队一、二团改编为第 58、第 59 团，原临江总队改编为第 60 团。第 60 团团长刘盛起，政委张世荣，副团长张锡峰，参谋长段广高，政治处主任

（1）《中国共产党安徽省无为县组织史资料（1927.8—1987.11）》，安徽人民出版社，1993 年版，第 43 页。

（2）《中国共产党安徽省无为县组织史资料（1927.8—1987.11）》，安徽人民出版社，1993 年版，第 44 页。

丁继哲。1946年11月，第七师第20旅编入山东军区六纵（渡江战役时解放军第24军前身）。1947年春，山东野战军和华中野战军合编为华东野战军。1949年元月，又改称第三野战军。任超担任中国人民解放军第三野战军第60团参谋长。

解放战争初期，任超率部先后参加过枣庄、宿北、南麻（今山东沂源县）等战役战斗。后来，任超担任中国人民解放军第32军参谋长。新中国建立后，任超历任空军第14师师长，空第12军参谋长、军长，华北空军参谋长。抗美援朝时期，他任20141部队长，率部赴朝作战，在“抗美援朝，保家卫国”斗争中再立新功。

1954年，任超调至体育战线，担任国防体协主任，北京市体委主任、党委书记，多次率团出国访问，为体育事业发展做出了积极的贡献。

1992年10月，任超因病在北京逝世，享年77岁。

忠诚印寸心　浩气映碧空

——任球传略(1)

耿松林

任球，又名任昌植，1918年11月出生于无为县白茆镇江坝。

任　球

抗日战争爆发后的1937年11月，由李世农、张恺帆、桂蓬等共产党人组成的中共皖中工委在白茆洲成立，首先恢复了无为县党组织，建立起工委。1938年春，工委改为中共无为县委。在抗日统一战线的旗帜下，中共无为县委胡德荣、倪化黎、吴锦章、任惠群等负责人，先后来到白茆胡家瓦屋，决定成立“无为县抗敌后援会”“无为县青年抗敌协会”等组织，加强与社会各界，尤其是国民党无为县上层人士的合作，积极开展民众抗日动员工作。与此同时，来自上海、平津的流亡团体，深入无为乡村、集镇宣传抗日救国。如共产党人胡士宏任团长、陈世才任指导员的“平津抗日救亡团”到达无为，与张恺帆、胡德荣等人取得联系，转交了《抗日救国十大纲领》《论游击战争问题》两份党内文件，研究了放手发动群众的方法步骤和工作安排。一时间，白茆成了无为县国共合作、团结抗

（1）参见《无为县志》，社会科学文献出版社，1993年版，第570页；《无为名人》，中国文联出版社，2011年版，第159页。

战的策源地。作为一名爱国青年，任球于1938年10月参加了由“无为县国民自卫总队无东分队”演变而来的白茆“新四军四支队无为二中队”。同年12月，他光荣地加入了中国共产党。

汇入抗日斗争的洪流，任球浑身有使不完的劲。他先是一名新四军第四支队无为二中队的战士，不久所部编入新四军第四支队第二游击纵队。1939年元月，第二游击纵队脱离四支队建制，扩编为新四军江北游击纵队，归新四军江北指挥部领导。任球先后担任江北游击纵队工作组组长、江北指挥部军政干事，主要任务是宣传抗日，动员广大群众加入新四军队伍。

通过虚心向领导、同志们学习，加之高涨的抗日热情，任球成长进步很快，练就了一身宣传动员本领。1940年11月，抗大第5分校在苏北盐城新四军军部创办。任球被组织上安排前往学习，并任学员中队指导员。皖南事变后不久的1941年4月，新四军苏中军区成立，为第一师领导机关兼军区机关。(1) 当年9月，任球调任苏中军区兴化自卫总队政治处主任兼任兴化武装部部长，后任兴化自卫总队总队长，武装部部长兼区长、区委书记。1942年3月，苏中军区第一军分区在高邮县成立，领导机关由新四军第一师第18旅兼。兴化独立团成立时，任球担任副团长，后调任同属苏中军区第一军分区的江都独立团政委，参加了艰苦卓绝的苏中地区敌后游击战争。

解放战争时期的1947年元月下旬，新四军山东军区、华中军区遵照中央军委命令撤销番号，合编成华东军区，下辖渤海、胶东、鲁中、鲁南、苏北、苏中六个军区和第11、12纵队，其中苏中军区兼第11纵队，苏北军区兼第12纵队。(2) 其时，苏中军区（第11纵）司令员管文蔚（后为胡炳云），政委姬鹏飞（后为张藩）。任球担任第11纵94团副政委、政委。1949年元月，华东野战军奉中央军委命令，改称第3野战军，辖第7、8、9、10四个兵团和一个特种兵司令部。任球先担任第十兵团第29军（军长胡炳云）第86师256团政委，后任第86师政治部主任。期间，任球先后参加了苏中、淮海、渡江、淞沪等战斗战役。

随着中国人民解放军空军的组建，任球先后任空军第11师政治部主任，空21师政委。1965年4月，任球担任空3军政治部主任、副政委。1969年3月，任空2军政委。1978年元月，转任广州军区空军副政委。1979年10月开始，任广州军区空军政委。1983年5月至1985年7月，为广州军区空军正兵团级顾

（1）《新四军辞典》，上海辞书出版社，1997年版，第43页。

（2）《中国人民解放军发展序列（1927—1949）》，解放军出版社，1985年版，第238—240页。

问。任球同志长期以来，为部队的现代化、正规化建设，做出了积极贡献。

1955 年任球被授予上校军衔，1960 年晋升为大校军衔。曾荣获二级独立自由勋章，二级解放勋章。1988 年 7 月，被授予独立功勋荣誉章。

离休后，任球同志长期担任广州新四军历史研究会常务副会长、荣誉会长，是《新四军第七师》等书的顾问。

2019 年 5 月 9 日，任球同志在广州逝世，享年 101 岁。

永葆英雄本色的革命战士

——沈光厚传略(1)

王敏林

沈光厚

沈光厚，1916年1月28日出生于无为县白茆洲一个贫苦雇农家庭，自幼入农村私塾读书，直至1927年，由于战争频繁，灾荒连年，沈光厚不能安心读书，只好辍学在家耕种。平时他除劳动之外，还爱看点侠义小说，仰慕侠义之士除暴济贫，伸张正义。因此，当时面对社会上出现的一些不平之事，他常常爱打抱不平，甚至拔刀相助。

1928年上半年，共产党员商恩甫来到白茆洲一带开展革命宣传活动，他很快与沈光厚交上了朋友。一有机会就跟他讲革命形势，讲反动统治的黑暗，讲贫苦百姓的出路，宣传共产党的性质与主张等。在商恩甫的宣传、教育和启发下，沈光厚的政治觉悟有了很大提高。不久，他同吴大椿等几个进步青年组织了一个互济会，沈光厚担任组长。互济会是穷苦人互相救济的组织，它组织穷人进行抗灾互救、借粮筹款，共渡难关，深受贫苦群众的拥护与好评。1929年，互济会在党的影响下，成立了农民协会，开始对农民进行阶级教育，并组织进步青年同土豪劣绅做斗争，常常把土豪劣绅的粮食“借”来分给贫苦农民。

（1）参见《浴血皖南》，中国文史出版社，2021年10月，第149页。

由于沈光厚进步很快，1930 年 4 月，他由夏子旭介绍加入了中国共产党。在此前后，夏子旭等人还发展了四五个人入党，于是在 5 月成立了中共白茆五号支部，沈光厚任支部书记。从此，五号支部发动群众，抗租抗息，同土豪劣绅进行各种形式的斗争。

1930 年 12 月，沈光厚参加了六洲农民暴动。暴动失败后，国民党无为警察中队对共产党进行了大规模的“清剿”，敌人采取各种手段，实行白色恐怖，残酷迫害共产党员和进步人士。因此，无为党组织遭到了严重的破坏，沈光厚被迫离开无为，到九江亲戚家隐蔽，也与党组织失去了联系。1932 年至 1935 年，沈光厚在积极寻找党组织的同时，沿途参加了反对地主恶霸的农民运动。

抗日战争时期，沈光厚在四次往返长江南北寻找党组织未果的情况下，1938 年 3 月在家乡重建党组织时重新入党。同年 5 月，在无为参加新四军第四支队直属二中队。为了充实新四军四支队的力量，沈光厚利用熟悉人地的有利条件，组织人员深入到沿江一带搜索武器弹药，动员青年参军。当时，日伪军活动频繁，环境险恶，沈光厚白天了解情况，查看地形，晚上到处活动，做群众的思想动员工作。他积极配合地方政府组织群众召开动员大会，有时自己也登台演讲，宣传抗日救亡道理，阐明抗日救国的重要性。经过多次的宣传发动教育，广大群众的思想觉悟有了明显提高。许多青壮年纷纷要求参军，从而使四支队直属二中队由开始的几十人发展到三四百人。1940 年 3 月，沈光厚被推荐到在泾县云岭的新四军教导总队学习。

1941 年 1 月，“皖南事变”爆发，沈光厚所在的新四军教导总队 400 余人在泾县茂林与国民党军队展开激烈的战斗。在受到国民党顽固派重兵包围，部队多日断粮断炊的严峻情况下，沈光厚仍不顾饥渴与疲劳，冒着敌人的炮火，带领部队英勇抗击，血战七昼夜，终因寡不敌众，部队被打散，伤亡惨重，沈光厚不幸被捕。遭捕后，他始终没有暴露自己的真实身份，只说自己是个伙计。敌人未发现什么破绽，就派他到伙房烧饭。几天后，他趁夜黑偷偷逃了出来，几经辗转，终于渡过长江来到无为红庙团山李村，找到了新四军第七师，又回到了党的怀抱。

自此，沈光厚先后历任新四军第七师警卫连排长、56 团 1 营 3 连副政治指导员、皖南支队临江团 2 营 4 连政治指导员、2 营副营长兼 4 连连长与政治指导员、营长以及 20 旅 58 团 2 营营长。先后参加了板桥战斗、汤家沟战斗、周家岗战斗、中坊村战斗、对家汇战斗、汪家埂战斗、于家铺战斗、芜湖南陵反“扫荡”和王庄战斗、望江陇战斗大小数十次战斗，与日伪军和国民党顽固派血战到底，彰显了革命战士的英雄本色。

解放战争时期，沈光厚历任华东野战军第 6 纵队第 17 师 51 团 2 营营长、第

16 师 47 团副团长、第三野战军第 24 军第 70 师 209 团团长。期间，先后参加了枣庄战役、涟水战役、鲁南战役、两淮战役、宿北战役、莱芜战役、蓝马战役、孟良崮战役、泰安战役、许昌战役、豫东战役、淮海战役、渡江战役和郎广战役等华东战场几乎所有的重要战役。他一生戎马倥偬、身先士卒、出生入死、南征北战，善于打硬仗、打大仗，是一名颇有影响力的军事指挥员。

抗美援朝战争时期，沈光厚奉命率部出国作战，任中国人民志愿军第 24 军第 70 师第 209 团团长。在五圣山反击战、上甘岭战役和夏季反击战中，沈光厚率部在没有重武器的情况下英勇战斗，唯一依托的是 100 多发迫击炮和九二步兵炮炮弹。在没有制空权和防空炮不足的情况下，只得严令未经允许不得对空射击，以防暴露自己的位置。即使弹药匮乏、补给困难，他依然坚守着自己的阵地，保持着高昂的战斗力，最终率部夺取各个反击战的最后胜利。

1954 年 1 月，沈光厚进入南京建成中学学习文化。1956 年任中国人民解放军第 66 军第 74 师第 220 团团长。1959 年 8 月进入南京高等军事学院速成系学习。

1960 年 11 月后，沈光厚历任河北省张家口军分区副司令员，唐山军分区副司令员、司令员。1977 年按副军职待遇离休。在长期的军分区领导的工作岗位上，他仍然保持着战争年代的那么一股劲，即作风顽强、刚正不阿、敢于负责的革命军人的英雄本色。几十年来，他无论职位高低，不贪图享受、不搞特权，保持着一名共产党员的崇高品德，以清正廉洁享誉军营内外。

1955 年，沈光厚被授予中校军衔，后晋升为大校军衔，荣获三级独立自由勋章、三级解放勋章。

1996 年 9 月 28 日，沈光厚因病医治无效，在河北唐山逝世，享年 80 岁。

搏击大江侧　浩气贯彭泽

——商群传略[1]

王敏林

商　群

商群，1912年出生于无为县的一个殷实的富裕家庭。兄弟四人中他排行第四，故当地人称其为“商老四”。少年商群在私塾读书时，有幸就读在郑曰仁先生门下，郑先生是一名共产党员，他以教书先生的身份为掩护从事地下工作，引导商群逐步懂得了革命道理。1930年，商群加入中国共产主义青年团。从此，商群坚定地走上了革命道路。此时，由于无为六洲农民暴动的失败，国民党无为县政府加剧了白色恐怖，无为党组织遭到了破坏，郑曰仁先生被迫离开了无为，商群也因此与组织失去了联系。1937年7月，商群举家迁往江西省彭泽县辰字号村团山脚下。他虽然与党组织失去联系，但他革命意志丝毫没有消退，革命目标仍然明确。在江西彭泽，商群联系了数十名爱国青年，组建了抗日救国会，有声有色地开展抗日活动。

1938年6月24日，日军进犯彭泽马当。6月26日，曾经消耗了巨大的人力、物力、财力兴建一年之久的马当江防要塞被日军炮火摧毁了，彭泽、湖口两县相继沦陷。日军所到之处，杀、抢、掠，奸淫妇女，无恶不作，百姓陷入无比

（1）参见江西省《浔阳晚报》，2020年10月31日。

痛苦的深渊之中。

国民党军队撤退时丢弃了不少武器，商群组织抗日救国会会员跋山涉水四处寻找，还智取了当地汉奸的枪支；又把家里的水牛和部分家产变卖，用获得的资金委托亲朋好友到民间收购武器，通过各种渠道收集枪支 30 多支，轻机枪 5 挺，还有一门迫击炮。迫击炮是国民党撤退时来不及带走，扔在水塘里的，抗日救国会的会员们从水塘里将它捞出来，还捞出一些手枪和弹药。就这样，商群亲手创建并领导了彭泽抗日游击队这支武装队伍。由于当时老百姓非常痛恨残暴的日寇，抗日游击队因此得到广大群众的大力支持和拥护。十里八乡的热血青年纷纷要求加入这支抗日队伍。这支队伍经过严格的训练，具有较强的战斗力。在商群的带领下，抗日游击队常年活动在彭泽、湖口和安徽的宿松、望江一带，打鬼子、除汉奸、端炮楼，打的这一带日伪军心惊胆战，惶惶不可终日。

抗日游击队成立以后，人和枪都有了，但尚未与党组织取得联系。由于缺少主心骨，部队行动起来目标不明确，行为不规范，思想不统一。1938 年秋，商群打听到在皖中有共产党领导的新四军，立即委托哥哥商恩甫去安徽无为老家寻找党的关系。商恩甫历尽艰辛，终于与新四军江北游击纵队政治部主任黄育贤（桂蓬）接上了关系。不久，黄育贤率江北游击纵队一个连来到望江吉水镇，调令商群率领抗日游击队驻扎在吉水镇旁边的杨湾，并授予番号为“新四军江北游击纵队第十八中队”，商群任中队长。

同年 12 月，第十八中队奉调至无为江北纵队司令部整编为警卫连，商群为副连长。第十八中队离开彭泽时，黄育贤留下米济群、丁忠恩、严有富三名党员和商恩甫一起归周静轩领导，继续从事抗日根据地的开展工作。1939 年春，江北纵队司令部派商群回辰字号继续筹建武装，重新组织、壮大彭泽的武装力量。1940 年 1 月，经周静轩介绍，商群加入了中国共产党，正是川流入海，掀起冲天巨澜。同年 6 月，商群想方设法筹集步枪 20 余支、机枪 1 挺、手枪 4 支，遂以辰字号为中心，成立了有 50 余人的沿江抗日游击大队（又称长江游击大队）。游击大队有枪 50 余支，隶属新四军江北游击纵队领导。江北纵队司令部任命商群为沿江抗日游击大队大队长，周静轩为政委，米亚洲为副政委。

1940 年 4 月，日伪军 500 余人，在一日凌晨兵分两路向沿江游击大队驻地毕家岭围攻，警戒哨兵发现后立即鸣枪示警。此时游击大队驻地只有大队长商群带领 24 名队员坚守。于是，商群带领队员们边打边退，缩小战斗范围。退到毕家岭小村庄时，村后有很大的湖泊，敌人无法包抄后路。全体指战员下定决心背水决一死战，这里是湖滩平原没有树林，因 4 月的麦子油菜长势很好，凭借青纱帐作掩护，游击大队的队员们与武器优良、兵力超过游击大队 20 倍的敌人进行了一整天的血战，日伪军发起的四次进攻均被击退。日伪军眼看伤亡惨重，久攻不下，天色又接近黄昏，他们怕打夜仗，不得已拖着死尸，抬着伤员狼狈地撤退了。这一仗虽然规模不是很大，但是，由于商群机智、勇敢、冷静、沉着，带领队员们利用地形、地物，以寡敌众，以少胜多，打击了敌人的气焰，大振了游击队的军威。宿松、望江、彭泽长江两岸人民高兴地欢呼打得好、打得漂亮，为老百姓报仇泄恨。乡亲们杀猪宰羊，犒劳自己的队伍，慰问护理伤员亲人。

商群在彭泽一带是一个传奇式的人物，能文能武，枪法极好，当地日伪军经常遭其打击而对他又恨又怕，总是想方设法企图抓到商群。一天，商群准备送电台过江，却见一队日伪军急匆匆朝他家方向奔袭。商群因有紧急送电台和护送报务员的重要任务在身，只能眼睁睁地看着自己的女儿和侄女被鬼子抓走而不能去施救。后来，还是通过新四军办事处的内线才将她们保释出来，而商群也将护送电台和报务员的任务顺利完成。

1944 年底，长江游击大队在商群的领导下，成功地伏击了一艘日军快艇，缴获了大量军用物资和现金以及金银珠宝，足足装了十几担。这些都是日军掠夺中国人民的财产，游击大队用这些钱财制作了部队急缺的冬装棉被，还为新四军第五师解决了过冬军衣。游击大队用缴获的武器、物资装备自己与敌人战斗，使敌人闻风丧胆。

在 14 年抗战期间，这支在商群领导下的独立的抗日游击大队，虽然远离上级，但他们紧紧地依靠人民群众，神出鬼没地打击凶残的敌人，在江西、安徽的 5 个县的广阔领域建立了游击根据地和敌后政权，保卫了人民，壮大了自己，为赢得抗日战争的最后胜利贡献了力量。

1949 年 4 月，在炮声隆隆的渡江战役中，商群率领江南挺进支队，适时袭扰了彭泽长江南岸的国民党守军，有力地配合、策应了渡江战役的有效展开。

新中国成立以后，商群先后担任了彭泽县副县长、九江公署生产办公室主任、九江专员公署秘书长、九江专员公署副专员等职，1982 年光荣离休，享受副省级待遇。2008 年，商群因病逝世。

身残志坚的忠诚战士

——刘骏传略[1]

左 华

刘 骏

刘骏，无为县六洲乡人，1923 年出生，1940 年参加新四军，1941 年入党。抗日战争时期，曾任新四军第七师独立营青年干事、19 旅 56 团青年干事、皖南支队无东大队一中队党支书、二中队指导员、皖南支队独立大队连队指导员、第七师 58 团连队指导员等职。解放战争时期，担任华东野战军 6 纵 17 师教导队指导员、三野 6 纵 17 师 51 团 3 营教导员、华东荣军总校组织科干事职务。

1949 年至 1961 年，历任巢湖地区人民医院院长、芜湖专署卫生科长兼芜湖专署人民医院院长、安徽省卫生厅办公室副主任、安徽省委宣传部办公室副主任、安徽省委文教分党委副书记。

1969 年至 1977 年，刘骏被下放到青阳县，先后任职公社书记、池州地区政工组副组长、池州地委副秘书长兼地委办公室主任。1978 年，刘骏任安徽省中医学院党委副书记、副院长。1982 年离休，行政 12 级，地厅级待遇。

刘骏出生于贫苦的农民家庭，父亲刘应举早年参加革命，曾参加六洲暴动，

（1）参见中共安徽省委教育工委干部档案。

在家乡秘密组织抗日武装，受父亲革命思想影响，刘骏于1940年参军，成为新四军江北游击纵队的一名革命战士。他敢于牺牲，有着坚韧不拔的政治素质，再加上长期的基层连队指导员的艰苦磨炼和抗日战争与解放战争的生死考验，使得刘骏迅速成长，积累了丰富的政治工作经验，带兵出色，多次被评为模范指导员。

在硝烟弥漫的战场上，刘骏足智多谋、作战骁勇，历经大小十多次战役，多次立功，捷报频传。实际基层工作中，特别善于将上级指示精神与基层实际结合起来，创造性制定了一整套理论联系实际的连队政治思想方针策略，既有创意，又显效果。刘骏爱兵如子，尤其对负伤战士关怀备至。在一次与敌人的激烈战斗中，一个战士身负重伤，刘骏找来担架，亲自扛着战士的枪支、背包，历经千辛万苦，安全护送他到后方医院，被师宣传科广为宣传。

1948年，在解放定陶战役中，刘骏勇猛顽强、冲锋在前，不幸身负重伤，一条腿落下终身残疾。负伤后在荣军医院疗养，为减轻国家与组织负担，多次打报告要求转业回乡参加社会主义建设，且主动申请伤残等级由二等甲级降为二等乙级。1949年8月，刘骏转业到巢湖，担任地区人民医院院长，人们总是能看到他拄着拐杖四处奔波的身影。从一张白纸，一片荒地开始，在他的手中，一座初具规模、多功能的崭新医院拔地而起，为新中国巢湖地区第一所医院建设做出了极大贡献。

1952年到1955年，刘骏调任芜湖专署卫生科长兼芜湖专署医院院长，两个岗位一肩挑，他勤勤勉勉，无怨无悔，全身心扑在工作上，管理得当、治院有方，短时间内，就基本达到中型综合性医院水平，成为芜湖专署一支重要的医疗力量。

1955年，刘骏调任安徽省卫生厅办公室副主任、省委宣传部办公室副主任。1969年，刘骏率全家下放到青阳县南阳公社，担任公社书记。在任期间，果断处理该公社各种遗留问题，使各项工作迅速走上了正轨，他深入基层，足迹几乎遍布全公社的每个角落，最偏远的一个生产队说他是解放后上山的第一个公社书记。在农忙双抢期间，他身先士卒，与农民同吃、同住、同劳动，得到当地干部、群众的普遍信赖、支持与拥护。当年，南阳公社的粮食大丰收，刘骏立下了汗马功劳。

1970年后，刘骏调任池州地区政工组副组长（组长是军代表），督导参与恢复重建铜陵、石台、青阳、东至、贵池五个县的县委班子建设。池州恢复地委后，刘骏任地委副秘书长兼地委办主任，在党代会上高票当选为地委委员。主持建设地委办公大楼期间，亲力亲为、呕心沥血，深入工地一线，狠抓建筑质量，使该工程保质保量如期完成，至今该大楼仍在使用中。

1979年，刘骏调任安徽中医学院党委副书记、副院长，在恢复重建中医学院工作中，他克服各种困难，事必躬亲，跟车到东至拉木材、毛竹，建设校舍，经常在施工现场办公、调度。他大胆平反冤假错案，使一批知识分子重新回到教育教学科研工作岗位。在振兴中医事业的过程中，他礼贤下士，尊重知识，不拘一格选人才，乐意与知识分子打交道，交朋友，为他们解决实际问题，深受全院教职工尊重和爱戴。

刘骏对党无限忠诚，坚持党性原则，一身正气，两袖清风，廉洁奉公，身残志坚，为革命奉献了一生。1997年7月，刘骏因病去世，享年74岁。

财经领域的行家里手

——王渔传略[1]

左　华

王　渔

王渔（1920年10月—2003年5月），无为县无城镇人，曾用名王光前、王愚。王渔出生在县城的一个贫民家庭，他的父亲头脑精明、做事灵活，曾在商铺做学徒，后来做一点小生意，凭借着自己的能力，王渔的父亲赎回了十余亩祖田，家中生活也有了基本的保障。自小受父亲的耳濡目染，王渔也十分机灵活泼。因为很早就在社会闯荡，深知知识重要性的父亲决定让王渔读书，学习为人处世的道理，1933年，王渔的父亲将他送到附近的私塾学习，在私塾的4年学习生涯中，王渔不仅识文断字，还学会了拨盘计数，打得一手好算盘。

儿子的成长让父亲十分欣慰，1936年，王渔父亲将其介绍从事农民田赋登记造册工作，在下乡的过程中，王渔见识到了当时农民的辛苦和重压，他深深同情这些处在苦难和被盘剥的群体，内心深处也萌生了解救穷苦农民、改变社会不公的想法。

（1）参见中共安徽省委组织部干部档案室“王渔同志档案”；《安徽省人大预算审查监督大事记》，安徽人民出版社，2021年，第26页、第439页。

1937年“七七事变”爆发后，抗日战争全面打响。1938年5月，日寇飞机飞临无为县城狂轰滥炸，县城草市街华丰杂货铺、后新街被炸，民众死伤十余人。为了平安，王渔合家转至无为乡下避灾。目睹家乡遭受侵略，而国民党当局却消极抗日、积极反共，王渔认为，只有在共产党的领导下，才能真正解放劳苦大众，他毅然走上了革命道路。由于王渔勤与计算、懂得不少商贸知识，1941年4月，他被党组织安排到皖中第二货检处白玉池、兴隆庵、石板洲、下三溪分所（现位于无为泥汊、高沟一带）担任填票员、会计、副主任、主任等，1941年10月，王渔光荣地加入了中国共产党。之后，又在新四军第七师锄奸部训练班任学员，他跟随部队，在皖南和徽州山区开展敌后游击战争。面对艰难困苦的革命环境，他始终坚持革命理想，不断磨炼了革命斗志，增强了军事本领和战斗经验，期间，他还曾率领队伍伏击了日寇一个中队，歼敌十余人。

1942年春，新四军第七师开辟了皖中（后为皖江）抗日根据地，无为是皖中（江）抗日根据地的中心区，因为出色的财经工作能力和丰富的斗争经验，1942年11月，根据组织安排，王渔调至巢湖货管局和皖南临江货管局工作，1944年6月，又调任皖江贸易总局任会计主任、科长。在贸易总局工作期间，他不顾自身安危，经常以商人身份往返芜湖、安庆等地，采购军火、医药等各类物资，同时掩护赴敌区工作的干部、打入敌人内部搜集情报。同时，为了进一步扩大税源，支持新四军第七师乃至军部的财政需求，王渔在贸易总局局长蔡辉的带领下，提出了跨越式征税政策，即实施对战略性商品（粮食、盐、布匹等）的贸易管制，对通过有组织的对敌、伪区进行易货进出口贸易实行一次性过境税。此举打破了敌人的经济封锁，为根据地军民创造了贸易性财源。

1945年，日寇对根据地发起了大“扫荡”，2月13日（农历正月初一）夜，王渔、何东初、朱革等5人在无为汤家沟附近陈家湾秘密开会研究工作，由于叛徒出卖，不幸遭日军抓捕，虽然他们都很机警，一口咬定自己是收购粮食的商人，但王渔身上的一支手枪被日本鬼子搜到，他作为嫌疑人被押送至安庆监狱。当时，组织上为了尽快营救这5名同志，辗转联系到了沦陷区芜湖维持会长汪子东和日本的高级经济顾问楠木。由于与根据地秘密进行了一些贸易往来，对于王渔等同志的被捕，汪子东和楠木也十分着急，他们动身赶到安庆，多次与日军驻安庆经济顾问栉山谈判。5月下旬，最终以数根金条和几笔贸易利益，成功解救出了王渔等5人。虽然被关押了三个多月，但王渔等5名同志在敌人严刑拷打下，始终坚贞不屈，没有暴露自己的身份，更没有向敌人吐露组织的任何信息。

解放战争期间，1945年10月，王渔随军北撤山东，任中共华东局国统区工作部大成公司营业主任。1947年11月，随着解放战争形势的不断发展，王渔受派乔装南下，调往皖南地委开展敌后游击战争，1948 年 3 月至 1949 年 4 月，他先后在皖南中共泾（县）、旌（德）、太（平）工委和歙（县）、太（平）、休（宁）工委任工委委员。1949 年 5 月，王渔任皖南行署工商处工商行政科科长，8 月，调任皖南贸易总公司业务部部长。

新中国成立后，王渔担任了安徽省百货公司经理，1952 年，该公司参加华东地区社会主义劳动竞赛获团体第一名。1954 年 1 月，王渔调任安徽省商业厅党组成员、副厅长（未赴任）。1954 年 5 月，由于其工作能力强，为支援国家重点建设，组织上调王渔至哈尔滨 101 厂任副厂长。该厂是新中国创立后，我国的第一家铝镁生产加工公司，被称作“中国铝镁加工业生产的摇篮”，其生产制造的商品主要提供给我国的航天工业。“一・五”期内，在我国进行的 156 项关键工程项目中，有 2 项由该工厂担负的，因而，也被称作“中华民族的银白色支撑”。1956 年 5 月，他又调任冶金部建筑局安全监察局处长。

1958 年，时任安徽省委书记曾希圣在北京出差期间，遇见王渔，考虑他擅长财经工作，将他调回安徽省担任省计划委员会副主任、省商业厅党组副书记、副厅长，随后，又任安徽省委财贸部副部长兼安徽省手工业管理局局长，组织安徽省财贸战线和经济恢复工作。在手工业管理局任职期间，王渔同志就全省手工业系统的组织、恢复，规划方面做了大量工作，促进了全省手工业系统的发展。手工业管理局后改为安徽省第二轻工业厅。

1971 年 1 月，王渔任合肥市革委会副主任，后任合肥市委常委、常务副市长、副书记等职，他曾大胆设想在合肥市建立轨道交通，为后期城市综合交通规划、服务市民生活打下了良好基础。1979 年 10 月至 1982 年 3 月，王渔担任省第二轻工业厅党委书记、厅长，1982 年 3 月至 1983 年 4 月，他担任了省经济委员会副主任。1983 年 4 月后，先后任安徽省人大常委会常委，财经委员会副主任、主任。期间王渔同志在 1988 年参与修改和制定了《安徽省预算管理暂行规定》。《规定》是安徽省一项开创性的地方立法，标志着安徽省预算审查监督工作开始走上法制轨道，也拉开了中国地方人大依法审查监督预算、决算的序幕，带动了兄弟省、直辖市、自治区的预算审查工作。1993 年，王渔正式离休，行政 11 级，享受副省级医疗待遇。

王渔同志一生忠于党，忠于党的革命事业，一生从事经济贸易工作，光明磊落，大公无私，高风亮节，公私分明，他从未给家人和自己谋取私利，作为党的高级干部，他的二位弟弟、二个儿子都是普通工人。

2003 年 5 月，王渔因病医治无效在合肥逝世，享年 83 岁。

一生跟党终不悔

——陈沛传略[1]

左　华

陈　沛

陈沛原名陈从沛，字洪泽。1910年出生于无为县无城镇。

1925年至1928年在无为初级中学读书，担任校学生会主席。1927年在中共无为特区委组织下参与发起无为中学的“择师运动”，学生罢课10天，取得“择师运动”胜利。从无为中学毕业后，陈沛考入南京钟英中学高中部，不久即因反对反动教师被开除，旋又考入安庆东南中学。1929年下半年，因中共芜湖中心县委机关被国民党破获，陈沛和中心县委书记宋士英的往来书信被发现。1929年11月，陈沛被国民党反动当局逮捕，判刑11个月。1930年底陈沛在狱中秘密加入中国共产党，并任支部委员。因在狱中积极参与和领导罢工、绝食等斗争，多次加刑，至1932年底方释放出狱。回乡后，先后担任民众教育馆馆员，北门狮子口小学、三官殿小学校长等职务。任职期间，参与领导无为教育局人士索薪团向政教当局索要拖欠的薪金活动，并开展了驱逐县教育局局长的斗争。

（1）参见《陈沛同志，我们怀念您》，中央美术学院人文学院学报，2021.03。

1954年在华东军政大学的合影照片

抗日战争爆发后，陈沛应邀赴国共合作组织，安徽省动员委员会庶务部工作。1939 年国民党发动的第一次反共高潮愈演愈烈，1940 年陈沛赴新四军江北游击纵队，并于 1942 年 1 月再次入党。抗日战争期间，陈沛先后任抗日民主政权津浦路东联合中学预备班主任，定远县八步桥区长，无为县四区（石涧区）区长，无为县政府司法科长，皖中行政公署司法处长，临江办事处代主任等职，为抗日民主政权的建设，尤其是司法审判工作的建设做出了贡献。

1945 年 10 月，陈沛随新四军第七师北撤至淮阴，任苏皖边区政府秘书。解放战争爆发后，任黄河大队干部队支部书记，华东军政大学蚌埠招生委员会主任，第三团政委，第十三团政委，军政大学政治部政研室主任等职务。

中华人民共和国成立后，任第三高级步兵学校政训班政委，中国人民解放军公安军政治部秘书处长，组织部副部长。1958 年由公安军转业至中央美术学院任党委书记、副院长，中国美术家协会书记处书记。1978 年陈沛复任中央美术学院党委书记、中国美术家协会党组成员、美协常务理事等。1984 年离休，行政 10 级。担任文化部老干部书画学会副会长。2006 年 11 月因病去世，享年 96 岁。

陈沛晚年立下遗嘱，逝世后，不举行遗体告别仪式、不保留骨灰。家人遵照他的遗愿，将其骨灰埋葬在北京世界公园的一棵大树下，和大地同在。

机智勇敢　一心向党

——邢济民传略[1]

耿松林

邢济民，又名邢复三，1916年4月出生于无为县泉塘乡宝山村一个贫民家庭。穷困的生活，锻炼了邢复三的才干。各种农活，他都一学就会。在长辈和邻人眼里，这是个聪明伶俐又崇礼重义的好后生。地主老财仗势欺人，地方官吏横行不法，让年轻的邢复三心中积聚了一腔的愤懑。世道不公，穷苦人的出路何在？自己今后的道路又如何去走？一个又一个疑问，萦绕在他的心头。困惑众多，让他年轻的心里，总是沉甸甸的。

1937年7月卢沟桥事变发生后，无为县各种救亡组织，以及来自上海、平津的流亡团体，纷纷深入乡村、集镇进行抗战宣传，广大城乡掀起了抗日救亡热潮。1937年11月，由李世农、张恺帆、桂蓬等组成的中共皖中工委，首先恢复了无为党组织，建立起无为工委。1938年春，工委改为县委，并通过合法途径组织了抗日武装——无为县国民自卫总队和国民自卫分队。[2]

1938年3—4月间，新四军第四支队开进皖中，在皖中地区迅速战略展开。舒城、桐城、庐江、无为等地如干柴遇烈火，抗日团体纷纷成立，游击队伍蓬勃

（1）参见《无为县志》，社会科学文献出版社，1993年版，第569页；《安徽文史资料全书·巢湖卷》，安徽人民出版社，2007年版，第526页；江苏镇江茅山抗日战争纪念馆：《从武夷到镇江，华夏同祭“杨门三烈”》。

（2）参见《中国共产党安徽省无为县组织史资料（1927.8—1987.11）》，安徽人民出版社，1993年版，第19页。

邢济民出生地——无为县泉塘镇宝山村

兴起。青年邢复三早有一颗“天下兴亡，匹夫有责”的报国之心，毅然决然于1938年6月加入革命队伍。由于态度积极，抗日热情高涨，工作责任心强，很快受到领导和同志们的好评。邢复三的阶级觉悟和思想认识迅速提高，他抱有抗日救国，济民于水火之心，将自己的名字改为邢济民，于同年10月光荣地加入了中国共产党，成为一名无产阶级先锋队战士。此时的邢济民，已经十分自觉地将个人命运和国家、民族的命运联系到一起来了。

皖南事变爆发，令亲者痛仇者快。邢济民所在部队被打散，他很不幸地和不少战友一道，被国民党当局关押在上饶集中营。集中营的日子是苦难的屈辱的，但战友们坚贞不屈，革命意志是坚定的。邢济民和战友田经纬等一道，在茅家岭监狱时而被绳索捆绑，时而被扁担毒打，忍受着非人的苦役，心中就是没有屈服二字，坚决不去“自首”。1941年7月，看守特务们为了请功领赏，表明他们改造共产党员、新四军有成绩，别出心裁地在集中营成立了一个“更新剧团”，指名要邢济民的战友杨瑞年当主角。杨瑞年开始时断然拒绝，后经狱中秘密中共党支部研究，认为可以利用外出演出的机会组织越狱，便决定让她参加。杨瑞年根据党支部的指示，联络其他女演员向国民党特务头子提出条件：一是绝不演反共戏；二是必须由赖少其做布景工作，由邵宇担任化妆。赖、邵都是新四军中的著名画家，狱中党支部就是利用这次机会帮助他们和另3位同志陈文金、叶育青、陈安羽逃出魔掌。1941年12月6日傍晚演出时，这5位同志兵分两路，成功出逃。1942年元旦，在杨瑞年等人精心掩护下，又有8位同志再次越狱成功。特务头子据此认准了杨瑞年是“共产党顽固分子”，从此加倍迫害她。

杨瑞年的弟弟杨华年被囚后，一直坚贞不屈。一次他受到毒打后，被关回牢房，难友邢济民告诉他：新四军已经重建了军部，由陈毅同志担任代军长。杨华年忍住遍身的伤痛，抓住邢济民的手高兴地说："太好了！如果能冲出牢笼，和同志们杀上抗日战场，那该多好呀！"

1944年2月，邢济民带领湖东大队攻破了敌伪盘踞3年之久的高林桥据点

1942 年 5 月底，日军逼近江西上饶。上饶集中营于 6 月 5 日向福建迁移。由皖南事变被俘新四军干部编成的第 6 队秘密党支部决定，在迁移途中待机暴动，并由原任新四军教导队军事教员的王羲亭（被俘后化名王达钧）担任军事指挥。6 月 17 日傍晚，在福建崇安县（今武夷山市）赤石镇，利用渡河秩序较乱的时机举行了暴动。经过搏斗，一部分人牺牲，有 30 多人冲上了武夷山。在中共闽北特委的领导下，他们组织抗日游击队在当地坚持斗争，后陆续重返新四军。[1]邢济民就是这次赤石暴动中的成功逃脱者，而他的战友杨华年等人，在敌人的搜山中壮烈牺牲。

历经千辛万苦，邢济民回到家乡参加了新四军第七师的部队。1944 年 2 月中旬，湖东人民抗日自卫队总队成立，总队正副队长江干臣、蒋天然（后蒋天然继任总队长），政委桂林栖。同年深秋，新四军第七师沿江支队司令部交给湖东总队一个任务，在一个月内消灭盘踞在高林桥的孔绍华伪军中队，拿下该据点，以解放受尽欺凌的巢南人民。[2]

高林桥地处巢湖东南，敌据点工事坚固，7 座碉堡互成犄角，易守难攻。新四军某团此前两次攻打，均未成功。蒋天然等领导研究后，决定智取，抽调精明强干的作战参谋邢济民和侦察参谋朱荫吾来担负潜入任务。

（1）《新四军辞典》，上海辞书出版社，1997 年版，第 258—259 页。

（2）《安徽文史资料全书・巢湖卷》，安徽人民出版社，2007 年版，第 526 页。

几天后，朱、邢二人头戴黑礼帽，身穿长袍马褂，怀揣伪商人证件，带着几个装扮成跑堂的侦察兵，顺利进入高林桥镇。经过筹备，班德盛饭店在一阵鞭炮声中开张了。邢济民化名张益民，成了饭店经理，朱参谋和3个侦察兵当了厨师、跑堂。开张那天，伪军吃喝一律不要钱，很快邢、朱等人与伪军们交上了“朋友”，敌情也摸清了：伪军中队共有130多人，20多支驳壳枪，100多支步、马枪，1挺机枪。工事虽然坚固，但军纪松弛，士气低落，伪军战斗力不强。侦察得知，农历十一月二十三日，伪保长做50寿辰，在班德盛饭店宴请伪军中队长和分队长们，沿江支队司令部决定抓住战机，由邢济民等人做内应，湖东总队由蒋天然率一营作外援，二营阻击驻姥山的日军，司令部另派一个营作预备队，准备一旦奇袭不成，就进行强攻。

这天凌晨，3个战斗小组陆续化装进入高林桥镇。邢参谋带的8个挑草战士也顺利来到饭店，草内藏着的32支驳壳枪分发到每人手中。中午12时，寿筵准时开席。酒过三巡之际，邢济民发出信号，两个伪军卫兵被打倒，一个欲反抗的伪军分队长被打穿了右肩，其他人乖乖地当了俘虏。同时，装成堂倌端着酒菜的战士们，来到镇东的3个碉堡门口，乘馋涎欲滴的伪军们抢拿酒菜之时，以迅雷不及掩耳之势占领了碉堡。伪军们猝不及防，纷纷跪地求饶。蒋天然率外援部队迅即进入镇内，部队乘胜前进，又解决了镇西和巢湖边的4个碉堡。巢南民兵和群众在镇子周围呐喊助威，碉堡内伪军见长官被俘，很快缴械投降。20多分钟就结束了战斗，新四军无一损伤。被敌人盘踞了3年多的高林桥镇，回到了人民手中。而来援的日军，也被阻击部队打退而去。

邢济民同志在革命的大熔炉里经受了锻炼，一路健康成长。1948年6月，邢济民担任湖西县（1949年7月庐江县由湖西县、庐江县合并而成）金牛区区长，在新中国成立前夕的艰难岁月里，和国民党反动派作坚决的斗争。[1]新中国成立后，他历任福州军区空军政治部组织部部长，空八军政治部副主任，空军漳州指挥所政治部副主任。

（1）参见《庐江党史资料（解放战争时期）》，中共庐江县委党史工作委员会办公室编，第82页；袁根庆：《遥想当年话汤池》。

青年先锋　宣传战士

——郑康传略[1]

丁以龙

郑　康

郑康，又名阮振础、阮毅，1919年出生于安徽省无为县。他家庭贫苦，从小就体会到生活的艰辛和社会的不公，于是抓住在私塾读书的机会刻苦学习，加之他天资聪颖，学习成绩出类拔萃。

1937年“七七”卢沟桥事变以后，抗日烽火燃遍全国。郑康也积极地投身到抗日救亡运动之中，1938参加革命，同年加入中国共产党。在敌机轰炸无为县城后，国民党无为县县长韦廷杰和国民党川军相继撤离无为县，韦廷杰逃到无为、庐江交界的黄姑闸，以抗日的幌子扩充自己的势力，在全县建立九个大队，韦自任县总队司令，并任命吕惠生为总队政训处主任。郑康在吕惠生的领导下积极开展工作，他和共产党员何道宏、刘方鼎、何际唐、周心抚、任惠群、马中堂、金文质、周光春等，一面在东乡发动群众建立抗日民众团体，建立抗日游击队；一面积极做韦的部队人员思想工作，争取更多的力量真心实意地抗击日寇。

这时，新四军第四支队已到无为地区活动，在群众中影响很好，第四支队政

（1）参见《无为县志》，社会科学文献出版社，1993年版，第573页。

治部联络科长黄育贤同志经常同吕惠生有往来。郑康经党组织安排，由吕惠生介绍到无为县初级中学任教，他利用教学机会，向学生灌输革命思想，进行抗日救亡教育，培养了一批爱国热血青年。

1938 年，郑康调任新四军第四支队领导下的无为县抗日自卫军二大队四中队指导员兼党支部书记。二大队有十多个党员，多半是班、排长，他们在郑康的领导下秘密地为党工作。

1939 年 1 月，县委为了适应迅速发展的需要，除城区（一区）党的工作由县委兼顾外，其余各区都相继建立党的区委。郑康受县委指派筹建中共无为县二区（现泥汊、襄安一带），并任该区委书记。此时我们的党员同志都以各种合法的一面参加抗敌活动，一面从事党务活动。1939 年夏秋间，无为县委成立无为县委青年委员会，王枫同志任书记，江文、何道容和郑康等同志为青委委员，青委机关公开地设在无为县城内方子清的旅馆里。青委机关对外是无为县青年抗敌协会，郑康兼任青年抗敌协会理事，张翅同志为青抗的专职干部。无为青委在负责全县青年工作外，还代表县委负责联系城内的地下党组织。当时无为县政府、县大队都有共产党的组织，县政府秘书李竹平同志、督学石竹同志等都是共产党员，县动员委员会、无为中学、国民党保安团里也有党的支部和地下党员，他们都是通过郑康等青年委员会的同志联络组成一个严密的网，秘密而有效地运转着。

1939 年末，郑康调任中共无巢庐中心县委常委、宣传部部长，后又相继担任新四军第七师抗大十分校党委委员、政教股长，中共豫皖苏地委宣传部部长。

1945 年 11 月，郑康随新四军第七师北移山东。同年 12 月滕县县城解放后，为加强新解放区领导，他调滕县工作，任中共滕县县委宣传部部长。根据县委分工和滕县新解放区的实际，在全县先后开展了反奸诉苦、减租减息、土地改革、保家保田和动员群众参军参战教育运动。通过这些运动开展，有效提高了翻身群众的阶级觉悟，巩固了民主政权。

1947 年 2 月，国民党军队向鲁南大举进攻，郑康根据县委指示，带领后方机关人员和部分老弱及妇女干部经过长途跋涉到达渤海，顺利完成了第一批北撤任务。同年 10 月，他带领支前队随第二野战军南下大别山，开展新区的工作。

1949 年南京解放后，郑康先后调任南京市军管会文教接管委员会社教部副部长、军代表、南京市一区区委书记，中共南京市委常委、市委宣传部部长。1960 年 9 月任中共南京市委书记处候补书记，1965 年 10 月任中共南京市委书记处书记；1961 年 4 月至 1967 年 3 月任南京市政府副市长。

1977 年 9 月至 1980 年 1 月，郑康任江苏省革委会教育卫生办公室副主任、党组副书记；1978 年 11 月至 1980 年 1 月任中共江苏省委科学教育部副部长兼江苏省革委会高等教育局局长、党组书记。后任中共江苏省委科学教育部部长。1982 年 9 月省委科教部并入宣传部，任中共江苏省委宣传部部长。1985 年 9 月至 1989 年 12 月任中共江苏省顾委常委。于 1979 年任江苏省哲学社会科学联合会副主席，1983 年任主席。

郑康于 1991 年离休，2001 年 4 月 29 日在南京因病逝世，享年 82 岁。

从放牛娃到省军区政治部主任

——李万平传略[1]

童毅之

李万平

李万平，1922年11月22日（农历十月初四）出生于无为县严桥区月牙乡徐家岗的一个农民家庭。幼年时上过两年私塾，但因家里贫穷，被迫帮本村地主家放牛以补贴家用，但他没有放弃业余自学，因而也学到了不少知识。

严桥是皖中地区革命活动的中心区之一。1927年中共无为县特别支部成立后，就迅速在严桥开展了工作。1938年4月，新四军第四支队先遣营抵达庐江、巢县、无为边境地区，进驻巢县沐集和无为严桥一带，进行抗日宣传，地方党组织协助先遣营开展扩军活动。1938年11月，新四军江北游击纵队建立，以开城、严桥作为其基本活动区域。由于武装力量远远不能抵抗国民党桂系顽固派力量，我方常常处于被动。为了保存力量，新四军经常是撤离转移待形势稳定后再进驻，因此经常处于国共拉锯式的状态。

1941年“皖南事变”发生后，为了加强武装力量，在无为成立新四军第七师。不久，第七师师部和无为县抗日民主政府迁至严桥，组建了皖中敌后抗日根

（1）参见《无为县志》，社会科学文献出版社，1993年9月，第571页。

据地，进行轰轰烈烈的抗日斗争。李万平就是在这样的环境下，接受中国共产党的培养和教育逐步成长起来的。

因上过私塾，加上人缘较好，李万平于1941年11月被推选为严桥区团结乡民主政府的保长，兼职教书先生。因工作出色，1942年5月调任恍城区土地查置工作，12月又调至恍城区闸北乡任区委办事员。

1943年3月17日，侵华日军纠集了第116师团和第115师团一部计6000余兵力，兵分八路向皖中无巢中心区发动了所谓的“铁壁合围式”的“大扫荡”，其目的是一举消灭新四军第七师及主力部队。而对日军的四面夹击，第七师干部战士同仇敌忾，奋勇杀敌。当时天气十分恶劣，雷鸣电闪，狂风大作，倾盆大雨下个不停。李万平接到任务是保护师部十几箱机要文件，因怕暴露出错，他于当夜亲自将所有文件箱埋在地里，自己则扮作农民在不远处守候。因怕文件受潮，雨停后他又偷偷挖出来转埋到高处。直到20日，日伪军“扫荡”被粉碎，李万平将全部档案文件完好无损的原封归还。

1943年5月，因李万平工作突出，在党组织负责人任炳兰介绍下，他光荣地加入了中国共产党，预备期三个月，8月，转为中共正式党员。

1943年10月，李万平调任恍城区政府任文书、会计工作。1944年5月，调任严桥镇任副镇长。1945年6月至8月，他在皖江行署公安局锄保训练班受训三个月，结业后调任无为县新沟区治安员。

1945年8月15日，日本宣布无条件投降，抗日战争胜利结束。8月25日，毛泽东等赴重庆，与蒋介石进行谈判，在不损害人民根本利益的前提下，做出了让步，主动让出包括皖中、皖南在内的8个解放区，并将这些地区的人民军队调往长江以北或陇海线以东地区。从10月起，新四军第七师扩编北上苏北、山东时，当时安徽大批区以上党、政人员都参加了第七师，李万平也由地方负责人转入部队工作。首先在第七师随营学校学习了半年，1946年4月被安排到第七师保卫部任审讯干事，1946年10月调任华东七纵第69师政治部和第57团任保卫干事、副股长。

解放战争时期，李万平先后参加了莱芜战役、莱阳战役、胶济战役、兖州战役、淮海战役、渡江战役等，都是服务指挥所战地后勤保卫工作。1949年2月调任第25军第73师第219团保卫股股长。

渡江战役后，李万平又随部队在浙江、皖南等地参加剿匪工作。1950年3月，第25军接受攻台作战准备，李万平随军进驻福建省惠安县东园、安溪、南安等地，准备解放台湾。4月，调任第25军第73师保卫科副科长，1951年5月任科长，6月被评为工作模范。

1952年6月，李万平参加了中国人民志愿军入朝考察学习团（入朝先遣队），原计划考察三个月后回国，却被留在朝鲜迎接大部队入朝，9 月回到第 73 师政治部保卫科任科长。

1953 年 3 月，李万平赴北京中央公安学院学习，一年期满后又回到进驻朝鲜的第 23 军（第 25 军于 1952 年 7 月撤编，第 73 师编入第 23 军入朝），任第 73 师保卫科科长。1955 年 1 月李万平调至第 23 军保卫处任副处长。

1955 年中国人民解放军首次实行军衔制，李万平被授予中校。

1957 年 9 月，李万平荣获三级解放勋章。

1958 年 2 月，李万平荣获独立自由勋章和解放勋章。

1964 年 4 月，李万平由第 23 军政治部保卫处调任第 73 师政治部主任。同年，晋升为上校。

1965 年 6 月，李万平任第 73 师副政委，曾带领部队参加伊春林业局森林火灾救灾工作。

1968 年 6 月 3 日，李万平参加了沈阳军区团以上干部代表团，在北京人民大会堂受到毛泽东主席的亲切接见。

1969 年 9 月，李万平调任第 67 师（驻黑龙江省虎林县珍宝岛）政委，守卫边疆九年。

1978 年 6 月，任第 23 军政治部主任，不久调任黑龙江省军区政治部主任。

1980 年 11 月 23 日，李万平因公到黑河出差，早晨返程，因天寒路面结冰，汽车行驶不久在一处坡地滑翻。李万平当时坐在副驾驶座位上，吉普车翻车把他甩出去后，又从他身上翻过，导致胸椎 12 节压缩性骨折、右后肋骨 5、6、7、8 骨折，被定为三级甲等残疾。李万平依靠顽强的意志力，经过康复和修养，恢复了健康。

1980 年 12 月，李万平退居二线，任黑龙江省军区顾问。1983 年 10 月，李万平办理了离休手续，副军职待遇，行政级别 11 级，居住位于江苏省南京市玄武区的第 23 军南京干休所。

1988 年，李万平荣获独立功勋荣誉章。

2010 年 11 月 10 日（农历十月初五），李万平逝世，享年 88 岁。

少年壮志不言愁

——刘曙传略[1]

童毅之

刘　曙

刘曙，又名刘志元，1925年出生于无为县沈马乡，父母都是农民，兄弟姊妹六人，就靠家里少许的田地为生，因此家庭生活非常贫困。1931年9月，刘曙刚上小学，日本就发动了震惊中外的“九一八”事变，开始了蓄谋已久的侵华战争。不久，整个东三省沦陷，大批难民流落关内，中国人民抗日救国的浪潮日益高涨。当时的无为，一些有识之士开始宣传抗日救国主张，学校老师更是时常向学生们宣传日寇暴行，除教唱《松花江上》外，还向学生们教唱打鬼子的歌：“清晨好，诸位早，早上起来读书好。努力读书学问高，将来为国立功劳，怎怕日本打不倒？”正是学校的良好教育，使幼小的刘曙痛恨日寇，立志长大当兵，树立了为民族独立、富强而奋斗的崇高理想。

1937年卢沟桥事变爆发，中国全面抗日战争打响，无为广大人民在抗日民族统一战线的领导下，决定成立“无为县抗敌后援会”和“无为县青年抗敌协

(1)参见党建专题《我的抗战经历》，中国科学院老干部工作局，2015年7月9日。

会”，主要工作为：利用新华小学、六洲小学等学校课堂，对青少年进行爱国主义教育，着重宣传枪口朝外、停止内战、国共合作、团结抗日；与农民协会工作相结合，抗日救亡活动由学校走向社会。他们把抗日救亡与维护农民切身利益关联在一起，反对地主豪绅对贫苦农民的压迫和剥削。此举深得民心，使得抗日救亡活动开展得更加得心应手。

1939 年，刘曙参加了无为县青年抗敌协会，在这中国共产党的外围组织里，他担任了宣传委员，带领广大学生开展抗日宣传，写标语，出墙报，组织工农群众，联系社会上层、爱国人士，开展救亡活动。一时间，无为县青年抗敌协会成为知名的抗日宣传组织，在广大人民群众中的威望不断提高，刘曙也成为其中最为活跃的积极分子之一。

无为县抗日斗争形势的迅速发展和反动势力迭遭打击，自然引起了顽固派的不满和忌恨，他们向国民党安徽省政府密报“无为已赤化”，随后夺取了无为县军、政统治权力，停发各级抗日动委会的经费，限制各级抗敌协会的活动，实行“五家连坐”、清查户口等反动措施，阻挠、扼杀抗日群众运动，实际上是继续贯彻执行蒋介石“攘外必先安内”的反动政策。

针对国民党反动派的顽固逆流和在无为、庐江、巢县的反动势力增强等情况，中共舒城中心县委经请示上级，决定统一组织皖中的抗日武装，将无为、庐江、巢县 3 县的抗日游击队和部分原属县政府领导的“常备队”“自卫军”整编为“新四军第四支队游击第二纵队”，司令部设于无为县城内登瀛街。1939 年 1 月，在征得国民党安徽省政府同意后，正式改名为新四军江北游击纵队，司令部由无为县城迁至西乡开城桥附近的王家大墩。这支以皖中子弟兵为主的武装部队在以后创建皖中（江）抗日根据地时发挥了极为重要的作用。

1940 年 2 月，刘曙因为在青年抗敌协会表现好，被组织上推荐参加新四军江北游击纵队青年大队，时年 15 岁。在青年大队，刘曙不怕吃苦，努力上进，深受领导和战友们的喜爱，也受到党组织的关注，并于 5 月 18 日光荣地加入了中国共产党。不久，刘曙调到新四军第五支队来安独立团，来到了津浦路东边的来安县，成为一名宣传队员，到敌后作抗日宣传工作。9 月，作为积极分子，调到即将成立的中国人民抗日军事政治大学第五分校，参与抗大五分校的筹建工作。旋即又被调到华中总指挥部（军部）担任收发工作。

1941 年“皖南事变”后，抗日战争进入了最为艰难的相持阶段。为了发展广大人民的抗日武装力量，开辟敌后战场，中国共产党在苏北开辟了淮海、盐阜两块抗日根据地。当时根据地在日伪和国民党的包围封锁下，缺粮缺物，条件相当艰苦，不得已从部队抽调一批干部到地方上从事税收工作，刘曙服从分配，脱下军装，离开部队去了地方，于 1941 年 5 月担任盐城县税务所所长，他任劳任怨，尽心尽职，很快担任了盐城县税务分局主任、县局科长，想方设法为抗日根据地筹款筹物，直到 1945 年抗日战争胜利结束。

工作中，刘曙和同志们身穿便衣，分散在老百姓家中。敌人不来时，他们就宣传抗日救国纲领，组织农会、自卫队，训练民兵。农忙时，帮助老百姓栽秧、割稻，亲如一家人。日寇扫荡时，经常遇到险情，为了保证安全，他们只好住在船上。有一天，敌人突然包围了村庄，三步一岗，五步一哨，挨家挨户进行搜查。当时，工作队员住在芦苇荡里，不知道敌人已经来到。为了给湖里的同志们送个信，一位老大娘冒着生命危险对工作队的同志们喊道："对面的船老板，洋先生要你们把船开过来啰"，刘曙他们一听到是日本兵来了，赶紧跳下水，向芦苇荡深处游去，敌人只好在岸边胡乱开枪，然后灰溜溜撤了。

新中国成立以后，刘曙曾任中国人民解放军总后勤部二七研究所所长，后在中国科学院合肥分院副院长岗位上退休。

踏平坎坷成大道

——卫翼传略[1]

卫小亮

卫翼，无为县黄雒乡杨柳庄（现无城镇黄闸村）人。1941 年参加革命，1943 年加入中国共产党。革命战争年代，任无为县石涧区委副书记。新中国成立后，历任三河市公安分局局长、共青团繁昌县委书记、中共繁昌县委宣传部部长、芜湖专署办公室副主任、安徽省屯溪卫校校长、徽州地委血防办公室主任、徽州行署督导员，地专级待遇。

卫　翼

出身贫寒　少年入伍

1926 年 9 月，卫翼出生在一个贫苦的农民家庭。由于家境窘迫，他的两个姐姐被迫做童养媳，一个哥哥因饥寒而早夭。1941 年，15 岁的卫翼便参加了革命。由于受到有塾师经历的父亲的启蒙，年幼的卫翼就比较聪慧和机警。他先任无为县宣教团团员，后任石涧区警卫队文化干事。1944 年起，先在新民区南汰乡任党支部书记，后在巢湖船舶管理处仓头分处和

（1）参见《中国共产党安徽省无为县组织史料》，安徽人民出版社，1993 年 12 月，第 65 页。

石涧区委负责组织工作；1946年5月任苏北淮阴新四军第七师留守处事务长，1947年11月，任石涧区委副书记。这一时期，他主要在石涧、黄雒、太平、黄龙一带建立和发展党的组织，带领区武工队开展游击斗争，打击当地的国民党基层政权和武装。这期间，他患上眼疾，由于环境恶劣和条件很差，没有进行有效的医治，他的视力严重受损，这给他以后的战斗、工作和发展带来了困难和限制。

忠诚坚定　不改初心

在60多年的革命生涯中，卫翼虽然命运多舛，历经磨难，但他对自己的政治信仰和人生追求，始终坚定不移。在血雨腥风的战争年代，他风餐露宿，忍饥挨饿，昼伏夜行，东躲西藏。在极端艰苦和危险的环境里开展革命活动，与敌人进行殊死的斗争。他是怀着感恩和追求的心态投身革命的。他多次对组织、战友、同志、亲友说："在旧社会，我家上无片瓦、下无立锥之地，是共产党给了我希望"，"战争年代，我们把头拎在手上，心甘情愿地跟着共产党干革命"，"我和我们全家都吃共产党的饭，没有共产党，就没有我卫翼和我们一家"……在新中国建设时期，他不顾自己眼残体弱，身先士卒、带头垂范，在多个工作岗位上殚精竭虑地为党的事业努力工作。他对子女严格要求，常常与子女们谈心，语重心长地叮嘱他们："我们都是共产党培养的，不能忘了根本。"

两袖清风　干干净净

卫翼一生严格自律、两袖清风。他担任县处级领导职务几十年，从未利用职权为自己谋取一丝私利。20世纪50年代末60年代初，国家动员一部分城镇职工到农村务农，时任芜湖专署办公室副主任的卫翼带头响应，经多次动员说服，将自己在芜湖造纸厂工作的岳父送回原籍务农。卫翼有5个子女，其中3人都是1000度以上的高度近视眼，按照政策他们可以申请照顾不去农村插队劳动。但卫翼说："毛主席号召知识青年到农村去锻炼，我们还是克服困难去吧。"于是孩子们全部到农村插队劳动。20世纪70年代初期，卫翼任徽州卫校校长期间，其夫人杨曙东是该校总务处出纳。一次，杨曙东将700余元公款放在办公室抽屉内被窃贼盗走。公安派出所民警勘查现场后，鉴定为撬窗入室盗窃。学校有关人员开会研究处理这件事时，有人认为引以为戒，损失由学校承担；有人提出，个人象征性地做一些赔偿，因为700余元在当时是一个不小的数目，相当于学校一个普通职工一年半的工资收入。但卫翼最后拍板：公款被盗，主要原因是保管不当，由个人全额赔付。

桑梓情深　叶落归根

新中国成立后，卫翼离开家乡在外地工作、生活了近60年，始终说一口纯正、浓重的无为乡音。他心系家乡，把家乡作为最安全、最温暖、最亲近的地方。残酷惊险的战争岁月里，乡亲们冒着生命危险给他吃住，掩护他开展革命活动。卫翼感念家乡人民，努力为家乡人民做一些实事，解决一些实际困难。他虽长期在上层建筑的一些部门工作，但他想方设法找老战友、老同志为家乡一些生活困难、住房很差的乡亲核批了一些计划内的木材指标，为村里争取了近20万元资金，用于村中道路和自来水设施建设。

2007年2月5日，卫翼因病在黄山市逝世，享年82岁。遵其遗嘱，骨灰葬于家乡杨柳庄。当护送卫翼骨灰的亲友队伍来到杨柳庄地界时，全村乡亲夹道迎接卫翼最后的归来。

终生奋斗在革命大道上

——卫道行传略[1]

伍　骁

卫道行

卫道行（1923年2月—2004年6月），无为县人。1923年出生在一个富农家庭。家中排行老二，上有一个姐姐、下有一个弟弟。他读过几年私塾，无为中学毕业。卫道行原名魏中谋，1939年6月加入中国共产党、参加革命，在革命的实践中，在革命理论和文化的熏陶中，他深刻感悟到，中国人民只有在中国共产党领导下，走革命大道，才能获得彻底解放、摆脱贫困！为了表达他永远跟党走革命大道的决心，经过深思熟虑，他毅然决定将自己的名字改为卫道行，意思就是要为捍卫革命大道奋斗终生。以此，时刻鞭策自己、激励自己，不忘初心，牢记使命。在后来的几十年革命实践中，事实证明，卫道行真正名副其实地做到了，对党忠诚，不负人民！

“九一八事变”后，大批东北流亡学生南下，宣传抗日救亡。当时的卫道行正在县城读书，目睹学生们在街头演讲，听学生们齐唱“我的家在东北松花江上……”，他深受感动，认为“国家兴亡，人人有责”。只有奋起抗日，才能挽

（1）参见《安徽日报》2004年6月12日版刊。

救国家的危亡。

1937年“七七事变”爆发后，全民族抗日战争全面打响，卫道行满腔热血，积极报名参加了无为县动委会，由于他工作负责、士气高昂，很快当上了县动委会民运组长（时任民运队队长是彭醒梦），民运队的主要任务，是发动农民，宣传我党抗日救国的方针。

1941年，“皖南事变”之后，卫道行参加新四军第七师，他先后担任了新四军第七师独立团政治处支部书记、无为县大队三连支部书记，并积极从事地下工作。为了发动群众参加抗日斗争和巩固皖江根据地的民主政权，他及时通过组织开展减租减息斗争、抗捐抗税斗争、反“扫荡”斗争、铲除汉奸恶霸斗争等，将群众组织起来。当时的无为黄雒河、运漕、三汊河、东关等地离敌伪据点较近，日伪军经常下乡抢粮，要捐要税，闹得鸡犬不宁、天怒人怨。为了打击敌人，解救人民，卫道行组织部下在离敌伪据点稍远的乡，发动群众抗捐抗税；在离敌伪据点很近的乡，一方面做保长的工作，采取拖欠办法，催紧就交一点，另一方面，在群众中宣传，敌人是喂不饱的狼，填不满的坑。只有敢于斗争，才能求生存。同时，卖掉自己家十几亩土地购买枪支，大力组织地方武装，支持群众斗争。无城城边、新民区、石涧区、运漕区等地方，都很快建立了区警卫连，之前，日伪军经常下乡乱抢乱杀，自从老百姓有了武装他们就不敢轻举妄动了。

1943年10月，皖江行署提出了兴修黄丝滩退建新堤计划，并先后调集了20多万民工，按部队编制组成总队、大队等开往工地。卫道行时任运漕区委书记，他及时响应上级号召，组织了千余人民工上堤。在修建期间，日伪军不断进行骚扰，日本汽艇不断在长江来往行驶，向两岸袭击。卫道行坚决贯彻第七师师部提出的“武装保卫修堤”口号，积极与部队配合，屡次打败了敌伪的武装骚扰，保证了修堤工程顺利进行。在各方的努力下，该工程先后动员民工21万人（次），挖土44.4万方，最终修成长达15华里、高1丈9尺、顶宽2丈4尺、底宽12丈的新江防大堤。从1944年2月动工，到工程结束，仅用3个月时间新堤便建成。《解放日报》专门为此发表社论，称“黄丝滩工程，不仅在皖中是史无前例的大工程，即在华中也是一件与人民生活切肤相关的大工程”。

1948年2月，中共皖西四地委、四专署、四分区在无为上庄院子成立，将无为县仍按照抗日战争后期的区划一分为四，分为无为、临江、无东、无南四个县。卫道行由部队转入地方，调任皖西区委四地委秘书。同年12月，在中共芜（湖）当（涂）宣（城）工委主持工作，随即，又担任了当涂县委第一副书记。1951年7月，在组织的关心和培养下，他进入中共中央马列学院学习（后更名为中共中央高级党校）。毕业后，调任省治淮委员会宣传部副部长、省委基建部宣传处长。1958年9月，毛主席视察安徽期间，卫道行在稻香楼参加了与毛主席的合影。1960 年 11 月，卫道行任省委中级党校副校长兼党史教研室主任。1968 年 3 月，“安徽省党校革命委员会”成立，原校领导干部亦随之去职。党校教学、行政人员被下放或调出，党校机构亦随之撤销。

“文革”后，卫道行调任省驷马山水利指挥部，任党委副书记、副指挥长，该工程以引江灌溉为主，于 1969 年开工建设，1971 年投入运行，在防洪、灌溉、航运以及沿途城市供水等方面发挥了重大作用。之后，卫道行又先后调任省交通厅、省邮电局工作，1973 年 7 月，卫道行任省革命委员会邮电管理局副局长。

1979 年 1 月，卫道行重新回到省委党校，任党校党委委员、副校长。1981 年 4 月，任省委党校党委副书记。在省委党校工作期间，他尤为重视抓地方党史和宣传工作，经常强调：“做好党史教育和宣传工作的同志，首先要自己学好党史，只有自己学好，真正学懂弄通党史的真谛，才能宣讲好党史，讲好党史故事。通过党史学习，可以使人们获得思想启迪，坚定和增强为社会主义革命和建设的信心和力量。”他还曾派教学干部到周边农村宣讲毛泽东思想，深受农民群众的欢迎。当时，他在党校成立了地方党史研究会，并任副会长。后来，省委又决定在党校组建“中共安徽省地方史资料收集整理办公室”，委任卫道行同志具体负责。他接受任务后，很快从党史党建教研室和有关外单位选调，共 10 人组建了工作班子。针对这一全新任务，兵分两路：部分人负责收集整理分散在全省及周边省、市有关单位的安徽地方党史文字资料；抽调部分人员赴北京等地访问曾经在安徽战斗过的老同志，抢救活资料。经过一段时间的努力，征集整理了大量安徽地方史翔实的史实资料，为后来有关单位研究安徽地方史和撰写中共安徽地方史专著提供了厚实的资料基础。直到他生病住院期间，还念念不忘党史工作，经常对前去慰问他的有关同志强调继续做好党史工作的重要性。

同时，他还担任了安徽省新四军研究会常务副会长，中国新四军研究会顾问，安徽省党史学会名誉会长，全国党史学会理事等职。2001 年，由京、沪、宁、浙、闽、赣、皖 7 省市新四军历史研究会共同发起，150 位原新四军第七师老战士捐资，中共巢湖市委党史研究室，无为县委党史办编辑的大型军史资料丛书《皖江烽火——新四军第七师历史画册》，在新四军第七师成立 60 周年之际正式公开发行。在该书编印之前，卫道行亲自带领家乡的编著者们到北京拜访了新华社等部门，逐一搜集线索、查找资料。

卫道行极其关心、重视下一代工作。1998 年，家乡无为县在老区严桥、红庙一带（原皖江抗日根据地中心区、新四军第七师师部所在地）筹建三水涧希望小学，他听闻后，不仅亲自慷慨解囊，还广泛发动人脉关系，支援学校建设。他把捐建希望小学作为对老区人民的回报，并对以前在一起工作的老同事们说：

“我一生从不求人办事，从不为自己搞特殊化，这是我唯一破例的一次！”动员和号召亲朋好友“有钱捐钱、有力出力”。在他的直接关心和帮助下，1998 年 9 月 18 日，红色三水涧希望小学承载着先辈们的殷切期望，正式开学。

卫道行还担任过第五届省政协常委。1985 年 12 月，他离职休养。2004 年 6 月 11 日，卫道行因病医治无效在合肥逝世，享年 81 岁。与世长辞后，有熟悉他的同志结合他平时为人处事的诚实、严谨和朴素的优良作风，撰写了悼词：

卫国为民，无私奉献，老骥伏枥，壮心不已；
积劳成疾，无怨无悔，驾鹤西去，青史长存！

千磨万击还坚劲

——金光祖传略[1]

童毅之

金光祖

金光祖，1926年3月出生于无为县江坝乡中垄村，父亲金家良，母亲倪云修。金光祖六岁时入私塾读书，从《三字经》《百家姓》到《千字文》，再到“四书五经”，一读就是十年，在私塾中成绩一直名列前茅，深受塾师和家人的喜爱。

无为东乡自20世纪二三十年代就一直是无为革命的蓬勃发展地区，这里名人辈出，革命者众多，胡竺冰、张恺帆等人的革命事迹传遍东乡大地，尤其是1941年5月1日在白茆胡家瓦屋成立新四军第七师，更是将无为东乡的革命运动推向高潮，激荡着东乡广大青年的心。受其影响，16岁的金光祖中断学业，于1942年7月参加革命工作，先后在临江办事处汤沟区、无南办事处泥汊区、虹桥区工作，任区政府财粮副区员、区员，进行筹粮、筹款和征税等工作。

1942年夏，临江县的部分圩区发生了水灾，致使粮食歉收。1943年春夏之交，临江县部分农民出现缺粮现象，由于基层干部对解决这一问题缺少经验，处理不当，在少数地方被坏人钻了空子，致使一些地方闹起了粮食恐慌，甚至发展

（1）根据新四军老战士顾华回忆录整理。

到相当严重的程度，吃大户、抢粮抢米现象时有发生。荒灾发生后，皖中区党委、行署十分重视，4 月 21 日，行署主任吕惠生主持召开了财经会议，专题讨论解决“粮荒”问题。随后，临江办事处针对存在问题，取消了对粮食禁止流通的做法，严格禁止吃大户和对粮食及其他商品限价的规定。金光祖在各级领导的指示和支持下，积极疏通各种流通渠道，鼓励外地粮商运输粮食进入缺粮区，价格随行就市，恢复民间粮食余缺的调剂功能。同时，金光祖还在临江缺粮地区提倡亲帮亲、邻帮邻，有借有还，允许民间合理利息的借贷。这样做的结果，使原来相当严重的对根据地的巩固和发展有重大关系的“粮荒”问题很快得到了解决。

当时地方税收主要是农业税，一是田赋，由田主负担，二是公粮，由生产者负担，如果是租佃关系，则是由田主和佃户共同负担，一般对半分。税收工作执行的是征收统一的累进税，废除国民党的苛捐杂税。金光祖按照上级指示，简化税则，降低税率，在有可能实行累进税的地方实行累进税，免除的税种有营业税、保甲经费、烟酒牌税、印花税、土烟税、牲畜税、食盐税、火柴税及一切临时摊派。征收的税种有进出口税和过境税；地方税务包括田赋、屠宰、牙贴、契税、油坊执照税、土酒税等 6 种。征收的进出口税都是从价计征：大米 15%—20%，柴油 20%，豆类 20%，进口的急需品如棉布征 5%；日需品如肥皂、煤油征收 15%；奢侈品如香水、燕窝等征 30%—50%。

金光祖从 1942 年底从事筹粮、筹款、征税工作一直到 1945 年秋，勤勤恳恳，任劳任怨，深受领导和同事们的高度赞赏，并于 1943 年 2 月加入中国共产党。1944 年底，金光祖参加了在皖中抗日根据地无南县委举办的“整风学习班”，结业后，18 岁的他调任无南办事处泥汊区政府财粮区员。

1945 年 8 月 15 日，日本侵略者宣布无条件投降，抗日战争取得了完全胜利。不久，国共两党举行了重庆谈判。在谈判中，中共代表主动提出可以把包括皖中、皖南在内的 8 个解放区的部队撤退到苏北、皖北及陇海路以东地区。随后，新四军第七师便奉命撤离了皖江抗日根据地。从 1945 年秋至 1946 年 6 月，金光祖随新四军第七师北渡巢湖，撤出皖江地区，北上山东鲁南，后撤退到苏北淮阴，进入新四军第七师干部随营学校（原中国人民抗日军政大学皖江区第十分校，简称抗大十分校）学习。

1946 年 7 月，金光祖从随营学校毕业，先后分配至新四军第十九旅宣传部、第七师宣传部任干事。

1946 年 9 月，金光祖被选调去东北学习航空。北上途中，为加强地方政权建设，金光祖被分配到吉林省延边地区和龙县工作，先后任区工作队长、县委组织部副部长、县直机关党总支书记、县委候补委员等职，主要工作是发动群众，进行土改，组织人员，支援前线。

1948 年 12 月 20 日，金光祖和顾华（1945 年 2 月参加革命工作，5 月参加新四军）两人经吉林省延边地委书记云青批准结婚。在吉林省和龙县委举办的结婚仪式上，当时的县委、县政府领导都参加了结婚典礼，大家纷纷祝贺他们俩的新婚。赵明勤是山东曲阜人，也随金光祖一起从山东调东北工作，当时任和龙县政府秘书。婚礼上，赵明勤送给他们一副大绣花枕套。婚礼上要顾华唱歌，并要她讲恋爱故事，顾华随即唱了一首《解放军进行曲》：“向前，向前，向前，我们的队伍向太阳……”这副枕套以及 1946 年 4 月由新四军第七师供给部发给顾华的文件皮包作为革命文物一并捐赠给铁军纪念园（位于北京怀柔九公山）。

1948 年年底，金光祖调吉林省委党校学习，为南下开辟新区做准备。

1949 年 5 月，金光祖随南下工作队于 8 月中旬抵达江西省赣州市，先后任赣州专区粮食局局长、信丰县委书记、赣南区党委工业部副部长。

1955 年，金光祖调中南局党校学习一年，1956 年任赣南区党委秘书长，1959 年任赣南区党委常委。

1964 年初，赣南区党委撤销，金光祖任赣州地委副书记。年底，调任国家对外文化联络委员会一司副司长。

1970 年底，金光祖调至新疆维吾尔自治区，先后任自治区文化局、广播局党的核心领导小组组长和行政领导小组组长。

1977 年 6 月到 1988 年，金光祖先后任中国科学院遗传研究所党委书记、中国科学院直属单位党委书记，国务院国家机关党委委员，中国遗传学会副理事长。期间，任两届中国科学院党组成员。

1988 年底，金光祖离职休养。

2015 年 10 月 2 日，金光祖在参观由中共北京市委党史研究室、中国艺术界基金会、北京新四军研究会在国家典籍博物馆举办的“纪念中国人民在抗日战争暨世界反法西斯战争胜利 70 周年”“铁军魂·中华情”图片摄影展后，留言：

“铮铮铁骨，百炼成钢。难忘岁月，永世辉煌。”

投身革命　为抗战理财

——魏放传略[1]

童毅之

魏放出生地——无为虹桥老街

魏放，又名魏醒民，1914 年 8 月出生于无为县虹桥乡一个农民家庭。幼年的魏放虽然家庭条件一般，但父母望子成龙，还是送他上了私塾。在私塾里，魏放努力学习，用功读书，成绩名列前茅。学习之余，他积极参加家庭劳动，并思考为什么社会出现不平等的现象？幼小的魏放在和同学的交谈中每次提到这些问题，得到的大多是嘲笑抑或是宿命观的结论。

随着年龄的增长、学识的增多、阅历的增长，尤其是 20 世纪二三十年代无为县东南乡不断兴起的革命浪潮，深深地激荡起年轻的魏放的心，打倒列强、除军阀的北伐军于 1927 年 4 月达到无为，无城工、农、商、学各界群众欢欣鼓舞，纷纷组织起来，召开群众大会，声援、支持北伐军。年幼的魏放也在老师的率领下来到无城，投身到火热的革命潮流中，感受到如火如荼的革命风潮，幼小的心灵开始播下了革命的种子。

1927 年 8 月，中共无为县特别支部成立后，一方面开展学生运动，在无为

(1) 参见《皖江烽火》，安徽人民出版社，1994 年 1 月，第 242 页。

中学组织了“择师运动”，并成立了无为县第一个共青团支部，驻城中小学组织了学生联合会，无为城区学生运动蓬勃开展起来，也影响了无为农村地区的学生运动。当时的虹桥地区的几所学校也积极行动起来，声援无为中学的学生运动，魏放被同学们选为代表，写标语、喊口号，渐渐地在同学中间声名远播。

1937 年 7 月 7 日“卢沟桥事变”爆发，中国全面抗日战争开始。当“七七”“八一三”抗战消息传到无为后，广大群众特别是知识分子都十分关注国家民族的存亡，此时在家的魏放看着山河破碎的国家，非常着急，便参加了二区（以虹桥为中心，包括襄安以北的无为东南乡地区）抗敌协会，发动群众开展抗日救亡运动，并且积极与不利于抗日的行为进行斗争。在 1938 年 4 月，针对驻守的反动军队在襄安镇抢劫商民、枪杀群众的罪恶活动，魏放在二区区委领导下，通过镇抗日动委会领导襄安镇的工人、商民进行了两天的罢工、罢市斗争，迫使反动当局公开道歉，抚恤被害群众家属，从而打击了反革命的气焰。

1939 年 1 月，新四军第四支队游击第二纵队改称新四军江北游击纵队，先属新四军军部领导，后属新四军江北指挥部领导，下辖第一、二、三大队。魏放于当月参加新四军江北游击纵队，被分在第一大队。他刻苦训练，努力工作，吃苦在前，享乐在后，深得领导和战友的喜爱和信任，于月底光荣地加入了中国共产党。因为魏放具有一定的知识基础，加上头脑灵活，领导渐渐地让他管理财经工作，没想到他在财经工作岗位上如鱼得水。新四军第七师成立后，魏放先是在第七师第十九旅工作，后调至新四军第七师沿江支队工作。

1943 年 7 月间，魏放奉沿江支队支队长兼政委林维先之命，到桐（城）东（当时区长章虚云，副区长周曰庠）检查黄麻壁战斗中的粮草准备工作，这是他第一次到桐东，住在水圩谢家，几天后回到无为尚礼岗。不久，黄先等由沿江地委到桐东领导工作，魏放和张格、谭兆屏、洪啸也由湖东办事处来到水圩。张格以湖东办事处秘书身份兼任沿江粮食局局长，魏放任副局长，谭兆屏负责公安工作，洪啸负责司法工作。

1943 年粮食秋征工作刚结束，沿江粮政局和沿江货管局（局长赵平，副局长朱曦、叶纯）合并成立沿江财政处。赵平任处长主管全面工作，魏放任副处长分管粮政局工作，朱曦、叶纯分管货管局工作。财政处财会科（科长徐仲南，副科长程希文）和伙食、事务等工作由原货管局有关同志管理。

沿江粮政局领导区乡政府（区设财粮股，乡设财粮办事员）进行工作。1943 年秋征和地方税等财粮工作，只有桐东和无为五区是由沿江粮政局经管。沿江货管局下属的分局和税所很多，仅桐东就有马鞍山（局长黄明）和青山（局长吴爽）两个分局，还有桐东贵（池）东货管督导处（督导员吴平），以及贵东和梅埂（局长宿一龙）和观前（局长夏坦成）两个分局。

1943年底，沿江财经处随沿江中心县委由桐东移去贵西，魏放留在桐东贵东财经督导处工作。1944年3—4月间，魏放由王家套过江到梅埂，当时桐东行政办事处和贵东行政办事处及其所属各乡政府早已成立，并且先期做了大量工作，为督导处的后期工作做了很好的铺垫。

桐东贵东财经督导处是在桐东贵东货管处基础上成立起来的，共8—9人组成，有党员魏放、周醒初、李美龙三人，李美龙任财粮股长，周醒初任货管股长。1944年冬，沿江行政办事处成立后，桐东贵东财经督导处奉命改为桐东贵东行政财经督导处，魏放任主任兼桐（城）贵（池）青（阳）县委行政委员会书记，行政委员会成员有姜磻溪、包明曙等人。魏放主持行政财经督导处工作后，列席桐（城）贵（池）青（阳）县委会议。

桐东贵东行政财经督导处的主要任务是组织各区乡、各分局和税所征粮完税，收买枪支弹药，保证供给和扩军等。当时江北有很难对付的广西佬（桂军），而江南开展工作比较晚、基础差，沿江两岸敌顽据点多，碉堡林立，全境大多是敌、顽、我三重政权。在这种情况下，很多工作不便公开、较真地做，如在改善群众的基本生活方面，魏放按照上级指示，嘱咐督导处及下属机构同志们只是要求地主让租让息，让多少就多少，不让也不勉强，以免引起不必要的麻烦。只要土顽土伪不过分地增加群众负担，他们向地主求财，则不予干预。

在对敌伪斗争方面，督导处利用敌顽矛盾，土顽土伪（皖系）与广顽广伪（桂系）的矛盾来掩护自己、开展工作。实践证明，效果很好。如梅埂的土伪在街边渡口查岗、盘查，我方人员来往无阻，我军需物资由他们出面押运从未发生事故，有了敌情也能及时向我通风报信，他们还经常卖给我方枪支、弹药。

1945年夏，傅绍甫、何志远等分区首长来贵东进行反顽斗争。这次斗争，规模之大，时间之长，在贵东绝无仅有。7月底，黄先来指挥部召开干部大会，宣布沿江地委（书记黄先，成员魏今非、傅绍甫、何志远、方琦德）、沿江专员公署（专员魏今非）、沿江支队（代支队长傅绍甫）同时成立，并表示，魏今非将率一大批干部来工作。此后不久，就来了一批干部，魏放热情地将他们安排在督导处住下，之后又安排人送他们去贵西工作，他的工作受到黄先、魏今非的高度称赞。

魏放在桐东贵西工作一直到抗日战争胜利结束。在组织的安排下，他先是随新四军第七师撤退到苏北盐城地区（“北上”），后又随中国人民解放军第27军参加渡江战役（“南下”）、解放上海战役。不久又接受组织派遣，参加冶金工作，先后任中国金属材料公司西南一级站主任、冶金部西南办事处主任等职。

心系三农千秋路　踏遍八皖瞰宏图

——高俊超传略[(1)]

李　虎

高俊超

高俊超（1924 年 7 月—2009 年 11 月），无为县襄安镇沈马村人，原名高策士。高俊超自小家境贫寒，父亲高德云育有五个儿子和一个女儿，高俊超在家中是最小的儿子，由于家庭生活压力大，高俊超的哥哥们很早就开始务农，有时还给别人家做点帮工以补贴家用。虽然穷苦，但父母和兄长们对高俊超还是很偏爱的，八岁时，高俊超就在本地的私塾读书，为了让他安心读书，父兄们承担起了家庭的生活重担，高俊超也很珍惜来之不易的学习机会，他在私塾里识文断字，认真学习文化知识，读了五年书。

20 世纪 30 年代的中国在国民党的统治下异常黑暗，由于当局腐败，苛捐杂税多如牛毛，百姓生活苦不堪言。高家青壮年较多，平摊的派丁任务重，每次不是要钱就是要人，社会的黑暗、统治当局的腐败和生活的重担，让幼小的高俊超心里埋下了改变不公道的社会、让自己和全天下的穷苦人翻身的信念和种子。1940 年，从私塾完成学业后的高俊超留在本村工作，担任了本村抗日基干民兵营长，参加抗日斗争。

（1）参见中共安徽省委组织部档案室“高俊超同志”干部档案。

“皖南事变”之后，新四军重建军部，所属部队整编为 7 个师。活动于皖江地区的无为游击纵队、新四军第 3 支队挺进团及皖南事变突围出来的部队编成新四军第七师。在无为地区还建立了皖中（江）抗日根据地，以红庙、严桥一带为中心，成立了皖中（江）行政公署。包括高家人在内的根据地老百姓在党的领导下实实在在享受到了实惠，根据地抗日民主政府取消了苛捐杂税，实行了减租减息政策，高家也获得了解放，几个哥哥得以抽身务工挣钱，高俊超更加拥护党的领导，同时，受本村堂叔高省山的影响，他对党组织心生向往，迫切希望加入这个一切为了人民群众的组织，迫切希望有机会打鬼子、争取解放。1943 年 6 月，高俊超经高省山介绍，正式加入中国共产党，并在姚沟担任区、乡财粮员。因为对本地的情况较为熟悉，加之为人机智勇敢，高俊超工作能力进步很快，当时日军经常下乡扫荡，高俊超仍然不顾危险，到敌占区征粮收税，他凭借着自己的智慧躲过了一次又一次危险。

抗日战争胜利后，1945 年，高俊超随军北撤到山东枣庄。1946 年 7 月，任山东峄县十区副区长。该区是解放区和国统区斗争前哨，支援人民军队任务大，在这个严峻复杂的斗争形势下，高俊超迅速成长，他充分发动当地群众，耐心地向他们宣传讲解党的政策，在他的感染下，不少群众加入了革命部队，主动向部队提供粮食。1946 年 12 月，国民党部队大举进攻山东，高俊超随军转移。随后，党组织安排高俊超到鲁南党校学习半年，学成后，又在华东军政大学学习军队政治工作。在华东军政大学学习半年后，1947 年 9 月间，国民党部队再次进攻山东，军大进行转移，转移途中，高俊超遇到了时任南下干部大队政委陆学斌，他主动提出要求随军南下参战，获得批准，高俊超满怀激情地回到部队。1947 年 10 月，高俊超到达临泉县，任临泉县长官区区长，由于该区刚刚解放，地方土匪武装势力猖獗，高俊超采取更加灵活地斗争策略，对一部分基础较好土匪势力极力争取，对另一部分作恶多端地土匪武装坚决打击，当地社会治安很快平稳下来。1948 年 10 月，高俊超奉命继续南下，11 月，任无为县开城区区委书记、区长。1949 年，任无为县委秘书兼无城城区区委书记。此时，人民解放军第三野战军 3 个军 20 余万人驻扎无为，准备从无为横渡长江，吹响“打过长江去，解放全中国”的胜利号角，无为成为渡江战役千里战线的中路起点。作为区委负责同志，高俊超积极发动群众支前，做好大军各项保障工作，有力地支援了前线。

1952 年 8 月，高俊超调任广德县副县长。1953 年 1 月，任安徽省农业厅农场管理科科长，后任农场管理局副局长、局长。1960 年 9 月，高俊超任安徽省农业厅党组副书记、副厅长。1963 年 4 月，高俊超调往徽州地委，任农工部部长。1969 年 8 月，任徽州地区革委会生产指挥组副组长。1973 年，高俊超任安徽省革委会农林局核心组成员、副局长。1978年12月，高俊超调任安徽省农业厅党组副书记、副厅长。1981年7月，高俊超任安徽省林业厅党组书记。1993年12月离休，行政13级，享受副省长级医疗待遇。

高俊超长时间工作在“三农”战线上，在他的内心有着超常的“三农”情结。他工作的几十年里，几乎踏遍了徽山皖水，走遍了八皖大地，无论是大江南北、淮河两岸的田边垄头，还是皖南的山场以及皖西的林间小路，都曾经留下过他的足迹。他在任时，不仅深谙省情，更通晓农情，当时全省七八十个区县的农村，他大都去过，且熟知各地的人文、地理、民风和习俗，特别是全省的农业生产，不管是水稻或小麦，无论是午收或秋种，都是他最为关心的，每逢耕耘或收获的季节他总是在农村、在基层，在他认为自己应该在的地方。20世纪70年代，根据组织安排，高俊超曾带领了一个农业专家组远赴摩洛哥，将中国的传统农业带到异国他乡，指导和帮助那里开展水稻和茶叶种植，在那里住了半年之久，在遥远的非洲国度里洒下了他和同事们的汗水。即使是在他生命的最后一刻，当那场初冬之雪飘落时，他的病已经十分严重了，望着窗外纷纷扬扬的雪花，他还忧虑地说，这场雪下得太早了，对农业无益，对林业有害。果不其然，第二日清晨，全市压倒树木无数，医院下面的公园内，枝丫遍地，一片狼藉，灾情十分严重。此后，他愈加担忧直至临终去世。

20世纪80年代初的天柱山，虽然在汉代时即受到皇帝禅封，但逐渐落寞，沦落成一个林场在惨淡经营。时任林业主要负责人的高俊超依据曾在山区工作的经验，以及在国外工作的阅历，深知开发名胜古迹，发展大旅游的重要性。在摸清情况后，他便开始运筹谋划。为了谋求国家林业部的支持和省领导的重视，高俊超精心组织了一次徒步登山调研活动，他邀请了时任省委书记杨蔚屏，徒步攀登了几十里崎岖山路，一行人黎明即起、日暮而归，艰苦跋涉数小时，终于完成了调研任务。通过调研，开发天柱山成功获得了有关部委和省委的大力支持。如今，天柱山已是游人如织，香火鼎盛，索道交通和宾馆餐饮等现代化设备早已建起并一应俱全，上山的人再也不是徒步登攀这一种选择，再也不用背负水瓶上山了，但两位故去的老人当年为这座山付诸的心血永远不会被人遗忘。

高俊超一生严于律己，特别重视对家人的管理。他虽然工作繁忙，经常早出晚归，但他常用“少壮不努力，老大徒伤悲”来教育和勉励子女，要求他们勤奋工作，努力报效党和人民。

2009年11月，高俊超因病医治无效，在合肥逝世，享年85岁。

改造大刀会的农抗领袖

——刘东屏传略[1]

伍　骁

刘东屏（1913—1993 年 1 月），原名刘希懋，无为县严桥镇人。1913 年出生在一个普通农民家庭。刘东屏的童年是不幸的，他刚出生六天，父亲就去世了。当时刘东屏的父亲兄弟六人，他自小就和叔伯父们一大家子三十多口人住在一起，虽然过早失去了父爱，但是他获得了叔伯父们更多的疼爱。年少时，刘东屏家境一般，几个叔叔伯伯均以务农为业。这其中，他的大伯父刘赏斋自幼读书，中年教书，因为有些文化和声望，便在本地地方上问事（即做士绅）。刘赏斋对童年的刘东屏影响很大，在大伯父的坚持下，刘东屏跟着他读书一直读到了十岁。

刘东屏

1924 年，11 岁的刘东屏辗转跟着无为东乡有名的教书先生谢焕轩读书，一年后，又拜读于无为虹家桥的沈建平先生。沈建平至 1938 年曾在抗日动委会工作，1939 年任国民党虹桥区区长，后在“皖南事变”后失踪。这几段求学经历给儿童时代的刘东屏的内心播下了早期进步的种子。

1926 年，13 岁的刘东屏经历了与叔伯父们的正式分居。分家后的刘东屏分

（1）参见安徽省气象局人事处《离退休干部档案》。

得田亩十亩零五分，他与母亲和姐姐三人生活，由于小家缺乏男丁劳动力，穷人的孩子早当家，年少的刘东屏不得已弃学入农，同时还得雇佣别人耕种田亩，由于他很勤劳，几年盈余的粮食还赎买了四五亩田。后来，家中田亩达到了十五亩五分，家里人口也达到了 10 人，分别是他母亲、他妻子以及五子二女，草屋八间，耕牛半头，被评为中农，他的大儿子刘先登后期也参加了革命工作并曾在无为城区委员会任组织干事。二儿子在家务农，三儿子和四女儿均能上学读书，每年丰收时可收成六十余担原粮，日子虽然过得紧紧巴巴，但勤快的刘东屏实现了自食其力。

1937 年，抗日战争全面爆发后，勤劳务农的刘东屏抱着满腔热情加入了当地的农抗会。他和本地的几个同乡还参加了当地的帮会组织“三番子”，通过带帖（即本人未当面参加），拜时任国民党无为县政府工作人员的王焕章为先生，通过帮会的一些活动，刘东屏认识了不少进步人士和知名人士，对共产党组织有了一定的了解。1939 年，刘东屏结识了共产党员闫达（时任无为县政府助理秘书），两人相交甚密，在闫达的影响带动下，刘东屏对党组织心生向往，对我党提出的一切为了农民群众的利益大为肯定。在党组织的安排下，他利用自己早年加入大刀会的特殊身份，积极奔走，参与了改造无南大刀会的活动。

大刀会是无为当地的武装帮会组织，早期由一批从江南来的武师们组织，他们中部分人带有一定的政治目的和企图，主要参与者都是当地的贫苦农民，为了吸引他们参加，这些武师们便以“参加大刀会，可以不抽壮丁、不缴粮、不缴保甲费”这样的话术欺骗农民。当时的刘东屏跟着“三番子”也参加了大刀会，但很快他就发现了不对劲，但他没有马上退出，而是悄悄潜伏下来，静观其变。当时，大刀会迅速壮大，不断涌现出拦路抢劫、聚赌、敲诈勒索等恶行，随着受欺骗的农民不断增多，其声势壮大到两三千之众，于是，其中一些抱有特殊目的的组织者便策划了攻打国民党虹桥区政府的行动。

1939 年 4—5 月间，虹家桥一带的大刀会组织扩大发展，日形猖獗，对国民党统治产生了严重威胁。当时的无为县县长周骏、虹桥区公署专员王况培率领当地武装力量决定在虹家桥地区镇压围剿大刀会。当部队在虹桥地区集结准备时，大刀会首领便在会内各个分堂宣传煽动说：“县里和区里派兵过来了，肯定是要解散与镇压我们的，我们不如先下手为强。”于是，在一天上午八九点钟时间，虹桥区政府周围围满了大刀会人员，蜂拥而上，要抢占政府机关。正在区内办公的周骏、王况培和胡治平（共产党员，时任公署副专员，由我党派驻，新中国成立后任安徽省政府参事室主任）率领士兵上屋顶抵抗，当场打死大刀会十余人，但穷凶极恶的大刀会匪徒仗着人多势众，打死国民党士兵三人，打伤士兵五人，并抢走国民党士兵的枪支多支，战斗持续三个钟头，最后随着匪徒撤退而结束。

但通过这次战斗，大刀会匪徒们认为成功抢夺了政府的枪支，自认为取得了胜利，就得意忘形，在家公开练武，舞刀弄枪，企图第二天继续向无为县政府进攻。

1939年的国共两党关系还处于较为牢固合作时期，我新四军江北游击纵队党委机关就驻扎在无为县城内，当时，刘东屏及时通报了纵队有关战斗情况，听闻大刀会将要猖獗进攻县城，而国民党军力较弱，纵队便立即通知所属的第五、六连迅速赶赴无城参加战斗、援助国民党部队。第六连接命后立时赶到无城南门，旋即与大刀会展开对战，由于大刀会为老式的迷信组织，相信刀棒可以对阵火枪，刚一接触便被我军打得大败，当下溃不成军，我军在战斗中逮捕了数名武师主犯，其他人等全都作鸟兽散，有的逃回家，有的逃到江南各县，还有的逃到八卦洲、红草洲等地，待第五连赶到时，战斗已快结束。随后第五连继续赶到无南虹桥地区，进驻当地大刀会组织驻地示警。大刀会暴动平息后，区政府下令收缴了其使用的大刀等武器，在部队的支持下，又逮捕了一批大刀会分会负责人，对首要三人判处死刑，并予以公开示众，群众的恐慌情绪得以逐渐平复。事后，国共两党部队并未向当地群众进行所谓的“要钱、要丁、要粮”，大刀会蛊惑人心的说辞和谣言不攻自破。大刀会暴动后，在党组织的指令下，刘东屏又和其他同志一道，做工作将一部分思想条件较好的普通大刀会员吸纳到新四军队伍里来，使他们真正成了革命队伍的一员。

改造了部分大刀会员之后，刘东屏根据组织安排，来到南京市八卦洲以开米行名义，实质做地下工作，但不到半年遭到敌人破坏，米店被烧毁。于是他再次辗转回到家乡三溪，认识了时任三溪乡副乡长的汪利华。1940年5月，在汪利华、闫达的介绍下，刘东屏正式加入中国共产党。

1941年2月，28岁的刘东屏被选为本乡农抗会理事长，并在党组织的培养下，调往党训班学习，当时的党训班负责人是后期担任无为县委组织部部长、临江县委书记的陈力生，通过两个星期的学习，刘东屏进一步坚定了革命理想和信念，增强了组织、发展群众开展农民运动活动的能力和水平。学习结束后，刘东屏专门从事开展革命活动。在他的带动下，他的家人也机智勇敢地为革命事业做出了不少贡献。一次，刘东屏在家里秘密组织部分游击队员开会，突然，一伙乡绅闯上门收租，刘东屏和队员们藏在里屋，他们立刻将枪全部顶上膛，只要这伙人一推房门，就随时准备战斗，所有人都紧张地把心提到了嗓子眼。正在这时，刘东屏的母亲镇定自若地站了出来。平时她对上门收租人总是讨价还价，这次她不慌不忙地迎出门口，舀了点稻子，说：“给你们吧。”乡绅狗腿子们仿佛占了莫大便宜，沾沾自喜地离开了，这才避免了一场激战。同年，刘东屏调任三溪乡副乡长，时任区长任惠群。

1944年冬季，刘东屏在严桥一带参加新四军，继续打游击，同日伪军及国民党顽固派做斗争。有一次，勤务兵小王叛变，他乘刘东屏睡觉时，将他手枪偷走，刘东屏醒来发现不对，立即追击，将小王堵在一片荷叶塘中淹死，避免了给革命造成损失。

新中国成立后，刘东屏先在家乡无为县担任姚沟区区长、无为县政府民政科科长。1951年调巢湖专署工作，旋即调往安徽省林业厅，先后任经营处、造林处副处长，他不辞辛苦，又参与了黄山风景名胜区规划勘察工作，经国家建设部批复和安徽省人大会议通过，明确了黄山风景名胜区范围。此后，他又先后担任了皖南特种林场场长、书记，徽州行署基本建设局局长、书记，徽州地区气象局党组书记、蚌埠市气象局党组书记等职。1981年离休，享受厅局级待遇。

1993年1月30日，刘东屏因病医治无效去世，享年80岁。

一生赤诚跟党走

——杨毅传略[1]

伍　骁

杨毅（1921 年 1 月—2019 年 3 月），曾用名杨时庆，无为县河坝镇杨家村人。1921 年出生在一个较为富裕家庭。杨毅的父亲杨振梓体弱多病，一家兄弟八人，他曾被抱给附近一户姓郑的穷苦人家，后来，其祖父在前清中了武举人，家境渐佳，便把杨振梓要回了家，祖父去世后，由于杨振梓是后期回家的，分田产时便分得少了一些。受父亲幼时经历和共产党进步思想影响，加之被抗日救亡爱国民族思想所熏陶，从此杨毅心里埋下了参加革命的种子。

杨　毅

年少读书　思想进步

青少年时，父母比较重视对杨毅的教育，虽然家中兄妹四人（杨毅有三个妹妹），1929 年 1 月开始，就送他在河坝杨家村读私塾。杨毅为人孝顺，他知道自己是家中唯一的独子，虽然他也酷爱读书，但由于家境问题辍学后，为了不让父母担心，他一面继续帮家里干活，种田放鸭，一面瞒着父母到岳母家中，继续

（1）参见《军队离休干部档案》安徽省军区老干部处。

读私塾。岳母家有一位私塾先生叫倪鹤轩，经常给勤学好问的杨毅一些指点。倪先生不仅学问颇深，还有爱国爱民思想，教给了杨毅一些追求进步的道理。受倪先生的影响，杨毅开始积极追求民主和进步。

抗日战争爆发后，1939 年 7 月，读了十年私塾的杨毅在田桥小学教书学习。1940 年，在老家教书的杨毅逐步开始参加社会活动。在学校里，新思想、新风气拨动了杨毅的心弦，他开始认识到，旧社会地主阶级的腐朽落后以及对普通老百姓的压迫。通过与学校里一些进步组织和人士的接触，他对共产党组织有了一些朴素的认识，在学校抗日救国思想的教育下，他觉得只有共产党才有出路，老百姓才有了希望。后来，他又在本乡田桥乡，负责编查户口，任组员。1940 年 2 月，在同乡党员刘耀原、刘于凡的介绍下，杨毅正式加入中国共产党，并任田桥乡中心支部副书记。

参加革命　思想坚定

1941 年 5 月，杨毅调任无为县老三区区委会执委委员兼工作队长，由于工作能力突出，组织安排他兼任了田桥乡副乡长，同时负责党、政工作，他从不叫苦，仍然兢兢业业。然而天有不测风云，1941 年 9 月间，伪军刘子清进攻三区，由于敌我力量悬殊，三区党组织不少同志被俘。杨毅和其他突围出来的同志根据上级安排，到舒无地委党训班学习。在 20 余天的学习结业后，杨毅调任七区区委委员兼组织科长。时值天寒地冻，革命条件艰苦，结束学习的杨毅很快走上新的工作岗位，但面临着无冬衣御寒的窘境，他决定回家一趟取些衣物，然而，回到家后，家中的母亲看到儿子为了革命四处奔走，二十岁出头的小伙子冻得瑟瑟发抖，心中不忍，便不让回去工作，要他在家安心务农，由于在学习中进一步懂得了革命的道理，面对母亲无法卸下的爱，杨毅内心在经过激烈的斗争后，决定抛下思想包袱，毅然离开了亲人，按时回到了县委报道。

在七区工作一段时间后，杨毅突染眼疾，视力大幅下降，眼睛流泪红肿，由于工作地离家不远，虽然他希望就近治疗，但组织考虑到当地医疗水平和救治手段跟不上，强令要求他回家休养一段时间，1942 年 2 月底，眼病未愈的杨毅主动找到区委宣传部部长方琦德，要求回去工作。在方琦德的介绍下，时任地委组织部部长桂林栖亲自与杨毅谈话，肯定并鼓励他好好工作，并安排他去五区参与工作分配。1942 年 4 月，杨毅调任无为县陡沟区委书记，在时任无为县委书记陈洪、胡德荣等负责人的悉心教导下，杨毅的政治思想水平很快提高，组织群众、发展群众的能力不断加强，获得了领导、同事和群众的一致好评。

1943 年 7 月，组织安排杨毅任无为县白茆区委委员兼组织科长。他发挥自己组工工作特长，在抗战艰苦的环境下，向穷苦的农民宣传抗日救亡政策和统一战线政策。1944 年春，杨毅凭着出色的表现被提拔为白茆区委副书记，同年，被选举为县委委员。

1945 年 8 月 15 日，日本宣布无条件投降，抗日战争胜利结束。在重庆谈判中，我党为了全民族的共同利益，顾全大局，决定做出适当让步，主动让出包括皖中、皖南在内的 8 个解放区，并将这些地区的人民军队调往长江以北或陇海线以东地区。根据组织安排，杨毅与部分同志一道随军北撤，北撤前，他看着手中还剩余的 500 余斤粮票，想到不知何时才能再回到家乡，心中对穷苦百姓的悲悯油然而生，于是他义无反顾地将手中的粮票全部赠予了周边的群众。

南征北战　战功赫赫

1945 年，杨毅随军来到淮南津浦路西，任新四军第七师 21 旅 63 团政治处宣传股长。解放战争时期，他调任华野 6 纵队 17 师 49 团政治处宣传股长。后担任豫皖苏四地委临泉县七队小组长，临泉县常官区委书记，中原皖西军分区四分区政治部科长，皖北军区巢湖军分区政治部宣传科长，中原皖西军分区四分区政治部组织科科长，皖北军区巢湖军分区政治部组织科科长。先后参加了枣庄战役、泗县战役、淮阴战役，涟水战役和渡江战役等。1955 年被授予中校军衔，1964 年晋升上校军衔，获三级自由独立勋章，三级解放勋章等。

新中国成立后，杨毅历任巢湖军分区政工科长，安徽省军区政治部组织科副科长、科长。1957 年，任安徽省军区军事检察院检察长。他有着坚定的政治原则性和严谨的工作作风，一次，军区有一位军人突然死亡，经过严密侦查及分析，省军区初步认定为自杀，但其家属却认为是他杀，并直接到南京军区反映诉求。为了不判错案，杨毅本着高度的责任感和实事求是的原则，废寝忘食地查验有关报告，多次联系有关部门反复核查、研判，并主动向南京军区上报请求核验，经南京军区最终认定，死者确系自杀。在事实面前，死者家属也没有了异议，但当时的办案，没有笔迹鉴定、痕迹鉴定、镜下毛发鉴定等先进技术手段，杨毅仍然凭借着勇气、智慧和毅力还原了真相，圆满地处理了这个意外事件。1961 年，杨毅任安徽省军区保卫处处长。

1963 年以后，杨毅担任蚌埠市人武部政委、蚌埠铁路局军管会主任，期间，为保障我省通往外省的唯一铁路大动脉——京沪线安徽段畅通和正常运行，他置个人风险于不顾，多次亲力亲为、深入一线化解调处矛盾，有力维护了皖北地区社会大局的稳定。1969 年起，杨毅调任阜阳军分区副政委，1971—1975 年支左，任安徽省邮电管理局党组书记。1975—1979 年任安庆军分区副政委。

1979—1981 年任滁县军分区政委，当时，凤阳小岗村率先实行土地承包责任制，杨毅时任滁县地委常委、滁县军分区政委，他亲自参与了地委书记王郁昭为首的地委领导班子对大包干的领导与决策，指派凤阳县人武部重点支持帮扶小岗村的土地承包制改革。1981—1983 年，任合肥警备区政委。1983 年 5 月离休，行政 11 级、享受副军职待遇。

离休后，杨毅老有所为，在书法、作诗、绘画上均颇有建树。创作诗词六十余首，诗画作品曾参加省、军级以上展览三十余次。曾为安徽书协、中国老年书画联谊会等会员，担任中国诗书画出版社社长、安徽新安书画研究院和省直老年书画联谊会理事等职。

2019 年 3 月 8 日，杨毅因病医治无效，在合肥逝世，享年 98 岁。

雄鹰展翅铸忠诚

——张翅传略[1]

伍　骁

张　翅

张翅（1920 年 7 月—2004 年），原名张世然，无为县无城镇人。1920 年 7 月出生在一个较为富裕的家庭。祖辈经商，父亲张开樵，字树藩，是一个好学而又富有正义感的人，早年在繁昌县天兴圩经营着祖上积累的田产，并做一些杂货生意，家境还算殷实。张翅的童年经历了家道中落和人情冷暖，1931 年秋，一场大水淹没了张家的宅屋和田亩，张开樵带着年幼的张翅等一大家子人，不得不逃难至无为寄居在张翅大姑母（当地的地主）家。后来，张开樵毅然在无为县城仓埠门外华林桥典了一处老屋，开起了一个小店维持一家老小生计。

张翅六岁入本地私塾读书，因当时家境较好，加之张翅自己天资聪慧、成绩很好，他的学业得到了亲友和老师的赞赏，都认为他会“出人头地”“光宗耀祖”。1931 年的大水之后，张开樵把张翅送到学校读五年级，即使是后来家境每况愈下，张开樵在最艰难的情况下，仍坚持安排张翅考入无为初中。为此，他不惜四处借贷，甚至直接找到学校校长，请求让儿子暂先入学，再缴齐学费。这

（1）参见《无为县志》，社会科学文献出版社，1993 年 9 月，第 573 页。

段少年求学经历让张翅刻骨铭心，倍加珍惜来之不易的学习机会。

“九一八”事变后，日本开始侵华，国家形势急剧恶化，张翅一家生活更加艰难。国民党区署诬陷张翅逃避壮丁训练，不问青红皂白，将其抓捕坐监数日。加之耳闻目见日寇连续侵占祖国大好河山，全国人民抗日热情空前高涨，而国民党反动派不仅不抗日，反而在校园内大肆抓捕参加抗日活动的教师和学生，张翅产生了浓厚的抗日救国的情绪，这促使他从读死书的圈子跳出来。在学校里，张翅在同学钱师成（中共党员，抗战后达到陕北）的帮助下，学会了唱《国际歌》《青年进行曲》等，并积极写标语、查日货、做抗日宣讲等。1936 年春，张翅毅然离校，并继续到姑母家的补习班学习，他一边做老师的助手补贴学费，一边坚持学习。在补习班，张翅认识了一批民主和救亡工作者，如周一寰、张世荣等，在他们的帮助下，阅读了大量的革命书籍。1939 年，新四军四支队进入无为，通过书报和实际接触了解，张翅对共产党领导下的新四军的主张无比认同，也非常拥护，1939 年 2 月，在周一寰、张世荣的介绍下，他正式加入中国共产党。

1939 年 5 月，张翅来到无为县抗日动员委员会火线剧团工作，从这时起，他将自己的名字“张世然”改为“张翅”，寓意“在革命的道路上展翅飞翔、一展救国救民的宏愿”。9 月，调至无为县青年抗日协会任常务理事兼组织部部长，后又兼任安徽省抗日动员委员会第二十工作团（内有我党支部）副团长。他充分发挥在学校参加学生运动的才能，积极组织和发动群众，先后领导了广西学生军反对无为国民党顽固派的“反逮捕”斗争（当时顽固派逮捕了工作团团员、中共党员汪榕）、要求支持抗日救亡运动、争取召开宪法座谈会和准许进步刊物活动等。1939 年底，第五战区副司令长官李品仙继任安徽省政府主席。抵皖后，他极力推行反共政策，所做的第一件事就是将矛头指向省动委会和工作团，下令彻底改组省动委会，并肆意逮捕共产党员和进步青年，张翅进一步认清了国民党反动派的丑恶嘴脸。

为了更好地开展革命工作，1940 年 1 月，张翅由地方转入部队工作，他调入新四军江北游击纵队新 3 连。因为他文化程度较高，任文化教员。不久，部队撤至淮南路东，他转入游击纵队服务团，开展一些反国民党“摩擦”活动的后勤工作。1940 年 7 月，日寇占领无城，张翅调无为县四区区委工作。回到地方后，他先后担任和含巢无联合办事处征收突击队队长，二区征收突击队队长、动委会指导员、无巢地委民运工作队队长等，1942 年 10 月，张翅凭着较高的威望和认真负责的精神，被推选为皖江参议会参议员。

1943 年 3 月，张翅调往和含地区，先是在和含地委下属的白渡区游击队开展民运工作，对江南地带的敌伪做地下统战工作。8 月，调江全县香南区，先后任副区长、区长，并兼任区大队长。当时，香南区地处敌、伪、顽三种势力合流统治地带，各方势力犬牙交错，帮会、刀会林林总总十几个，社会关系异常复杂，然而，这里还是新四军第二师、第七师的交通要道，张翅在这里肩负重任，在这里的一年多时间里，他秉承着“在保护自己的基础上开展武装斗争”的原则，遵循“团结、依靠、孤立、打击”等方针，吃苦耐劳、往返奔波，有时候一夜开展地下活动 2—3 次，逐步建立了政权、保障了交通，我党在香南区的工作也逐渐打开了局面。

1944 年 9 月，张翅调回和含地委，在一个多月的整风学习之后，调任娘望区任区长，1945 年 4 月，他参与了和含中学筹建工作。解放战争开始后，张翅随军北上山东，任山东野战军第七师第 19 旅第 57 团宣教股长。1947 年 6 月，张翅调入二十师政治部任宣教干事，1949 年 8 月，任第三野战军地第 25 军第 74 师政治部支书。

张翅一生南征北战，屡立战功，1947 年 8 月，在南麻、临朐战役中，他荣获华东野战军七纵政治部授予的二等功。1948 年 7 月，在攻克兖州的战斗中，他荣获华东野战军七纵第二〇师授予的三等功。1949 年 4—6 月，他又先后参加了渡江战役和解放上海战役。

1950 年 5 月，张翅进入第三野战军第 25 军司令部，开展“军战史”编写工作。1951 年 10 月，他因宣传报道有成绩被华东军区政治部评为二等奖。1953 年，又因一年来文化教育宣传工作突出被华东军区直属党委评为三等功。

1956 年，张翅任南京军区后勤部政治部宣传处处长。1964—1968 年，他又先后担任了南京军区后勤第 14 分部政治部主任、副政委。1968—1978 年，担任安徽省铜陵市军事管理委员会主任、革委会主任、市委第一书记。1978—1980 年，任安徽省军区后勤部副政委。1955 年授中校军衔，1964 年晋升上校军衔，1981 年离休，行政 12 级。

雄鹰展翅，壮志凌云！他的一生，始终保持着革命军人不怕苦、不怕累的革命精神和永不服输的拼搏精神！

2004 年，张翅因病医治无效逝世，享年 84 岁。

驰骋江淮

——赵定传略(1)

叶悟松

赵　定

赵定，原名赵家才，1922 年 2 月 3 日出生在无为县无城镇。家境贫寒，祖父教私塾，父亲提篮小卖，在无为城乡走街串巷，挣几个小钱，维持一家生计。赵定是家中长子，有幸进入学校读书。1937 年初，他就读于无为县立中学的春季义务班。

一、求学

在校期间，因赵定文笔很好，曾在无为县石印报纸《濡声日报》上发表了多篇诗歌与散文，平时又有抗日救国的言论，学校里的共产党外围组织便召集赵定参加会议，决定办一个刊物，宣传抗日救国。该刊物由赵定取名《吼狮》，寓意中国是一个沉睡的雄狮，我们要唤醒它，要它重振雄风。这本油印 32 开的小册子中，第一首刊头诗作者就是赵定，刊登的内容都是爱国救国，唤醒学生、市民的各类文章和文艺作品。在学校地下党组织的领导和教育下，赵定看到了中国的希望，积极参加革命活动。

（1）参见《往事萦怀》，中共江苏省委党史工作办公室编，2001 年 5 月。

1937年，卢沟桥事变后，全国抗日战争全面爆发。赵定在芜湖参加考试后返回无为县。正在此时，华北学生救亡团的大学生们来到无为县，这批学生在绣溪公园边的空地上搭台演戏，唱着《流亡三部曲》和《大刀进行曲》等抗日救国歌曲，演出揭露日寇侵略蹂躏我们国土、残杀我们同胞的戏剧，鼓舞了无为人民的抗战热情。救亡团的抗日宣传，也激发了赵定的爱国情怀，他十分佩服这些宣传抗日的大学生们，心想何日能像他们一样去投入抗日救国的行列。

二、参加新四军

1937年冬，战争更加紧张，无为县城传来国民党军队在上海打了败仗，首都南京也失守的消息。赵定因病无法上学，办了退学。此时的无为县城笼罩在战争的恐怖气氛中，日本鬼子三次轰炸无城，赵定的三外祖父在轰炸中身亡。赵定一家与城里的市民逃难下乡，在西乡赵家墩亲戚家避难。

1938年8月初，城里形势稍缓，赵定与家人回到无城。8月11日，日本鬼子又轰炸无城，赵定的二妹被炮弹炸伤，父亲命赵定带妹妹去一个小诊所治伤。医生取出了妹妹伤口中的小弹片，敷药包扎。正在这时，外面有人高喊："鬼子来了！"赵定一把背起妹妹，随着人群跑到南门外姨奶奶家暂避风头。

13日，赵定与妹妹告别姨奶奶一家，返回无城。在回城的途中，路遇参加了新四军的同学胡斯华和陈以彬，看到参军的同学，赵定欣喜万分，得知他们是新四军第四支队政治部战地服务团的战士，赵定立即表示自己也要参加新四军。两位同学高兴地答应了他的要求，欢迎赵定加入抗日队伍，负责介绍他参加新四军。

赵定回到家中，向家人们告知自己参加新四军的愿望，祖父母和父母亲都一致反对，赵定主意已定，坚决参加新四军。次日，赵定告别家人，与胡、陈一行到达无为南乡襄安镇。该镇有抗日救亡组织，安排他们三人食宿。第二天又去泉塘镇，找到新四军第四支队政治部战地服务团驻地。

1938年8月15日，在无为县泉塘镇，年仅16岁的赵定正式参加了新四军，开始了抗日救国的战斗生活。让赵定难忘的是，服务团的副团长汪道涵同志亲自给他办理了入伍手续，并亲切地和他谈话，进行新兵入伍教育。其他同志纷纷送给他日常生活用品，赵定从入伍的第一天起就深切地感受到了革命大家庭的温暖。

小小年纪的赵定生性活泼，又有扎实的文化底子，在服务团里做文艺宣传工作积极主动，自编自演的小节目很受群众欢迎，团里便推选他为"救亡室"戏剧股股长，编导和演出了不少广受欢迎的节目。

三、东进　入党

1938年冬天，赵定随战地服务团在皖中、皖西转战了四五个月后，进驻舒城东休整，由何伟同志给大家上课学习。1939年2月19日是大年初一，日本鬼子突袭新四军驻地，在第15团的拼死迎击下，掩护服务团冲出了敌人的包围圈，赵定第一次经受了战火的考验。

1939年4月上旬，上级调赵定等同志到全椒县，做国民党县政府及党、政、军、商、绅、学的上层统一战线工作，推进创建抗日根据地，为我军部队提供必要的后勤支持。

1939年5月，汪道涵同志在党小组会上宣布，经服务团党支部批准，赵定转为中国共产党正式党员。

1939年5月下旬，赵定随团开到津浦路，继续向津浦路广大地区推进，拉开了创建津浦路东抗日根据地的序幕。

1939年7月中旬，赵定被第八团政治处调任来安县城工作组副组长，在汪道涵领导下做来安县上层人物的统战工作。8月初，增设了一个八石山工作组，调赵定担任工作组组长，在八石山进行组织群众、发展地下党组织的工作。他积极宣传并实施抗日民主政府的减租减息政策，很快打开了局面，八石山附近9个村的群众都被发动起来了。在十分残酷的斗争中，广大人民群众对共产党和新四军有了逐步的了解和拥护。

1940年春，在整个津浦路东，除敌伪占领区外，我党相继领导建立了八个县级政权，有条件的地方还建立了区、乡联保政权，成立了以方毅为主任、汪道涵为副主任的“津浦路东八县联防办事处”。赵定参军以后，一直在津浦路东一带工作，对该地区比较熟悉，党组织把他从部队调到六合县，担任五区民运队长，主要工作任务是发动群众、组织群众参加抗日斗争，还要做上层人物的统战工作。7月份，调八区仍担任民运队队长，赵定带领队员们走村串户，进行减租减息的试点，成立了各种抗日民众团体，如农抗会、青抗会、妇抗会、儿童团等，又组织了一个区的抗敌协会联合会，赵定担任区抗联主任。

1940年10月，赵定跟随刘少奇前往盐城，参与建立和建设苏北抗日根据地工作。达到盐城之后，被中共华中局派往各产粮区去征集军粮。

四、做民运与教育工作

1941年初，皖南事变突发，中共中央命令重建新四军，在盐城成立了新四军新军部。盐城县委成立民运总队，下属三个区队，赵定担任第二区队队长（即中队长），盐城成了苏北抗日根据地中心区。

赵定在盐城十四区做了一段民运工作后，县委通知他回县里接受新的工作任务，安排他去盐城亭湖中学担任工作组组长。亭湖中学是当地爱国民主人士宋泽夫先生创办的一所私立学校，在当地有较大的影响。宋先生自任董事长，他的长子、北京大学文学系毕业的宋我真先生任校长。赵定去学校的任务，是以亭湖中学为试点，继续在全县开展学生工作，培养一批学生骨干作为全县推开学生运动的火种。到学校后，他在师生中做抗日救国和革命理想的宣传教育工作，建立和加强学生救国会组织，吸收一批积极分子，利用寒假组成工作队，组织青年学生骨干去农村开展群众工作。

赵定到亭湖中学见过宋氏父子后，取得了他们的支持，通过学生救国会，在学生中吸收了二三十个高中学生参加了寒假工作队。工作队与青年服务团深入盐城农村，发动贫困农民，并兼有扩军任务，在发动群众、宣传抗日救国的同时，有十几位青年农民自愿报名参军。

1941 年底，赵定担任盐城县第三民运干部训练班班主任兼政治指导员，积极培养自己的民运干部。在区党委宣传部长曹荻秋的关怀下，派来四位政治理论教员，尹阿根（曾任杭州市委副书记，现名邢子陶）和他的夫人杜晓蓉，以及刘扬生（曾任南通地委书记、浙江省纪委书记）、王彤舜（原中央党校政治经济学教研室负责人），组成高水平的教学队伍。五六十名各地选送的青年积极分子参加学习，实行军事化管理。两个月的训练生活中，大部分学员加入了中国共产党。训练班于 1941 年 5 月结束，学员中的优秀骨干，后来都成为党的中高级干部。

1944 年 12 月，盐城县委派赵定参加地委党校整风队学习。整风学习结束后，赵定被分配到盐东中学担任生活指导处主任，实际主持学校的全面工作，是年 9 月，改任副校长，主持全面工作。

1948 年 4 月，赵定调任地委巡视组工作组长、盐阜地区区委书记。

1950 年元月，苏北行署任命赵定为中共扬州中学第一副校长、中共扬州市学校总支书记、市教育工会主席、苏北医院代书记。

1954 年 3 月，赵定任南京师范学院党总支书记。

1983 年，赵定任南通师专党委书记兼校长。为党的高教事业做出最后的贡献。

1980 年，赵定调任中共江苏省委党史办公室，任中共江苏省委党史工作委员会委员、主任级专员至离休。行政 12 级，享受副省级待遇。

赵定在抗日烽火中参加革命，在六十多年的风风雨雨中，信念坚定，对党忠诚，乐观豁达。他出生于安徽无为，但从 20 世纪 40 年代初，来到新四军军部所在的盐阜抗日根据地以后，足迹从来未离开过江苏，江苏成了他的第二故乡。从黄海之滨到钟山之麓，辗转南北，兢兢业业为党工作，熟悉他的同志和朋友无不称赞他是位可亲可敬的好同志。

赵定于 2011 年 9 月 5 日在南京逝世，享年 89 岁。

地下交通站的尖兵

——张自然传略[1]

叶悟松

张自然

张自然，曾用名张能淑（1922 年 5 月—2016 年 3 月），无为县无城黄雒社区晏李村人。出生于农民家庭，读过几年私塾。少时在家务农，有时在东家的糖坊里做工。

父亲张勤亮于 1938 年加入中国共产党，在当地参加党领导的抗日活动。在父亲与私塾先生张定扬的影响下，张自然很早就参加了革命工作。

1939 年 6 月，刚刚 18 岁的张自然由先生张定扬介绍加入中国共产党。从此，张自然在党的领导下，走上了革命道路，直至走上领导岗位，成为公安边防部队的领导干部，还曾任无为县新四军历史研究会副会长。

张自然参加革命的目的很简单，他拥护共产党提出的口号“打土豪分田地”，跟着共产党有田做，有饭吃。

1938 年，抗日战争正在进行，国共合作形成统一战线，共产党在各地成立抗日动员委员会。地下党员张定扬公开了党员身份，他与张自然的父亲张勤亮在

（1）参见无为市军队干部休养所存档案《张自然自传》。

当地组织农民抗敌协会。张自然虽然年纪不大，却积极参加农抗会，并在党组织的领导下，积极地做好工作。打资敌，救济穷人，反对国民党的苛捐杂税，为广大贫苦农民谋利益。参加农抗会是为自己求解放，参加抗日斗争是为广大农民求生存。

1939 年，张自然入党后，被党组织派到开城桥附近的一个祠堂内参加学习培训，这是中共无为县委举办的政治训练班。参加学习的绝大多数人员是入党不久的新党员。张自然读过私塾，念过书，在训练班上学习认真，追求革命真理与求知欲望高涨，听到的，看到的，都是新事物、新理论。政治课和时事课给张自然打开了一扇看到世界的窗户，使他的政治思想水平和对党的认识有了新的飞跃。

县委培训班结业后，张自然担任中共无为县三区委晏李村党支部书记，领导和组织地方党组织，进行抗日斗争，发动群众，宣传抗日。

1940 年，张自然调开城桥（新四军江北游击纵队驻地）政治教导队学习。4 月份，国民党保安团进攻江北游击纵队，政治教导队在战斗中突围，大部分同志转移到皖东北，张自然和一部分担任地方工作的学员回到本地。

回到陡沟老家后，由于国民党顽军猖狂捕杀共产党员，张自然在家乡已无法隐蔽，党组织安排他转移至陡沟对河的运漕镇，运漕镇是日占区，镇上有日本鬼子的据点。在“灯下黑”的恶劣环境里，张自然在运漕隐蔽下来，在日本鬼子的眼皮底下，建立我党情报站，开展秘密活动，联系进步人士，发动群众，打探敌军情报，通过秘密交通线传递给我军。

7 月份，日本鬼子进军黄雒一带，在黄雒、仓头镇上建有据点。张自然所在的村子南有仓头，北有黄雒，东有大河，西有公路，处在四面包围之内。而永胜晏李村是临江和无为地区的交通要道。张自然所在的地下党支部负责临江和无为之间的地下交通工作，把两地的情报往来传递。交通员扮成普通农民和做小生意的商贩，把情报源源不断地送往根据地。地下党组织还负责掩护已暴露的地下党员和抗日积极分子，将他们隐蔽在附近村庄里，以走亲戚、打短工等身份掩护起来，待形势好转再护送至根据地中心区。

1941 年春，我党在黄雒地区成立了区政府，将原先的两个党支部合并成立了一个中心党支部。张自然担任中心支部书记，领导该地区实行减租减息，发动农抗会员积极宣传党的减租减息政策，动员地主富农接受减租减息，在抗日民族统一战线的旗帜下，抗日救国。张自然领导的党组织继续建立和完善秘密交通网，他作为党组织负责人，在工作中积极热情，带头苦干，不论白天黑夜，只要有任务，立即身体力行，在极度危险的对敌环境中，完成上级交给的各项任务。

1945 年 10 月，新四军第七师北撤，张自然随部队北撤至苏北解放区。11 月，党组织安排张自然至清江（淮阴）一区安义镇帮助工作。

1946 年 1 月，张自然任清江县荷生镇镇长，4 月任本镇党支部书记，7 月调区委会，任区委民运科科长。

9 月，国民党军进攻苏北解放区，张自然随部队撤退，调五分区后勤部任人事干部。

12 月，张自然由部队调至清江滨海县双港区任副区长。张自然在担任副区长时，主抓民兵组织建设和训练。他和民兵同吃同住同训练，使民兵队伍成为“一手拿枪，一手搞土改”的战斗队伍。

1947 年 7 月，张自然奉十一地委调令，往四城城工科（秘密工作科）任干事，主要任务是在各县、区、乡和敌占区城市发展另一套党的秘密组织，以便将来应对最恶劣的情况。

1948 年 3 月，张自然调华中工委，随军南下，分配到江淮一专署公安局工作队，8 月调仪征县四工委任治安股长，在扬州外围打游击。后任县公安局侦察科长，做扬州和十二圩据点国民党军策反敌工工作。仪征县全境解放后，张自然任县公安局副局长、局长、仪征县委委员。1951 年 9 月，调苏北边防局吕四分局任局长。1952 年 9 月调苏北公安局治安处水上治安科任科长，11 月调华东公安司令部上海边防检查站任侦察股长。

1957 年 4 月，张自然调中华人民共和国福州边防检查站任副站长，1958 年 4 月，任检查站政治委员。

1966 年 5 月，张自然从岗位上退下来，1982 年离休，定行政 12 级，享受副师职待遇。此后，担任了第一届无为县新四军历史研究会副会长，他为无为县新四军历史研究工作做出了很大的贡献。

2016 年 3 月，张自然因病医治无效逝世。

张自然的革命经历，大都在地方基层党组织工作，很少参加冲锋陷阵、刺刀见红的激烈战斗，但在当时敌伪顽犬牙交错的恶劣环境中，他发动和宣传人民群众参加抗日斗争，反抗国民党反动派镇压人民群众，建立和保障地下秘密交通网情报传递，冒着极大的危险掩护和隐蔽地下党员，护送党的干部穿过敌占区，这些行动是在隐蔽战线上与敌人进行的生死搏击。张自然参加革命后，在家乡的妻子被敌人杀害，留下一子一女，男孩被亲戚收养，女儿被送给人家做童养媳。得到噩耗，张自然忍住悲痛，继续为党的事业奋斗不息。

张自然工作调动频繁，从地方到部队，由部队到公安，他服从党的安排，兢兢业业地干好本职工作，从一名普通的共产党员到走上领导岗位，为党和人民奉献了革命的一生。

2016 年，张自然因病辞世，享年 94 岁。

号角劲吹踏征程

——朱克好传略[1]

左　华

朱克好

朱克好，1926年12月生于无为县蜀山镇关河村，1941年3月入伍，历任新四军第七师56团2营4连勤务兵、学员、号兵，含和支队含巢大队号目、含和支队独立团号长、新四军第七师号长，华野六纵特务团工兵连副连长、连长、特务队队长、工兵连指导员、华野八兵团通信连指导员、华东军大校务部连指导员、南京公安总队第2团3营教导员、第1团组织股长、公安军内卫第41团2营教导员，广德、宣城、当涂县人武部副政委，芜湖钢铁厂党委书记、芜湖地区革委会计划组、生产指挥组组长，郎溪县人武部部长兼县委副书记。1979年离休，行政14级，享受副师级待遇。

朱克好生于贫苦农家，自幼随母亲外出讨饭，艰难糊口。年少时父母双亡，只得在地主家帮工为生。1941年春，家乡来了新四军，亟待扩充兵员。当时部队的征兵宣传口号是“好铁要打钉，好男要当兵”“吃菜要吃白菜心，当兵要当新四军”。朱克好便萌生了投军志向，跑到新四军某连驻地，参加了新四军。他没上过学，连个正式的名字都没有，只知道自

（1）参见《回暮硝烟》，中国友谊出版社，1983年9月，第17页。

己姓朱，克字辈。连长顺手在“朱克”二字后面添了一“好”字。从此，“朱克好”这一名字伴他度过几十年军旅生涯。

1941 年 5 月，根据中共中央军委命令，原无为游击纵队、新四军第三支队挺进团和部分从皖南事变突围出来的新四军部队合编为新四军第七师。朱克好所在连番号全称是新四军第七师第 19 旅第 56 团 2 营 4 连。第 56 团团长就是后任昆明军区司令员的张铚秀将军。2 营营长就是后来任南京工程兵学校校长的顾鸿将军。四连长姓关，后在战斗中牺牲，继任连长曹信函，后任南空政治部干部处处长。朱克好在四连连部当了半年勤务兵。首长看他人机灵，工作出色，就让他当号兵，并鼓励他说：“我们认准你这小鬼人机灵，脑子聪明，只要肯努力，你准能行。”1941 年下半年，朱克好去第 56 团团部学吹号。报到当日就领到了一大本号谱。对一字不识的朱克好来说，那就是一本大天书！可一想起连长指导员饱含期待的目光、想到部队对号兵的迫切需求，决心再苦再难也要学会，经过四个月不分昼夜地勤学苦练，终于结业了，正式成为一名号兵。

第一次以号兵身份参加作战行动时，朱克好既紧张又兴奋，战斗中准确无误地用号音传达首长的各项战斗命令。部队凯旋后，首长表扬说：“小鬼，今天这一仗打得好与你吹号准确是分不开的。”听到首长对工作的肯定，他打心眼里高兴。当时，部队的通信技术普遍落后，日常作息行军作战要做到令行禁止步调一致，全靠号兵准确无误地将首长命令用号音传达出去。嘹亮的号音既可指挥部队行动，也能起到震慑敌军的功效。因此，司号工作一向受到部队各级指挥员的重视。

在和县十字庙打的一次伏击战中，朱克好所在的四连以极小的伤亡击毙日军 11 人、伪军 35 人，俘获日军翻译官一名。朱克好在那场战斗中因吹号准确而受到含和支队副支队长马长炎同志的口头嘉奖。不久之后，也就是 1943 年的上半年，朱克好就被提升担任了含和支队含巢大队号目（正排级）并被批准入党。

1944 年，朱克好再次得到提升，担任了含和支队独立团号长（正连级），直到抗战胜利，跟着团长兼副支队长马长炎同志指挥各次作战行动，从未出过差错。

1945 年 10 月，新四军第七师奉命北上山东，改称山东野战军第七师，朱克好被调到师部跟随谭希林师长、曾希圣政委转战齐鲁大地，依然担任号长。

1946 年，国民党撕毁停战协定，解放战争正式爆发。部队基层指挥员亟待补充调整。师首长考虑朱克好长期从事司号工作，已具备一定的作战指挥和部队管理能力，便决定让他下连队当连长。在随后的三年解放战争期间，朱克好先后参加了枣庄讨逆战役、莱芜战役、孟良崮战役、南麻临朐战役、山东菏泽沙土集战役、淮海战役、渡江战役。在南麻临朐战役中，朱克好任六纵特务团工兵连连长，当时山洪暴发，弥河涨水，他命令全连战士解下绑腿，结成长索，由会水的战士拉着索头先行过河，其余战士依次扶索跟进，结果全连战士无一人伤亡，安全渡河，取得了战役的胜利。

朱克好在回忆战争年代的经历时，深有感慨地说："几十年来，我们这些战争幸存者们虽然安享着和平，但一刻也没有忘记那些为了新中国流血流汗，奋勇拼杀，直至献出自己年轻的生命的好战友好同志们！我们这些幸存者有义务有责任继续完成烈士们未竟的事业，继续书写人民军队的光荣历史，并将在战争年代形成的优良传统和作风世世代代传递下去。"

2021 年，朱克好因病辞世，享年 95 岁。

拳拳爱心　诠释入党初心

——李康传略[1]

左　华

李　康

李康，无为县三官殿人，1923年出生，1941年2月入伍，1942年8月入党，历任无为县民主政府警卫连通讯员、无为县白湖大队通值班长，新四军第七师第19旅第57团警卫员，皖西人民自卫军1大队1连指导员，第二野战军第8旅第24团1营2连指导员，安庆军分区警通连指导员，桐城人武部股长，安庆军分区警通连指导员，安庆军分区干部部干事，安庆军分区轮调队指导员、警备六营副教导员，潜山县、桐城县人武部政工股长，潜山县兵役局副政委、政委，青阳县人武部政委，安徽建设兵团第二师第6团政委，安徽建设兵团第4师政治部主任，池州军分区政治部主任。参加淮海战役、渡江战役等多次战役和战斗，两次负伤。荣获共和国三级独立自由勋章、三级解放勋章。1959年授少校军衔，1964年晋升中校。

李康出生贫苦，幼年丧父，母亲含辛茹苦养大三个儿子。1940年二哥李承元参加革命队伍（1946年攻打枣庄时壮烈牺牲），第二年，未满18岁的李康参

(1)参见《硝烟晚霞》，安徽省安庆市干部休养所“三家三史”专栏，2019年10月第175页。

加了抗日队伍。

1941 年 1 月皖南事变后，根据中共中央军委的命令，活动于皖江地区的江北游击纵队、新四军第 3 支队挺进团及皖南事变突围出来的部队组成新四军第七师，全师共 1900 余人。那时候战争很残酷，在一次激烈的战斗中，敌人的子弹打穿了李康的肩膀和左胳膊，当时血流如注，人处在半休克状态，卫生员简单地包扎了一下，李康没吭一声，休息了一会儿，继续投入新一轮战斗。等到傍晚战斗结束，才和大部队一道下山。因为医疗条件有限，缺医少药，天天伤口流淌脓血，李康咬牙坚持，每天还是跟着部队行军打仗，没有掉队，也没有想回家的念头（当时条件太苦，也有人开小差）。就这样持续一年多，伤口才慢慢愈合，但胳膊萎缩，再也伸不直了。

1945 年抗战胜利后，华中局致电新四军第七师和皖江区党委领导人，指示："由沿江支队抽调对大别山区熟悉的 3 个主力连，留皖中地区活动。"皖江区党委和第七师即决定白湖中心县委书记桂林栖留在皖中，领导皖中地区的敌后斗争；同时决定新四军第七师沿江支队沿江团二营教导员钟大湖与桂林栖会合，带领皖中的留守部队开展敌后斗争。作为桂林栖的警卫员，李康不畏艰险，机智勇敢，多次保卫首长，化险为夷。

1947 年 5 月，鄂西北军区副司令员刘昌毅率领所属一、二支队由鄂西北突围到大别山区，在潜山黄泥白崖寨与皖西支队会师。会师后，皖西工委决定将皖西支队的第一大队编入刘昌毅部的第二支队，原属皖西支队的第二、第三大队编入第一支队，对外号称皖西人民自卫军，由刘昌毅担任司令员，桂林栖担任政治委员。大别山三年的斗争生活是十分艰苦的，有一段时间敌人割断了我们同群众的联系，部队处于极其困难的境地，粮食、衣被、药物都十分缺乏，常常连盐都吃不上，晚上只能露宿山林、田野，还得随时投入战斗，连草鞋也不能脱。有几次弄到了粮食，正在做饭，敌人摸上来了，饭还没熟就紧急转移了。有一次，在潜山、舒城交界处板仓，部队隐蔽了七天七夜，吃不上一口饭，就买老乡的腌菜，一人一棵充饥。后来，弄到了一点粮食，没有锅，就用缴获敌人的钢盔煮饭，还没吃进嘴里，战斗就打响了。就在那样紧张、艰苦的战斗生活中，李康仍然充满了必胜信念，誓将革命进行到底。

1947 年 1 月，李康跟随桂林栖带领 20 余名干部和警卫人员，携带新式轻武器和一部电台，从苏北启程返回皖西。在当时的情况下，要返回皖西必须从苏北、皖东敌占区经过。面对敌人的重重封锁。桂林栖剪下一束头发递给李康并请他转交他的爱人：如若牺牲就将这作为永恒的纪念。

1951 年李康告假回乡，这时他已经十年未踏上返乡之路。推开破旧的房门，母亲早已卧床不起，李康跪伏在母亲床前，泪如雨下，整个假期他日夜侍奉老母，与老母同睡一张床。等自己的小家庭稍事安定，他立即接老母亲到身边，极尽孝道。

1960 年至 1969 年，李康任青阳县人武部政委，他对党忠诚，对工作认真，对同志真诚，多次受到省军区和池州分区的表彰。1965 年青阳县人武部荣获“南京军区先进集体”，他本人荣获“南京军区先进个人”荣誉称号。

1966 年，李康赴北京出席中央军委召开的全军军代表会议，在人民大会堂受到毛主席等党和国家领导人的接见。一张毛泽东接见军代表时的合影照片，李康视若珍宝，几十年来一直挂在他家的客厅里。

1997 年，李康从报纸上看到安庆市妇联组织的春蕾行动计划，看完后，他默默地叠好报纸来到了市妇联“春蕾计划”办公室，说出了自己想资助贫困学生的意愿。工作人员指着桌子上一叠材料说：“这些都是需要资助的学生，老人家，您选一选。”最终李康在潜山、岳西大别山挑了家庭条件特别困难的 5 名学生。此后李康的一颗心就与那里的贫困孩子连在了一起，这一连就是 20 年，这中间得到他直接资助的就有 56 人，累计捐款 10 余万元。李康这一善举受到了广大干部群众的一致好评，他先后荣获“全国维护妇女儿童权益先进个人”荣誉和安徽省民政厅、省文明办等单位联合颁发的“安徽省儿童公益慈善感动人物奖”奖杯。

十几年前的一个重阳节，干休所来了批“不速之客”，走在前面的是一位二十来岁的姑娘，手提着一大盒生日蛋糕，她身边的一个小妹妹手捧着一束鲜花，她们的身后还有几位年龄看上去比她小不了多少的姑娘。干休所值班的小詹同志忙迎上去，问她们有什么事情，一打听原来是找李老。“哪个李老？”小詹纳闷地问道。干部所只有两位李老，他们的亲属小詹都熟悉，可这些女孩小詹从没见过，再说他们的生日也不是这一天啊。为首的姑娘忙解释道：“我们找叫李康的李老，是市妇联告诉我们到这里来找他的。”提到李康老人，小詹一下子就明白了眼前这些人来此的目的了。小詹热情地把这群人带到李康家。老人正在读报，他面容慈祥和蔼，目光还是那么灼灼有神。见到老人，为首的姑娘激动的迎上前去，抓住李老的手：“李爷爷，我是王雨燕，您还记得我吗？”“王雨燕？是岳西石关乡鹅顶的……”李老若有所思地说。“对的，对的！”为首的姑娘兴奋地直点头，“爷爷，我今年刚刚研究生毕业，没有您的帮助，就没有我的今天，我今天来这里就是想当面感谢你，这几位也是您曾经资助的，他们有的上高中了，有的上大学了。”同来的几位姑娘也激动得你一言我一语的，仿佛见到了久别重逢的亲人。“坐……坐……”李老高兴地拉着姑娘们坐下，“其实我做的这些算不了什么。我现在老了，只能在家休息。可人民没有忘记我们，一直把我们这些老家伙放在心里头，想起那些牺牲的战友，我心中有愧啊！当初我们闹革命，目的就是要为人民谋幸福，老区人民遇到困难，离休后的我又不能做些什么，只能做这些小事。我所付出的比起我的那些牺牲的战友，算不得什么……”

这就是一个老共产党员的本色，他是在用他那拳拳爱心诠释着入党的初心。

坚定信仰　奋斗不息

——潘道明传略[1]

潘晓宏

潘道明

潘道明（1913—1997），原名潘得亮，曾用名潘惟馨，1913年3月13日（农历二月初六）生于无为县石涧埠潘家大村，少时随父母迁居黄雒乡黄树闸（今属无城镇仓头社区）。1938年11月参加革命，1939年3月秘密加入中国共产党。入党后改名潘道明，以此明志，表示自己走上了一条为劳苦人谋幸福的光明道路，终生不改初心。

既耕且读的少年时光

潘道明兄弟姊妹6人。其父潘先进，吃苦耐劳，精明能干，既勤俭持家，又懂经营之道。潘道明出生时，家里已有田产几十亩，他在20世纪50年代初期填写的《党员干部简历表》和写于1956年左右的《自传》中，都说自己参加革命前"家庭生活很好"。潘道明在6个兄弟姊妹中，排行最小，上有三个哥哥和两个姐姐。俗话说"老幺儿子长头孙"，因而潘道明幼时深得父母喜爱，他在自传中也说自己年少时比较"顽皮"。

"耕读传家久，诗书继世长。"这是中国乡村文化的传统，也是中国农民一

（1）参见《潘道明自传》及《干部履历表》，原件存安徽省水利厅老干部处。

贯的梦想，由于家人的庇护，潘道明在无忧无虑中度过少年时光，自 11 岁起，他到附近的童家湾村读了 4 年私塾，成了家里的文化人。14 岁那年因父亲病故辍学，回家务农。19 岁后，除了务农外，还一度开办过粮行。正是这种既读且耕又商的生活，令潘道明不仅体会了种田人的辛苦，也在社会上结识了不少人。特殊的环境，养成了他豪爽的性情，喜助人，乐公义，颇受乡人爱戴，特别是在四乡八邻的年轻人中有较大影响，于是受邀到童家湾村做了两年私塾先生。

投身革命即为家

1937 年 7 月全民抗战爆发，中国共产党积极倡导建立抗日民族统一战线，全国人民强烈要求国民党政府停止“剿共”、一致抗日，经过艰苦谈判，国共两党实现第二次合作。南方八省红军游击队改编为国民革命军陆军新编第四军，原在鄂豫皖地区坚持南方三年游击战争的红 28 军改编为新四军第 4 支队，司令员高敬亭。1938 年春夏间，第 4 支队东进桐（城）庐（江）巢（县）无（为）地区，开展敌后游击战争，并于 5 月 12 日首战巢县蒋家河口，一举歼灭日军官兵 20 多人，取得新四军东进抗日的首战胜利，沉重打击了不可一世、作恶多端的日本侵略军，极大鼓舞了皖中地区人民抗日的斗志和信心。潘道明所在的黄雒乡，与蒋家河口隔河相望，在抗日救亡的思想影响下，人民群众抗日情绪高涨。1938 年 5—6 月，无为县城连续遭日机轰炸，国民党无为县政府仓皇迁至无（为）庐（江）边境山区，无为地区一时土匪横行，社会秩序混乱，人民群众生活痛苦，热切期盼抗日救国。在新四军第 4 支队的帮助下，爱国民主人士胡竺冰就任无为县县长，积极实行国共合作政策，大量吸收共产党员和进步人士担任县政府各科科长以及各区区长。因此无为的抗战工作，实际上在中共无为县工委的领导下（书记胡德荣）如火如荼地开展起来。潘道明积极投身抗日运动，被推举为黄雒乡农抗会宣传部部长，成为无为民众抗日动员委员会石涧分会会员，他一边教书，一边在黄雒乡附近的广大农民中宣传抗日思想，做组织和动员民众的工作。由于潘道明思想进步，工作积极，1939 年 3 月，由黄雒地区的党组织负责人季茂林介绍秘密加入了中国共产党。在后来的回忆中，潘道明说他参加中国共产党的目的，就是要“为着打倒土豪劣绅，赶走日本鬼子”，正是怀着这样朴实的理想，潘道明入党后，态度坚决，“不怕一切艰苦”“完成了党交给的任务”，他先后变卖了自己分家所得的十多亩田产，所得资金全部用于革命，自己的妻子儿女也跟着他从衣食无忧的“小康”人家，反转过起了颠沛流离、担惊受怕的艰苦生活。在革命烽火的淬炼中，不仅潘道明自己成长为一个坚定的共产主义战士，他的妻子冯秀英也在支持和掩护革命的斗争中，加入了共产党，成长为黄雒乡的妇委会主任。

参加革命后，潘道明根据组织安排，担任了石涧区黄雒乡黄树保保长，他以此身份为掩护，秘密从事无为县交通站（又名除奸联络站）黄雒分站情报员工作，负责搜集黄雒一带敌伪情报，开展对敌斗争，惩处罪大恶极的汉奸。无为县交通站站址设在石涧埠，故又称石涧大站，站长胡治平，共产党员，原是虹桥区区长。而黄雒分站就设在黄树闸潘道明的家中，为了保密，工作人员仅他一人，直接受石涧大站胡治平的领导。

当时，黄雒地区所在的运漕河（现名裕溪河）是日军运送物资并连接巢县、无为和芜湖的重要交通线，是个敌伪顽我多方力量争夺的三角地带。日军在沿河的两个集镇黄雒和仓头均建有据点，并筑有碉堡防守。这两个日军据点间相距仅约 15 华里，黄树闸恰恰位于两据点之间，上到黄雒 7 华里，下到仓头 8 华里，当地人称“上七下八”。日军为保证交通线的安全，不停地往来两地巡逻，又每每在黄树闸停留休息。为及时掌握日军的情报，潘道明以黄树保保长的公开身份为掩护，与敌周旋，掩护新四军游击队的活动，帮助活跃在石涧埠一带由高醒潮（人称高团长，后在作战中牺牲）所率领的新四军游击队筹集必需的战略物资。据潘道明长子潘克仁（1934 年生）回忆，一次，十几位新四军游击队战士（只有 2 条半枪）正在潘道明家吃午饭，突然接到报告，说有一队日军快到村口，要来保长家中搞饭吃。情急之下，潘道明将来不及转移的这十多位新四军战士掩藏起来，然后在自家正屋里摆开大方桌，备好酒菜，让鬼子美美地吃了一顿。吃饱喝足的鬼子把嘴一抹，连声夸奖：“潘保长，你的，大大的良民。”当时，藏在潘道明家中的新四军战士们都为他捏了一把汗，不知他怎样才能把这群鬼子应付过去。结果，由于潘道明沉着冷静的应对，终于化险为夷，大家无不夸赞这个抗日堡垒户的智慧和勇敢。类似的例子，在潘道明任保长时多次发生。一次，新四军游击队和地方党组织负责人正在潘道明家秘密开会，研究对敌斗争方案，突然日军进村搜查，潘道明将会议桌变成麻将桌，让开会的同志装扮成生意人聚在一起搓麻将，就在鬼子快到门口的那一刻，在一旁望风的冯秀英发现一个同志携带的手枪还放在桌上，她眼疾手快，迅速把枪藏到灶膛的灰烬里。因为工作需要，潘保长家常常是人来人往，三教九流各色人等在这里喝酒搓麻将司空见惯，鬼子搜查一番后，也没有看出任何破绽，一场险情顺利化解。

1945 年 2 月，潘道明接受新的任务，担任抗日民主政权土城乡（由黄闸保、土城保合并改名）政府武装副主任委员，从秘密工作转为公开的武装斗争，直至抗战胜利。

踏平坎坷成大道

抗战胜利后，为争取和平民主的前途，中共中央主席毛泽东亲赴重庆与国民党蒋介石谈判，签订了《双十协定》。中国共产党顾全大局，决定撤出包括皖江根据地在内的南方八个根据地。1945 年 10 月，潘道明随军撤至肥东时，中共无为县委书记、无为县人民武装抗日委员会主任张世荣决定他回无为坚持斗争。回无为后，由于无为白色恐怖严重，国民党军遍布无为城乡，反动当局到处设立“自首小组”或“辅导小组”，胁迫中共党员、游击队员、农抗会会员、民兵自首，面对反动派的威逼利诱，既有坚贞不屈的革命战士，也有经不起考验而自首的叛徒。潘道明因共产党员身份已经公开，无法在当地开展工作，只得不停地转移，一开始，他和胡治平等人一起，过江到皖南，寻找在芜（湖）当（涂）宣（城）一带坚持斗争的党组织，因经费紧张，农历年关回到家乡隐蔽，暗地鼓动群众进行抗捐、抗税、抗丁（时称“三抗”）斗争，鼓舞留下的党员，制止向敌自首，引起了无为县国民党反动派的进一步注意，1946 年 6 月潘道明被无为县国民党特务逮捕，但在押往县城的途中，他泅水逃脱，再次来到芜当宣一带，在宣（城）高（淳）交界的月亮湖找到了由无为潜往江南开展革命活动的季道、田茂生、周济川、马道行、陈光荣、胡治平等同志。新四军第七师北撤前夕，中共皖江区委要求所属各县物色合适人选，在苏皖交界处建立秘密联络站，掩护隐蔽人员的安全，沟通南北联系。中共无巢县委根据皖江区党委的布置，派遣无为县武装委员会副主任万鹤龄，到江南宣（城）当（涂）高（淳）三县交界的月亮湖建立秘密联络站。万鹤龄接受任务后，以投亲靠友为名，携带家眷，于 1945 年 10 月 1 日来到月亮湖，在堂弟的帮助下隐居下来，并建立起月亮湖联络站。数日后，原无为县双黄乡党支部委员徐干，以其父在月亮湖教书的关系，化名徐正华，也来到月亮湖隐蔽，并与万鹤龄接上关系。徐干先后以种田和教书为掩护，在万鹤龄的领导下开展地下活动。不久，皖江地区一些暴露身份的党员、干部，相继转移到月亮湖，经万鹤龄的安置，都顺利地隐蔽下来，一时间，月亮湖联络站成了无为县留守坚持斗争的党员干部的重要联络点。因来此隐蔽的人数不断增多，1946 年月亮湖联络站逐步加强同外地隐蔽人员的联系工作，先后与分散到上海隐蔽的皖江地区共产党员和山东党组织取得联系，建立地下交通联络点，逐渐形成跨越长江南北、纵横交错的地下交通网。1947 年 8 月，经万鹤龄的安排，潘道明由月亮湖启程赴沪，与无为县在上海的党组织负责人张石平（新中国成立后，任安徽省卫生厅副厅长）取得联系，以炕山芋，卖馄饨为业，一面维持生活，一面开展地下斗争。1947 年 2 月，潘道明根据党组织指示，复回芜当宣宁（南京）和无为开展武装斗争。农历五月初六，潘道明同在无为坚持斗争的刘功弼（新中国成立后，曾任南陵县副县长）一道从无为返江南，向党组织汇报工作，路经芜湖时被国民党特务跟踪。为掩护刘功弼脱险，潘道明第二次被国民党特务逮捕，先后关押在芜湖和无为监狱。敌人对其严刑拷打，企图从他口中得到共产党留守无为的组织秘密，但潘道明坚贞不屈，严守秘密，后被组织和家人营救出狱。此次被捕，潘道明被国民党关押和毒打长达半年多时间，身体遭受严重摧残，留下了严重的头晕和关节炎的毛病，几十年后还不断复发。

出狱后的潘道明回到石涧埠，与在当地坚持斗争的中共无巢工委书记朱合喜和无巢游击大队取得联系，继续战斗在无巢边界的崇山峻岭和河湖港汊之中。朱合喜是石涧仓头人，新四军北撤前，任中共恍城区委书记（新中国成立后，曾任华东工程管理总局副局长、上海建筑工程局副局长等职），后随新四军北撤至山东。1947 年初，中共华东局国民党地区工作部部长曾希圣陆续派出干部到安徽敌占区开展工作，建立发展党的组织，发动和组织群众开展游击战争，牵制敌人兵力，配合主力部队作战。朱合喜、彭醒梦等人由山东抵达芜当宣高地区，在月亮湖与万鹤龄、徐干取得联系，传达上级指示，不久朱合喜回到无巢地区开展工作，成立中共无巢工委并任书记。朱合喜整编了在该地区坚持游击斗争的巢无游击队，改番号为无巢游击大队。

1948 年 2 月，中共皖西四地委在无为上庄子院成立。随着人民解放战争的节节胜利，潘道明的工作也不断变化，1948 年 5 月，任无为县石涧区文书，8 月，任无为县船舶管理处黄雒河分处主任，11 月，任无为县船舶管理处副处长。淮海战役结束后，人民解放军百万大军云集长江以北，准备渡江作战，而为部队征集船舶、训练水手就成了一项十分重要的工作，党组织就把这项光荣而艰巨的任务交给了潘道明，1949 年 2 月，潘道明任无为县船舶科副科长，为渡江部队发起渡江战役搜集船只、训练部队做出了重要贡献。1949 年 10 月，潘道明被选为无为县第一届人民代表会议代表。新中国成立后，潘道明历任无为县船舶科科长、巢湖专署建设科交通股副股长、巢湖专区水利委员会秘书、芜湖航运分局内轮公司秘书科长、巢湖行署水利委员会秘书科长、省公路局党委委员、淮河大队部副教导员、安徽省交通厅财务处处长、安徽省电业管理局财务处长。1966 年任安徽省滁县地区电业管理局局长。1973 年，潘道明任安徽省长江修防局局长。1980 年以厅局级待遇离休。1997 年潘道明因病辞世。

在上海做地下工作的日子里

——陶泰贵传略[1]

左　华

陶泰贵，1920 年出生，无为县福渡镇人，在上海做地下工作时曾用名陶斌、陶醉。抗日战争爆发后，1938 年开始在家乡从事革命活动，后受组织委派作为华中野战军联络部情报员，赴上海秘密建立地下情报站，为抗日战争做出了积极贡献，新中国成立后任宿松、桐城、青阳县人武部部长、1973 年任芜湖市人武部部长，1978 年在职病逝。

陶泰贵

一、投身革命

1937 年七七事变后，抗日战争爆发，芜湖、无为也先后沦陷。刚刚 18 岁的陶泰贵，那时正在无为家乡大窝子码头工会工作，共产党领导的新四军江北游击纵队也在这一地区活动。第一大队连指导员胡振海同志与他较熟悉，经常跟他讲抗日救国的大道理，并积极发展他从事革命活动，胡振海指导员要他负责大窝子情报工作。后

（1）根据《陶泰贵自传》及《干部履历表》综合整理，原件存芜湖军分区离退休干部处。

来，胡振海同志1945年9月在三山布置北撤任务时，遭到敌人围剿，不幸中弹牺牲，年仅41岁。1938年2—4月间，根据国共合作协议，共产党在南方八省的红军游击队离开根据地向皖南集中，无为江北纵队也离开无为到泾县，组建成立新四军。

陶泰贵同志参加革命前家庭是富农成分，家有24口人，也是一个殷实之家。父亲早亡，长兄陶泰武为父撑起了这个家，指导员胡振海正是考虑到他家的背景，以及此处正是日伪势力地区，指示他回家做生意，为组织筹集经费和给养，同时收集情报。陶泰贵在家乡站稳脚跟后，过一段时间就派人来与胡振海联络，顺便带去一些给养。特别重要情报陶泰贵就亲自赴皖南专程汇报并输送给养。1941年新四军回无为活动后，白茆区委要他收集神塘河一带情报。本来胡振海想介绍他入党，但由于他出身富农家庭，党组织还要继续考验他，直到1942年12月才入党，三个月后转正，并担任浃北乡五垄大队二村党支部书记。1944年元月在白茆区经民选任浃北乡农抗理事，1944年10月任浃北乡五垄村党支部书记，1945年8月新四军第七师奉命北上，他奉白茆区委书记杭翼东同志指示，继任五垄村党支部书记，坚持国统区党的工作。

二、渡江北上

由于新四军第七师北上以后，国民党军队对无为采取凶残的报复，很多党组织遭到破坏，形势恶化。陶泰贵同志因参加革命时，在组织领导下杀了一些反革命分子，反动派到处抓他，他在此已无法生存。苏北解放区李光国同志了解他的情况后，派一个姓黄的人，从苏北淮阴转到南京联络到他，命他回解放区。1946年3月，他带着三名同志，不顾生命安危，冒着刺骨寒风，躲在芦苇荡里，忍饥挨饿三天三夜，只靠喝江水充饥，一直等到时机成熟，乘小船夜间偷渡过江，到达淮阴。4月份，组织要他在苏皖地区水利局任会计，经过组织政审后，考虑到他二哥陶泰文在上海警备区司令部看守所任文书，而且上海还有很多无为的熟人。三野总部调他到华中野战军联络部工作。

三、在上海从事地下工作

根据组织安排，要他和二哥陶泰文联系，二哥回信后组织决定让他南下上海，开始做地下工作。经过一个月的培训，1947年1月由山东莒南县南下，到日照乘商船到达上海。参加上海地下情报工作，像现在很多电影、电视剧演的一样，首先根据党的安排，为了工作方便，更好的收集情报工作，共产党员可以以个人的身份参加国民党组织，于是他参加了三番子帮会，三番头目丁永昌是大世界经理，是个官僚资本家，并与伪警备司令部排长章健是拜把子兄弟，陶泰贵和章健是发小，因此拜丁为先生，以此为掩护。到了上海后陶泰贵就住在章健家，上海北海宁路保屏坊，这里距离看守所很近，他经常去二哥那里玩，他和看守所人都玩得很熟，华中联络部通讯处设在连云港，他也去信报平安。来上海前华中联络部部长唐晓光给他的指示，在上海隐蔽下来，建立地下情报站，了解安徽情况，以便为打回老家做准备，同时给南下路过干部一个歇脚点。1947 年 5 月，一天下午 4 点多钟，情报站门口来了两个便衣特务。两个便衣站在情报站（宁国路 20 号理发店）门口，问店员这是宁国路 20 号吗？这里有一个面店吗？这时陶泰贵（又名陶斌）看情况不对头，就立即迎了上去。便衣问有个陶斌在这里，他说没有，装着什么都不知道，他说他叫陶醉，便衣又问“这里有个开面店的陶斌在哪里？”陶仍说不知道。然后特务就把他逮起来，上车后他们还在小声嘀咕：“上次有个案件跟这个情况一样，地点找到了，职业不对，有这个姓没有这个名字。”陶斌当时被关在伪第六稽查处，第二天开审，问姓名、年龄，哪里人、在上海干什么？他一一作答，他自己叫陶醉，安徽无为人，来上海看哥哥和邻居章健，哥哥在淞沪警备司令部看守所当文书，章是警备司令部军官，和丁有昌是把兄弟，看守所周所长也知道陶是规矩人，但是特务他们还是对他进行严刑拷打，要他承认自己是共产党，他坚决不认，并一再向敌人申诉：“我跟这起抢劫案没有关系。”就这样陶被稽查处继续关押着。

四、陶斌上海被捕　母亲长跪救子

小三子陶斌在上海被捕消息传到老家，母亲救儿心切，亲赴上海找二儿子。实际上二哥和章健知道陶斌在上海的身份，只是大家都没有拆穿这层窗户纸。这一出事想救也不敢救，母亲只得跪在儿子面前长跪不起，二哥无法拒绝也只能承诺去打听。章健与办案人有一面之交，因此审问中陶斌讲到二哥和章健身份时，主管也不好意思。章健找到了主管，主管告知章健说没查出陶斌多少问题。关键陶家境比较富有，怎么可能干共产党。他们查了半天也查不清楚，最后决定转给看守所，做个顺水人情。就这样陶斌从稽查六处转到上海淞沪警务司令部看守所监狱。当晚二哥去看陶斌并暗示没查出什么问题。到看守所后，周所长要二哥和章健作保，同时上海五金店严老板担保，陶斌得到释放。

释放后陶斌立即与苏北来上海的陈名山等人进行联系并请他们转联络部。部里接陶斌回无为工作，回去后立即向地委书记唐晓光汇报。1948 年 2 月，陶泰贵任白茆区公安专员，打击镇压反革命分子，巩固地方政权。后代理副区长、临江县大队特派员。1949 年 3 月调安庆警备团任特派员，开始随军南下。安庆解放后，陶泰贵长期在安徽各地工作。

陶泰贵同志的一生是革命的一生、战斗的一生。他忠于党、忠于人民、为新中国革命和建设做出他自己的贡献。弘扬他的革命精神，也是为了激励后人，像他一样去战斗！

信仰铸就忠诚　廉洁甘如清泉

——吴清泉传略(1)

左　华

吴清泉

吴清泉，1923年12月出生于无为县无城镇。母亲生他时，借不到米，只能以老南瓜度日。年少的他，给店老板做学徒打工，没日没夜地干活，一次累倒在库房里睡了两天两夜方醒。吴清泉后来回忆说，那时真的是上无片瓦，下无立锥之地啊！这使年少的他，曾产生过轻生的想法。日寇侵略，烧杀抢掠，使底层的穷苦百姓生活雪上加霜。在同乡共产党人叶海洲（曾任上海市港务局党委书记）的引领下，他于1942年6月参加新四军，并于次年2月入党。而后来成为他妻子的卢惠由于日寇飞机轰炸，家里房屋被毁于一旦，毅然参加新四军，不久也成为一名共产党员。国恨家仇，相似的苦难，共同的信仰，让两个年轻人走到了一起。

参加革命队伍后，吴清泉先后在皖中地方税务总局，临江办事处，大成行政办事处，担任会计、会计主任、财粮科长等职务。

在新四军战旗下，皖江抗日军民对日本侵略者进行了艰苦卓绝的抗战！抗战

（1）根据《吴清泉自传》及《干部履历表》综合整理，原件存中共黄山市委组织部档案室。

胜利，国共和谈，我党主动让出南方根据地，吴清泉夫妇随军北上，历尽艰险，终抵山东。他们的长子在船上出生，故取名“海平”。渡江战役前夕，吴清泉夫妇和另一对战友夫妇，奉命南下，秘密潜入无为县城，联络地下党组织和游击队，策应迎接解放大军渡江，战友夫妇遭叛徒出卖，惨遭活埋，英勇牺牲在解放前夜。烈士的遗孤东生，在党的关怀培养下，长大后在哈尔滨工业大学毕业，在东北军工企业工作。南下途中，历经蒋匪军控制区域，险况迭起，艰难坎坷，吴清泉夫妇最终和地下党组织联系上并完成任务。这些零星追忆，实难反映他们与敌斗争的全貌。吴老的儿女记得父亲说起，当年严酷的战争环境，每个人都是头提在手上的，随时都有可能会倒下。吴老晚年，常深情地说道：“我们是幸存者，许多老战友为了驱除日寇，民族独立，人民解放，慷慨就义，英勇献身。没有他们，又哪里有我们的今天啊！”吴老的真情流露，祖国的百年巨变，使我们真切感到：没有中国共产党，没有前仆后继的英烈先辈们，就没有新中国，就没有改革开放的盛世！

中华人民共和国成立后，吴清泉长期从事政府经济工作。先后在无为，庐江、巢湖工商税务局任局长，芜湖专署财委办、计划委员会任副主任，徽州地区计划委员会、经济计划组任副主任、组长，宁国县委副书记，徽州地区生产指挥组副组长，计划委员会副主任、主任，徽州行署顾问等职务。他工作勤勉，善于学习，了解实际情况，尊重经济规律。在地区、省里会议上，他反映情况有理有据，事实与数据，准确无误，如数家珍，被大家誉为经济工作的“行家”。

1971 年，吴清泉被下派到宁国县任县委副书记。为了尽快了解基层情况，他连续到几十个乡镇（公社）调研，由于饮食不规律和身体疲惫，他自信“吃沙子都能消化”的肠胃，却胃穿孔，黑便，后来他常有胃不舒服，并迁延成为胃溃疡。他手中有财经、物资调配之权，却谨始慎终，做到不贪腐，两袖清风。他曾回忆道，战争年代，经手的金银大洋多多，随便拿点很方便，而他连念头也没起过。和平建设时期，吴清泉的家人也看到，有人送点礼品，表示感谢，吴清泉严词拒绝。让来人将东西拿走。后来吴清泉患病从外地住院后回到家，身体很虚弱，却惦记着，让孩子第二天即去行署办公室，将预领的 2 万元住院治疗费核报，交上余款。在场满屋的人，都说吴清泉人真好！吴清泉夫妇先后与世长辞，其子女遵循父母教诲，丧事简办，不收财礼，让许多亲友们赞叹！新四军叶挺、陈毅和粟裕等老首长，吴清泉时常提起，十分感佩。他还说，新四军九千健儿准备北上抗日，个个都是久经锻炼素质优秀的战士。却惨遭国民党反动派重兵围剿，即震惊中外的“皖南事变”。吴清泉离休后，还去上饶集中营旧址，缅怀先烈！对他们的铮铮铁骨悲壮赴难的英雄气概十分敬仰！吴清泉很喜爱老军长陈毅的诗选。他的儿女孙辈也受到熏陶，“大雪压青松，青松挺且直”“手莫伸，伸手必被捉”“党和人民在监督，众目睽睽难逃脱”“历览古今前贤事，成由谦逊败由奢”等等。这些诗句已经融入他们的心灵。

吴清泉的子女说到一件往事，让我们对老人家的人格力量深深动容。改革开放之初，海峡两岸开始“三通”，失散五十年后，吴清泉的妻弟联系上了，中间联系人是一位同乡台湾富裕之士，当时一切向钱看的不良风气，让这位来大陆探亲的台湾同乡所到之处深受巴结款待。而吴清泉的冷热有度，不卑不亢，待之有礼，落落大方的风格，尽显一名老共产党人的风范胸襟，让这位远方来客深感受教，且感慨万千，历数国民党当年的腐败和军事大溃败。在场的吴清泉亲戚儿女至今印象深刻，受益良多。

他的儿女们记得，父亲很早就说过，做人要做到“三乐”，就会快乐人生。人应当：助人为乐，知足常乐，自得其乐。在生活困难时期，自家节衣缩食，常年经济上接济多处亲戚，尽力排忧解难。父母对奶奶尽孝，对亲戚照顾，对同事，下级、不相识的人都能与人为善，乐于助人。尤为难能可贵的是，对反对、伤害过他的人，都能从大局出发，予以理解和宽容。在其有困难时，都能施予援手，给予帮助。而这些同志，在各自的岗位上尽责尽力，对吴清泉的胸怀和帮助，也交口称赞，心存感激。离休后，对少儿，老年事业，机关支部发展党员等等，都热心关注，积极帮助，乐此不疲。吴清泉夫妇宁可扶人一把，决不推人一次，能帮助到人是快乐的。对这些在吴清泉身边工作的人，亲友们，和他的儿孙们，其影响历久弥深！吴清泉的晚年，身逢盛世，他由衷地说：“我现在是真快乐啊！感觉很满足。”几十年的亲身参与和见证，祖国从苦难走向辉煌的征程，吴清泉内心的自豪和愉悦是绵绵无尽的，对晚年生活很知足很幸福。

然而吴清泉夫妇深知“生于忧患，死于安乐”的道理。对儿女们从小就要求严格，孩子们如与小同伴打闹，无论对错，只会批评自家的孩子，并领着孩子上门赔礼道歉。五个子女都曾全部到农村插队。子女们工作后，吴清泉谆谆告诫：手莫伸，伸手必被捉，党和人民在监督。时常告诉他们防贪反腐的重要性。吴清泉夫妇俭朴治家，内衣内裤常有补丁。子女要给他们换新的，他们总会说这衣合身舒服，恋旧，不愿意。吃饭要吃干净，不允许浪费。经常叮嘱，任何时候，条件再好，一粥一饭，当思来之不易；一丝一缕，恒念物力维艰。粒粒皆辛苦要落实在行动上。

在建党100周年之际，我们纵观吴清泉苦难、坎坷、奋斗的人生历程；他少年时经历了贫困苦难的磨炼；他参加新四军，成为一名共产党员，始终信仰坚定，对党忠诚，初心不改；他的勤勉清廉，助人为乐；他的求真务实，践行使命；以及读好书做好人的家风传承；让我们在了解撰写吴清泉的传略时，深感今天的幸福生活来之不易！在感恩伟大的党，感恩英烈先辈们的同时，更要维护和珍惜！从我做起，从身边做起，为人民幸福、国家富强、世界和平发展，贡献自己的全部力量！

文化教育战线上的标兵

——王春生传略[1]

丁以龙

1929年2月4日，王春生出生在无为县河坝乡王村。

王春生

王家在当时的王村还算得上较殷实的小康之家。两年后，父母带着他搬进县城内离母亲娘家不远的黄泥湾居住。在外公的引荐下，父亲在县里找到一个抄抄写写的差事。外公家的书很多，王春生耳濡目染，从小就喜欢读书，6岁起就在模范小学上学。

1937年“七七事变”后，日军飞机经常在无为县城轰炸，城里人纷纷跑到乡下避难，春生一家也搬回王村。回到乡下后，春生继续读书。当时正值国共合作时期，新四军到皖江一带建立抗日游击区，王村地处无为县东乡游击区。父亲担任了临时的王村保长，负责为新四军筹粮筹款等事务。1938年8月，他领头兴办王村小学，在去皖南买木料的路途中因劳累过度加上受了暑热，结果病倒了。爷爷就请木匠把学屋建好，并挂上“无为县河坝乡王家村小学”的牌子。谁知，父亲一病不起，年底就病逝于城

（1）参见《无为县志》，社会科学文献出版社，1993年9月，第568页；《春去春来缅怀集》，福建省新四军历史研究会，2016年11月。

内外公家中，年仅 31 岁。奶奶因悲伤过度不久也去世。第二年，母亲在生产时大出血去世。1941 年 5 月，爷爷也因病去世。从此，王家的生活状况急剧变差，春生和二弟戎生跟叔叔、婶婶过日子。

这年 9 月，无为著名的知识分子金稚石先生来到王村办新式私塾——王村学堂，春生进入这个学堂，接受新式的文化教育和爱国抗日的思想教育。王春生学习刻苦努力，成绩优异，而且积极参加社会活动。在区乡干部带领下，他投身到教冬学、教农民识字、向群众宣传抗日思想和党的方针政策活动中去。他还协助区乡干部组织农抗会、妇抗会、儿童团，深得金先生的赏识。

1941 年冬，中共陡沟区委书记杭翼东来到王村，从王村学堂里选 20 个学生组建了抗日儿童团。由王春生带领大家一面坚持上课学文化，一面操练、站岗放哨，有时还冒着鬼子下乡扫荡的危险，为新四军送情报。由于他们的出色表现，多次受到皖江区党委的表彰和奖励。

王村学堂开办 5 年中，送走了一批又一批革命青年，其中有 20 多人先后参加了新四军。1945 年 1 月，17 岁的王春生正式参军，分配在新四军第七师和皖江区党委机关报《大江报》社工作，从此走上了革命道路。

1945 年 9 月下旬，新四军第七师奉命从皖江抗日根据地撤离，王春生所在的《大江报》社也随部队一起北撤。1946 年初，部队来到山东革命老区临沂。3 月，王春生光荣地参加了中国共产党。不久，第七师进发到鲁中，打下枣庄后，《大江报》并入《武装报》。

1947 年 3 月，新四军第七师改编为中国人民解放军华东野战军第七纵队，王春生被调到山东军区政治部文工队任队员，后转入第三野战军（华东军区）政治部印刷厂、文工团任联络员，参加了淮海战役、渡江战役和上海战役。部队进入上海后，王春生于 7 月 1 日被三野政治部组织部分配到南下纵队，准备进军和接管福建。

南下途中，王春生所在的干部大队虽然没有直接参与作战，但王春生等 18 人在吉人领导下，负责从上海购买的六万册图书和预借的马列、毛泽东著作 14 副纸型以及送往新解放区一批武器弹药的运输工作。一路上火车、汽车、木船，上上下下，都是自己扛上扛下。当时正值七月盛夏，他们被戏称为“18 勇士”，个个累得汗流浃背、又瘦又黑。1949 年 8 月 17 日，福建省省会福州解放。8 月 22 日，王春生所在的南下纵队陈（辛仁）大队进驻福州，开始接管福建旧政权的文化教育、新闻出版机构。

不久，福建新华书店成立，统管全省的出版发行工作，吉人兼任经理，王春生任出版科副科长（主持工作），从此与福建的出版事业结下不解之缘。1950 年 7 月，省委宣传部决定调王春生到省政府新闻出版处任第一科科长，负责筹建福建人民出版社。1951 年 7 月 1 日，经省委批准，福建人民出版社正式挂牌成立，王春生被任命为该社负责人，主持日常工作。

出版社一成立，就着手马列著作和毛主席著作的印制工作，出版的第一本书是《毛泽东思想是马克思列宁主义与中国革命的结合》，重印胡乔木《中国共产党的三十年》，出版中央和省委有关政策文件。不久，创办了《福建宣传员》《福建画报》《福建教育》等期刊，发行到基层和学校，受到热烈欢迎。据不完全统计，到 1956 年福建人民出版社所出版的书籍有 160 多种，年发行量从十几万册增加到 100 万册以上，门类也由政治读物为主扩展到经济、文艺、科技、教育、美术、摄影、图片等各个方面，形成了初具规模的综合性出版社。

1956 年夏，王春生奉调到中共中央第三中级党校（华东党校）学习。1957 年 8 月，党校学习结业后，王春生被调到福建医学院工作，先后任马列主义教研室主任、院党委委员兼宣传部副部长（主持工作）、统战部部长。

1970 年初，王春生下放到漳平县芦芝公社劳动。他和宣传队的七八个同志的到来，给这个昔日无人问津的小山村带来了生机。他带领宣传队和大队干部一道修路、建小电站、植树造林，很快使山村的面貌发生了变化。这年年底，他被县里评为下放干部先进个人。下放结束临走时，乡亲们依依不舍地一直把他送到村口。

1972 年夏，王春生结束下放，赴省委党校学习后安排到福州大学任政治处副主任。1976 年，王春生任校党委常委兼政治处主任。1978 年初，任校党委副书记。

1978 年 3 月，全国科学大会在北京召开。王春生和化工系教授林景臻（全国科技奖获得者）代表福州大学参加了大会。大会期间，他每天打电话向党委通报会议盛况，充满激情地把大会精神特别是邓小平同志的重要讲话尽快传达到学校和师生中，推进正在热火朝天开展的教学改革。回到学校后，他建议校党委在教学改革中，创新办学思路，把教学与科学实践紧密结合，培养面向现代化的科研技术人才。

1982 年 3 月，他再次当选为第五届省政协委员。1984 年，王春生调任省委驻福州市委整党工作组副组长。1987 年整党结束，调任福建教育学院副院长。1990 年 12 月离休。

离休后的王春生并没有休息。早在 1987 年 7 月，经省委批准，福建省新四军研究会成立，王春生出任研究会常务副会长兼任秘书长，具体负责研究会的筹建和班子的组建。离休后，他担任研究会常务副会长，主持日常工作。经过他和研究会同仁们的共同努力，研究会的工作取得了令人瞩目的成绩。编辑出版了包括《张鼎丞传》《叶飞传》《皮定均纪念文集》等专著、文集 30 多部；组建了东进艺术团，进校园、下基层，进行了100多场演出；组织老战士宣讲团，到部队、学校、农村、社区等宣讲80余场，对推动青少年的政治思想教育起了重要作用。研究会多次被评为先进研究会（学会），还在中央电视台专题节目中宣传推广。王春生多次被评为先进个人。

与此同时，他还担任了教育学院离休干部党支部书记，带领离休老同志认真学习马克思主义和中国特色社会主义理论，2011年被评为全省离退休干部先进个人。

2013年4月10日王春生在福州逝世，终年84岁。

追求真理　终身拼搏

——肖洒传略[1]

丁以龙

肖　洒

肖洒，曾用名肖尚明，1924 年 11 月 24 日出身于无为县泥汊乡肖家村的一户农家。虽然家庭人口多，生活拮据，但肖洒的父亲依然省吃俭用，在肖洒 6 岁时送其进入私塾读书。年幼的肖洒深知入学不易，为回报家庭，他十分刻苦、勤奋地读书。

抗战初期，有一位南京的中学教师逃难来到肖家村，留在村上家族办的小学里教书。肖洒在校期间受到该老师抗日救国思想的教育，在心里种下了精忠报国、杀敌为民的种子，思想觉悟和斗争精神不断提高。他家附近的白茆镇共产党的活动非常活跃，土地革命战争中曾经爆发过震动安徽的“六洲暴动”；抗日战争爆发以后，共产党在那里成立了无为国民自卫分队，大家积极投身到打击日伪的斗争中去。受革命热潮的熏陶，肖洒也参加村抗敌协会。1940 年日寇侵占了无为城，日伪军频繁清乡欺压乡民。有一次，几十个日伪军来到了泥汊清乡，黄昏时肖洒发现有一个走散的日军，便带着抗敌少年团的小伙伴趴在河边的芦苇丛中，等确认这是个落单的日军时，他

(1) 参见《皖江烽火》，中共无为县党史工作委员会，1991 年 4 月，第 376 页。

们迅速潜伏到他后面，伸出一截木头棒，突然大喝："快投降！"吓得日军举起双手，大家一拥而上，将其捆绑后悄悄地押送到十多里外的乡政府。为此，一家人担惊受怕了好久。

1942 年 5 月间，肖洒为考无为县"联立中学"在住读补习班学习时，受到了共产党员教师的启发和教育，决心和另外三名同学一起出逃去参加新四军。经多方打听，终于找到了新四军第七师及无为县抗日民主政府所在地。当时抗日形势处于困难阶段，在庶务股登记时，文书说："肖尚明，你家处于游击区用实名不安全，要改个名字。"望着一时无措的肖尚明，文书说："你就叫肖洒吧。"从此他就有了个非常好记非常潇洒的名字！考虑到他们几个都读过几年书，年纪又轻，就把他们分配到无为县政府农工科的政治工作队。

肖洒在政治工作队里学习了毛泽东著作《中国革命和中国共产党》，深深地懂得了中国革命的任务和共产党的历史使命。他和政治工作队的同志们一起全身心地投入到宣传抗日救国道理、发动群众、组织民兵、落实减租减息政策等工作中去。随着皖江根据地的扩大，为适应抗战形势，皖江行政公署将政治工作队改编为皖江宣教团，行政公署文教科长方向明兼任团长，下辖青年、妇女、少年三个工作队，肖洒同志任少年工作队队长。由于他政治觉悟高，工作认真踏实，1943 年 3 月组织上批准他加入了中国共产党。

1943 年 3 月 17 日，日寇对皖中根据地进行了大"扫荡"。宣教团也奉令立即分组转移。在当地村民的舍命帮助下，大部分队员得以安全转移，但副团长董子俊带队的十一人却被日军捕获。日军在小队员们身上没有搜出什么可疑的东西，看他们年龄都不大就叫他们当挑夫，"扫荡"后就放掉了。可副团长董子俊却因带着公章、文件和饭票等，日军认定他是新四军，把他押至安庆杀害了。大"扫荡"之后，为了适应抗战需要，克服物资困难，皖江行政公署执行党中央"精兵简政"政策，肖洒被调至行署文教科工作，其他队员也都奔赴新的战斗岗位。

之后不久，肖洒调到泥汊沿江一带执行监查税收工作，接着他又在汤沟区政府分管税收及财粮工作。这些经济工作是皖江行政公署在根据地开展的一项探索性质的事业，通过对根据地的税赋进行合理的征收，为旷日持久的抗日斗争提供了资金支持。通过他们的不懈努力，汤沟在抗战后期发展成为皖江地区根据地对外贸易的桥头堡，商贸兴旺有"小上海"之称，新四军第七师的经费得到了丰裕的保障，还为新四军军部和兄弟师提供了大量的资金和物资帮助，第七师也因此被誉为"富七师"。

1944 年上半年，肖洒调任板桥乡党支部书记兼民兵政治指导员。

1945 年 8 月抗战胜利，9 月底，根据党中央的指示，皖江根据地党政军奉命北撤。当时汤沟区有近三百名干部，最后经组织批准随军北撤的只有十九人，主要是区干部和部分支部书记，肖洒也是其中之一。北撤的路程十分艰苦，长途跋涉，日夜兼程从巢湖向江苏进发。11月上旬，经千里行军到达了华中局和华中军区司令部的驻地苏北淮阴城。为了迎接新中国的和平建设，华中局在清江市建立了“华中建设大学”，肖洒被选拔进预科班学习，结业后经组织推荐进“山东大学”本科班继续学习。

1947年夏，国民党军对山东解放区发起了重点进攻。党组织决定“山东大学”暂时停办，全体成员随军奔赴前线。肖洒到鲁西南后在一次战斗中投弹时，因土造手榴弹刚举到头上方时就炸开而负伤，养伤期间任第十二野战医院总支委员和指导员。1948年伤愈后奉调华东局组织部干部科，后任组织部综合研究科秘书。

1955年1月肖洒奉调上海市委高教科学工作部干部处工作，同年7月，调至市委肃反第七专门小组，任专案内勤组长同时，参与筹组上海音乐学院。1956年8月筹组上海戏剧学院、任党委副书记兼监委书记。

1981年，肖洒任市政法干校筹备小组负责人，兼上海市司法局宣传教育处处长，创办《上海司法》杂志并任主编，后又兼任上海政法干部函授大学教务长等职。1983年12月，肖洒经市委组织部批准离休。离休后他还担任特邀律师。2011年6月12日肖洒同志不幸逝世，安葬于上海龙华革命烈士陵园。

此生不渝　魂系革命

——陈革贪传略[1]

王敏林

陈革贪，原名陈光茂，1922年2月出生于安徽无为县无城镇葛坛村（今更名为革贪村）的一户农民家庭。在家排行老三。

陈革贪

童年的陈革贪在家乡读私塾，他不仅天资过人，成绩优异，而且自幼性格刚强，喜爱打抱不平。随着年龄的增长，旧社会的腐败，地方豪绅们的专横，尽收少年陈革贪的眼底。他嫉恶如仇，常和要好的伙伴在一起聊天，发誓将来一定要整一整贪官污吏。他十分喜爱宋代周敦颐的《爱莲说》，喜欢徜徉在家乡的荷塘岸畔，诵读“出淤泥而不染，濯清涟而不妖”的诗句，显现了他洁身自爱的高贵人格和洒脱的胸襟。

抗日战争爆发后，陈革贪初入社会。当时，由于国民党反动派奉行不抵抗政策，使中国大片国土先后沦陷。上海、南京、芜湖的老百姓纷纷背井离乡，四处逃难。离陈革贪家不远的无为县城常有大批难民汇集。陈革贪目睹国破家危、民不聊生的现实，义无反顾地投入抗日救亡运动的滚滚洪流之中。此时，从外地返回家乡的同村青年共产党员陈光云，组织民众进行抗日活动。在陈光云的影响

（1）参见《无为县志》，社会科学文献出版社，1993年9月，第572页。

和启发下，陈革贪经常参与研究抗日活动方案。他和同村进步青年陈祥（陈光旭）、陈光谈聚集在陈光云周围，很快地组织起葛坛农民协会。并以陈光云为首，同国民党无为县政府交涉，要求放手组织群众，开展抗日救亡活动。与此同时，他们积极筹备建立群众抗日武装。

1941 年 5 月 1 日，新四军第七师在无为东乡成立。7 月，根据中共中央“隐蔽发展”的方针，全师转移至无为西北边陲严桥、红庙一带，开辟皖中敌后抗日根据地。陈革贪带着坚定的革命信念，毫不犹豫地离开了家乡，在石涧埠参加了区武装抗日工作队，并任四区（石涧区）政府会计。陈革贪在任四区政府会计期间，他管钱公私分明，账目清楚。特别是保管了一笔当时区政府领导不知情的公款，他悉数上交，告知其来龙去脉。区政府领导深为赞许，将其原名陈光茂更名为陈革贪，意味着要革命，就是要反贪污。由于陈革贪革命意志坚定、光明磊落、刚正不阿，1942 年 6 月，他光荣地加入了中国共产党。

1942 年 7 月起，陈革贪先后任石涧区政府文书、区员，黄雒乡乡长、镇长。为了发展农业生产，改善农民生活，保证抗日斗争所需的人力、物力和财力，陈革贪带领乡政府一班人开展减租减息运动。他说：“我们为着自由、生存，为着抗日救亡，我们要迅速起来改善农民生活，坚决为减轻农民痛苦而斗争。”减租减息运动，有力地打击了农村反动势力，极大地调动了农村各阶层的抗日积极性，扩大了抗日民族统一战线力量。在此期间，陈革贪还带领黄雒乡民兵，配合在石涧一带的巢无独立团，与日军展开了艰苦卓绝的斗争。他们站岗、放哨，传递情报，为部队开挖战壕、送粮送水、抢救伤员等，完成了许多艰难困苦的任务，付出了巨大的牺牲。涌现了一大批抗日英雄，创造了大量的经典战例。

1945 年 6 月，陈革贪作为优秀的区、乡干部，被选调进入新四军第七师抗大十分校学习。抗大十分校一直处在战斗频繁、高度流动的情况下，陈革贪和所在的军官团学员们一起，坚持一面战斗，一面学习，提高了自身的思想觉悟和军事素质。

1945 年 8 月，日本宣布无条件投降后，新四军第七师各部收复失地，解放了无城、襄安等重要集镇。同年 9 月，中共中央为了避免内战、实现和平，决定撤让皖中、皖南等八块解放区。10 月，陈革贪作为新四军第七师随营学校军官团学员，随军北撤。1946 年到达山东峄县（现枣庄），打赢了新四军第七师对敌伪的最后一战。经党组织决定，陈革贪担任了峄县火车站工会主席，承担了更为繁重的革命任务。陈革贪身体力行，率先垂范，充分调动了火车站广大职工的革命热情，为支援前线，打退国民党反动派的无理进攻，多装快运战略物资和兵员而连续奋战，为取得山东境内几大战役的胜利做出了杰出贡献。此后，历任枣庄市委组织干事、颍阜县黄岗区区政府副区长。

1948年，陈革贪根据党组织要求，派驻安徽阜阳地区参加剿匪战斗，平定了地方骚乱，安定了地方秩序。不久，他又到皖西四分区和巢县等地搞农运，帮助农民开展土地改革，发动农民参军参战，并筹集军粮，成立运输队、担架队，以极大的热情投入了伟大的淮海战役。

1948年10月，陈革贪奉命调回无为县，任银屏区、无城区副区长，他执行中共皖西区党委关于“保存基本地区，保存主力”的方针，配合抵达无为的华东野战军第6纵第17师，给无为境内的国民党主力第138旅以重创，稳定了无为局势，为人民解放军第七、九兵团在无为实施渡江任务创造条件。

1949年初，中国人民解放军在取得辽沈、平津、淮海三大战役胜利以后，国民党妄图利用长江天险与人民解放军对峙。陈革贪组织当地群众为渡江部队出人、出力、出物。如今，无为有的群众家里还珍藏着盖有政府印章的陈革贪签字征用船只、门板等物品的凭据，见证着当年那拥军支前过大江的壮阔历史。

1949年7月，无为县四县合一，陈革贪调任无为县政府秘书。之后历任巢县城区区委书记、巢湖地委办公室秘书。1952年调任安徽省委组织部科长，1954年2月调任中组部工业干部处干事，后任中央工业工作部副科长。

1958年6月，陈革贪调回安徽，任芜湖地委工业交通部副部长。60年代初还兼任裕溪口大闸建设工程指挥部总负责人。1961年4月调至徽州地区，先后任徽州地委工交部长，经济计划委员会主任、工交政治部主任。

1979年3月，陈革贪调任铜陵市革委会副主任、副市长兼建委主任。1983年任铜陵市人大常委会副主任。

1989年12月离休后，任铜陵市新四军历史研究会副会长、铜陵市关心下一代委员会负责人。他为新四军历史研究、为关心下一代茁壮成长倾注了大量心血，令人尊敬。

2008年8月23日，陈革贪因病医治无效逝世，享年86岁。

初心如磐　奋楫笃行

——范立本传略[1]

王敏林

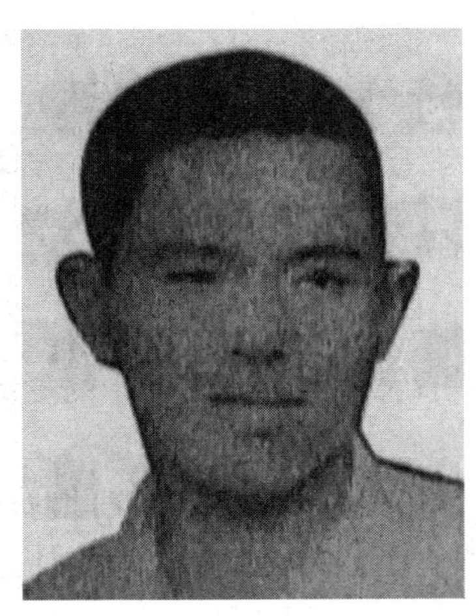

范立本

范立本，原名秀山，又名根子。无为县黑沙洲东流村人。范立本祖居桐城，其祖父为避战祸居家外迁，后经庐江辗转来到无为县长江江心洲黑沙洲垦荒并定居。但是由于天灾与战祸不断，家境仍然贫寒如故，过着衣不蔽体、食不果腹的苦难生活。1923 年 11 月 17 日，范立本就出生在这样一个贫苦农民家庭，苦难的家世在他幼小的心灵里留下了难以抹去的印记。后来家境稍有好转，少年的范立本在洲上的私塾读过一年多的书，后又因家境日艰，只得中途辍学。小小年纪的范立本从此便跟着父母或下地劳动，或割草放牛，过着牛马不如的凄苦日子。

正当范立本开始步入青年时期，中共皖中工作委员会在无为白茆洲胡家瓦屋成立，同时组建了无为县国民抗日自卫总队，在黑沙洲也成立了抗日自卫分队，点燃了抗日烽火。1939 年 1 月，中共无为工委委派王逸农到黑沙洲、天然洲一带，发动群众，组织抗日武装，很快成立了黑沙洲抗日游击大队，范立本积极参加了游击大队，至此，走上了革命的征程。同年 12 月，黑沙洲游击大队奉命参

（1）参见《浴血皖南》，中国文史出版社，2021 年 10 月，第 204 页。

加新四军无为游击队整训，一个月以后，编入新四军江北游击纵队无东大队，范立本担任了无东大队通讯连的通讯员，从此成为中国人民抗击日本侵略者的一名光荣战士。

范立本到了新四军的正规部队后，通过学习和训练，懂得了很多革命道理，思想境界更加开阔，他以极大的热忱投入抗日游击战争。由于机智灵活，经常出色地完成无东大队的通信任务，受到领导和同志们的交口称赞。1940 年春，范立本奉命进入在皖南的新四军教导总队学习。

1941 年 1 月 6 日，国民党顽固派蓄意制造了震惊中外的皖南事变。当时范立本正随军东进，在突围中，教导总队被冲散，尔后他化装突围，经过几天的战斗和折返，大家都精疲力尽。1 月 14 日在泾县许冲不幸被捕，关押在泾县赤滩镇。在被捕后的第 14 天，国民党将连同范立本在内的 200 多名新四军被俘战士押至赤滩镇澡堂洗澡。那天恰好是农历十二月二十三，农村家庭“送灶”，镇上挤满了买年货的老百姓。范立本见有机可乘，便同几个教导队学员机智的挤杂在老百姓中溜了出来。

他们冒着生命危险，一路上克服重重困难，辗转来到江北无为县东乡，找到党组织留在敌后坚持斗争的同志。范立本征尘未洗，就马不停蹄地投入地方接应皖南事变突围人员的过江工作。不久，接到上级指示，到新四军临江货物管理总处工作，先后任无东分处会计、无南分处会计。

抗日战争时期，国民党反动派推行两面派政策，一方面与我党联合抗日，一方面又竭力推行“溶共、限共、反共”政策，消极抗日，积极反共，对新四军军饷严加控制。为了解决经费供给问题，皖中敌后抗日根据地专门成立了货物检查机构，并培养一批精干的货管工作人员，范立本就是其中的一员。他在工作中恪尽职守，一丝不苟，廉洁奉公，大家称他是红色的货管干部。

1944 年，随着抗日根据地的扩大，皖中行署财经处成立了皖中贸易总局，范立本则调任贸易总局会计，成为实行对外贸易的行家里手。贸易总局的主要任务是以根据地的粮、油、棉等大宗土特产品与外地换取生活必需品和军用品，并相应征收出口税和国统区与敌占区往来的物资过境税。范立本严管会计账目，工作认真负责，不辞辛劳，会计工作卓有成效，贸易往来十分活跃，不仅为部队保证了军需供应，而且也促进了地方经济贸易的发展，进一步调动了人民群众的抗日积极性。这一年 3 月，范立本以自己出色的工作，深得干部、群众一致好评，他光荣地加入了中国共产党。

1945 年 9 月，奉中共中央指示，新四军第七师奉命北撤，皖江区党委责成皖江贸易总局执行财经工作的善后措施：命令停发大江币，出售除军粮、布匹、军火材料、药品和医疗设备以外的全部物资，并将所有物资都换成法币，存入敌占区的银行或钱庄，以备将来急用。范立本作为总局会计，坚决执行区党委的指示。他夜以继日、通宵达旦的开展结账、对账工作，做到账证相符、账账相符、账实相符，圆满地完成了历时三年的皖江财经工作的历史使命。10月，他调任新四军淮阴大成公司出纳、会计。

解放战争时期，1945年10月新四军北撤，范立本调任山东大成公司哥庄分公司会计。在革命战争年代，范立本根据新四军军部制定的法规和会计规定，结合部队流动性的特点，制定了服务于战勤工作的财经细则；准确地登记了部队的明细账和总账，对部队军需款项的收付、核实情况及时向军部汇报，常常受到通令嘉奖。1948年2月，范立本调至江淮区党委财委办工作。同年10月，任江淮第一专署财政处科员。年底调任盱眙县政府财粮科股长、科长。

新中国成立后，范立本调天长县财政科任副科长。1953年调安徽省滁县专署任财政科副科长、科长。1956年调任安徽省计委综合处副处长、皖赣铁路指挥部后勤组组长。1961年，任安徽省计委物资处处长，增产节约办公室主任。1979年调任安徽省物资局副局长、顾问。1990年按副厅级待遇离休。

范立本，这个在财经战线上辛勤耕耘的人，在战火纷飞的年代，面对风云变幻的斗争形势和隐蔽复杂的严峻敌情，他无私无畏，完成了极为艰巨繁重的工作任务，他初心如磐、奋楫笃行，无愧为皖江地区财经战线上的楷模。

2018年12月13日，范立本因病在安徽省会合肥市逝世，享年95岁。

牢记使命　奋力进取

——张云武传略[1]

王惠舟

张云武，原名张可学，别名郑云，1923年5月5日出生于无为县原石涧区张广村一个农民家庭。由于家庭贫穷，从小只上过两个春季的私塾，12岁开始给地主家放牛。1938年12月，15岁的张云武满怀民族仇恨，参加了新四军。1941年5月加入中国共产党。历任新四军江北指挥部军医处见习医生、新四军第二师第五旅司令部医务所所长、华东医科大学医务主任兼二大队长、淮北军区卫生部政委、苏北兵团第一军医院政委、第三野战军第八兵团南京防空处政治处主任、皖南军区警备四团副政委兼干部处处长、海军烟台巡防区副政委、海军航空兵第七团政委、海军快艇第十六支队政委、青岛市革命委员会副主任、国防部第三研究院副政委。战争年代，先后参加了淮南路东反日寇大扫荡、豫皖苏诸战斗、淮海战役、渡江战役等。1955年10月获得三级独立自由勋章和三级解放勋章，1988年7月15日获得中央军委授予的中国人民解放军独立功勋荣誉章，享受副军职待遇。

张云武

（1）参见《无为名人》，中国文联出版社，2011年6月，第180页。

出色的白衣战士

当初张云武所在的新四军部队很多战士文化都不高，张云武虽然只有相当于小学一年级的文化程度，但是已经属于有文化的战士了。1939 年 4 月，领导见他人比较机灵，又识一些字，就选派他到新四军江北指挥部卫生学校学习。

卫生学校的那批学员中，张云武的年纪最小（16 岁），文化最低。为了能跟上学校的课程，张云武虚心向文化高的同学请教，不认识的字就标出来，利用业余时间反复背，反复写。卫生学校设在老百姓的家里，没有专门的课堂，晚上也无灯照明，他就利用月光在地上练习写字。他听说过“凿壁借光”的故事。张云武觉得天上的月光要比墙缝的烛光亮多了，他就用树枝在地上写字，不但学会了很多字，写字的笔画也练得很流利。一个月的时间很快就过去了，虽然他学得很吃力，但是老师被他的刻苦精神所感动，决定让他留了下来继续学习。

六个月受训结束的时候，张云武的文化知识和医学知识都有了很大的提高，被分配到新四军江北指挥部军医处任见习医生。那时的见习医生什么活儿都要干，白天忙得不可开交，没有时间学习，他就晚上借着月光学习。遇到没有月亮的夜晚，他就利用凌晨起来给医疗器械消毒的机会，借着灶口的火光看书学习。由于他虚心好学，刻苦勤奋，又多次参战，抢救了很多伤员，医疗水平提高很快，成为军医处有名的医生。1941 年 5 月，他刚满 18 岁就加入了中国共产党。1941 年和 1942 年，他因学习积极，工作负责，两次被选为新四军第二师卫生部的“模范工作者”。1948 年 5 月，淮北军区参谋长赵汇川在一次战斗中腿部中弹住进医院，他点名要张云武给他做手术，而这时张云武已是军区卫生部政委，很长时间不干医务工作了，但是赵汇川坚持要张云武来开刀，别人他信不过。张云武没有让他失望，顺利地将他腿上的弹头取了出来。时过 30 多年以后，赵汇川在青岛见到张云武，高兴地对他说：那次手术很成功！

献身人民海军

1949 年 10 月，张云武进入华东军事政治大学高干团学习一年，毕业后在皖南军区工作了两年。1952 年 9 月，他与很多陆军同志一起转入海军，先后在烟台巡防区、海军航空兵和旅顺快艇支队任职。海军是技术兵种，即使是政工干部，也要学习海军专业知识，才能将政治思想工作渗透到军事训练当中。

转入海军之后，张云武利用各种机会一边工作一边学习。1956 年 8 月，他进军事学院海军系高级速成班和海军军事学院高级速成班学习两年，班上学员都是团以上领导干部，其中有很多中将和少将，他们不但级别比张云武高，文化基础也比他好。张云武又拿出了不服输的劲头，和同学们一比高低。当时他的家就在学校旁边，可他平时很少回家，几乎把所有的时间都用在学习上了，就连周末回家时也会带着课本，一有空就拿出来看看。由于他学习刻苦，多项成绩名列前茅，被大家推举为学习班长。毕业时，他的学习成绩除了数学是 3 分，物理是 4 分，语文、化学、海军合成战术等其他课程都是 5 分。通过这次学习，他的文化水平和思想水平都有了很大的提高。1958 年 10 月，他被任命为海军快艇十六支队政治部主任。1961 年 9 月任该支队副政委兼政治部主任，1964 年 9 月任该支队政委。他积极下连当兵，经常随艇出海，深入到每一个战位，虚心向基层官兵学习军事技术。每次开大会讲话，他不用秘书写讲话稿，都自己准备。他说这样可以少说或不说空话、套话、假话、大话，他所讲的内容实在，贴近部队实际，逻辑性强，可操作性强，所以大家都非常爱听他讲话。有人夸奖他说，张政委是把快艇当成一支笔，把大海当成一张纸，要在祖国的大海上画出最新最美的图画。

刚到海军的时候，张云武晕船很厉害，几乎每次随艇出海都会呕吐，但他始终精神抖擞地挺立在驾驶室里，迎风斗浪。经过一段时间的锻炼，他渐渐适应了海上生活。当时该支队是海军的重要战斗部队之一，常年担任战斗值班，技术强，作风硬，连续多年被海军评为军政训练先进单位，支队的先进事迹经常被《人民海军报》和《解放军报》等报刊宣传报道。这些成绩的取得，是与张云武深入细致的政治工作分不开的。从一个没多少文化的放牛娃，成长为海军高级将领，张云武的经历印证了一个道理：爱学习不仅可以改变个人的命运，还会成为一个对党和国家更有用的人。

为无名者铺路　替无言者发声

——斯群传略[1]

王敏林

斯　群

斯群，原名王绪言，笔名紫粒。1926 年 1 月出生于无为县河坝乡一个知识分子家庭。父亲王试之，在无为城乡享有较高声望。他思想进步、追求光明、同情革命，对旧社会的黑暗与腐败深恶痛绝。他育有三个女儿，抗战前都在无为县城中学读书。长女王忠，原名叫绪华；次女林茵，原名绪美；小女斯群，在家时，名绪言。三个女儿正是青春年少，含苞待放，娉娉袅袅，亭亭玉立。受父亲王试之影响，中学毕业后就投身革命，姐妹仨都改了名字，一是为了适应斗争环境，二来表示她们从事革命的志向。长女取名王忠，即忠于革命；次女名讳林茵，寓意林木茂盛，绿草如茵，期待在抗日硝烟中能迅速成长为一名真正的战士；老三斯群，意为从此就是抗日革命队伍群体中的一员，决心把自己的一切都献给民族解放事业。

1941 年 5 月，15 岁的斯群正式参军入伍，她先在无为县文艺队工作，1942 年 2 月，加入新四军第七师大江剧团。大江剧团的主要任务是利用文艺形式进行抗日宣传，号召人民起来和敌人进行斗争。在演出排练之余，斯群被选招到大江

（1）参见《青春》，南京市文联，2019 年 12 月第三期。

剧团的精干小分队，任务是结合党的中心任务做群众工作，发动群众减租减息，动员农村青年参军等。斯群在精干小分队里，表现十分突出，在反“扫荡”和反顽战斗的日子里，她主动参加卫生队，帮助卫生队收治伤员，给伤员包扎伤口，战斗结束后，又立即集合到团部，进行排练和演出活动。由于斯群出色的表现，这年 8 月，她光荣地加入了中国共产党。

自 1944 年起，斯群开始担任了剧团的创作员。创作了许多短小精悍的，为广大指战员、干部群众所喜闻乐见的如“秧歌剧、活报剧、小型话剧”等。她善于用民间戏曲形式填写新词给演员演唱，如《小放牛》《凤阳花鼓》等。为了鼓舞抗日军民的斗志，斯群创作了诸如《送郎参军》《银屏山下》《农村曲》《前线》等剧本，改编成剧目演出以后，由于政治内容新，贴近生活，很受广大群众欢迎。

1948 年 7 月，中共中央中原局在河南省宝丰县官营村成立新华社中原总分社。为了拓展中原各解放区的宣传和中原野战军的军事报道工作，斯群于 1948 年底奉调至新华社中原总分社工作。在中原总分社工作期间，斯群深感新闻记者的责任重大，既要报道中原解放区开展得轰轰烈烈的土地改革和以“三查三整”为主要内容的整党整军运动，还要报道解放区各项社会事业的发展情况。她根据陈毅副司令员的要求，主动深入连队，了解连队生活，体会解放军战士的思想感情，发掘千万百群众的智慧和创造力，有针对性报道了一些英雄人物和工作经验，如《贯彻剿匪、安定民生》《恢复和发展中原国民教育》等文章，为巩固和发展中原解放区指明了正确的方向。

1949 年 7 月，斯群根据组织安排，奉调至江西南昌，进入新华社江西分社工作。江西，是哺育新华社成长的摇篮，是新中国通讯事业的发祥地。江西分社是在新中国成立的晨曦中、在南昌解放的礼炮声中——1949 年 6 月 7 日诞生的。带着为新中国强力发声的喜悦，斯群加入了江西专业新闻信息采编队伍。她按照深入调研、实事求是、全面反映情况的要求，以国内通稿、对外通稿、内参等方式，每日不间断地向全国、全世界报道重要的新闻信息，其文思敏捷、学贯长虹，笔底波澜、社会心声、铁肩道义、真理卫士，在江西各界群众中好评如潮。

1976 年 10 月，粉碎“四人帮”后，大地回春，斯群从苏北农村下放地“五·七”干校回到南京。她接到通知，简单地收拾行李以后，便开始酝酿回到文学队伍以后如何发挥专长、为党的文学事业做些贡献。她与她的同事们一致决定，办一部像《萌芽》一样培育文学青年的刊物《青春》，将办刊方针定名为“为无名者铺路，替无言者发声”。

带着南京市委批给《青春》编辑部设在原鼓楼检阅台二楼的批件，借用南京市文联的几张旧办公桌，一部旧电话，斯群领着一班人开始了事业的艰难探索。

1979年，斯群带着15岁便参加革命、打过鬼子、参加过解放战争的经历，在《青春》杂志上刊发了早年写的短篇小说《脱险》，讲的就是那段峥嵘岁月中的惊险一幕。

斯群极为珍视《青春》这一方苗圃，规定它作为青年人的园地，作品一律为青年生活题材。简括为一句话就是“青年写，写青年”，浓缩了斯群的关爱青年情结。

斯群重视青年特色，陆续选聘一批文学青年进入编辑部。她一再强调，作品的质量是刊物的生命。青年作者的稿件难免稚嫩、不成熟。但只要有一点新意，她就视为珍宝，不厌其烦地为他们改稿，直到改成优秀稿件为止。

1979年夏天，气温很高，《青春》编辑部所在的检阅台密不透风，闷热难耐。斯群领着一班人挥汗如雨，硬是用芭蕉扇扇出一片清凉。编辑方之的作品《内奸》获得全国一等奖，他没有时间进京领奖。却在斯群的感召下，拼着命办《青春》，他的心肺病已入晚期，临终之前，咳着血，躺在病床上为青年作者改稿。

《青春》推出一系列有力措施，编发专号、小说、诗歌、散文、处女作、微型文学专号，对展露才华作者，组织笔会，吸收全国文学青年新锐，交流心得。斯群还特别扶持残疾青年作家，为他们搭桥铺路，使他们在逆境中崛起，充分感受到党的阳光雨露。在新时期的文学作者中，几乎所有的作者都给《青春》写过稿，邮递员送稿件，扛着邮包上楼。全国享有盛名的作家如苏童的《第八个是铜像》、梁晓声《今夜有暴风雨》都在《青春》杂志上发表过处女作，凝聚着斯群对青年一代作家的厚望与钟爱。

《青春》杂志绕不开斯群，斯群种下的金色种子已经结成累累硕果，用斯群自己的话说“愿化身为平凡的铺路石，铺垫出一条青春文学之路”。2020年，斯群以94岁高龄辞世。人们提到她就要提到《青春》，斯群永远是年轻的。

传奇女战士

——卢前玉传略(1)

叶悟松

卢前玉，1923 年 1 月出生于无为县白茆五号村。16 岁参军，17 岁入党。扩军时将国民党将领戴安澜之妹和庵中的尼姑扩进新四军。行军途中险些被国民党区长枪毙。在日伪军扫荡时和北撤中为了大家的安全，三次忍痛弃子。她一生经历传奇，是受人爱戴的新四军老战士。卢前玉出生当天是腊月三十，其外公认为大年三十出生的女孩是妖怪，令其子将女孩送到村外三岔路口埋掉。舅舅见怀中粉白如玉的外甥女，心中十分不忍，想法子巧借迷信之词，骗过外公，救了卢前玉一命。她的外公脾气暴躁又迷信，卢前玉无法在外公家生活，大舅胡东成把卢前玉接到家中抚养，直到 8 岁，还断断续续读了几年私塾。舅舅家的几个表姐把卢前玉看成外人，时常欺负她。卢前玉人长大了，心气也高了，忍受不了这般欺凌，决意回到自己家中，宁愿过贫苦的苦日子。

卢前玉

（1）参见《云岭》，安徽省新四军历史研究会，2014 年第四期。

求出路　参加新四军

卢前玉的大表哥胡仁达，参加过无为的六洲暴动，是地下党员、新四军战士，为人正直，侠肝义胆。16 岁那年，卢前玉把参加新四军的念头告诉胡仁达。表哥大力支持，但是卢前玉的母亲死活不同意。1938 年 10 月的一个晚上，卢前玉瞒着家人，在大表哥胡仁达的带领下，到新四军驻地无为县白茆胡家瓦屋，报名参加第三支队的一个民政队服务团。

卢前玉被分配在政治组，主要任务是扩军。广泛宣传国难当头，抗日救国。动员民众踊跃参加新四军，投入抗日斗争。

人小胆大　破格入党

1939 年秋天，服务团正在巢湖银屏山为新四军慰问演出。一天，国民党顽军突然来袭，通信室的电台天线和室外设备被击毁，报务员撤退时也来不及带走电台。卢前玉得知电台还在屋内，便冒着敌军枪弹冲进屋子，抱起电台就往外跑，一颗子弹击中她的右臂，顿时血流如注。她顾不上伤痛，紧紧抱着发报机冲出敌阵。回到驻地，部队的卫生部长亲自为她做手术，取出了子弹。

伤愈归队后，首长问卢前玉有什么要求，卢前玉说："我受伤了，发一个伤残证就行了。"首长说："给你一个最大的荣誉，组织上决定破格吸收你入党。"当年，卢前玉刚 17 岁，不够入党年龄，上级批准，由分管组织的首长李步新签字，批准卢前玉破格入党。两个月后，卢前玉被任命为政工队指导员。

动员戴安澜之妹和尼姑参加新四军

1940 年上半年，卢前玉在国民党抗日将领戴安澜家住过一段时间，与戴安澜的妹妹戴菊芳朝夕相处，经常在一起谈心，戴称她卢大姐，两人关系融洽。戴菊芳出身豪门，却知情达理，拥护抗日，对新四军有好感，卢前玉劝戴参加新四军。一位富家小姐抛却优裕的生活去当新四军，一时还有些犹豫，便写信征求兄长戴安澜的意见。戴安澜回信说，这是人生大事，政治自由，由你自己决定。戴安澜身为国军将领，不好明确表态支持妹妹投奔新四军。但是，回信的字里行间可知他并不反对妹妹的意向，实际上就是支持。卢前玉趁热打铁，做戴菊芳的工作。讲国难当头，不论穷富贵贱，只有参加新四军，打倒日本帝国主义，才有出头的好日子。戴菊芳通情明义，在卢前玉的劝导下，毅然走出闺阁投入新四军。

戴菊芳的堂妹戴桂芳在堂姐的影响和带动下也参加了新四军。

无为县西南乡的三官山有座尼姑庵，有20多位尼姑在庵中修行。卢前玉在庵里住了18天，和出家人混得很熟，处出了感情。有个小尼姑叫丁银，每天起早贪黑，除了念经做佛事，还要种菜、挑水、做饭、打扫庵堂。卢前玉也是苦出身，和丁银一起谈心，一起干活，卢前玉动员她参加新四军，丁银心里有意，又怕老尼姑不准。卢前玉就反复做住持的工作，住持终于同意。尼姑参军成了当地的一大新闻，很是轰动，对新四军以后的扩军工作起到了积极的推动作用。在一个多月的时间里，卢前玉扩军17名，其中6名女兵。功劳卓著，受到部队政治部的表彰。

差点被国民党区长枪毙

1940年夏天，政工队经过无为西乡甘家嘴的一个村子，指导员卢前玉走在队伍后面，想上厕所，便就近走入一家大宅的房间里找马桶。房间里一位小姐正在绣花，见一身穿军装的新四军军人贸然入室，便高声喊叫。女孩的母亲闻声进屋将房门闩上，不许走人。卢前玉连忙解释，亮明身份，但这家根本不听，同时，命家丁把当区长（国民党区长）的儿子刘某叫回来。刘某一向仇视新四军，就想借机惩治出气。他对卢前玉阴阳怪气地说："你们新四军没有女兵，你分明是男的，私闯民宅女室，要枪毙！"卢前玉蓄短发，身体壮实，一身军装，的确像男兵。刘某不听解释，将卢前玉捆绑在门前一棵大树上，兵丁们子弹都上了膛。这时，刚入伍不久同在政工队工作的戴菊芳见指导员久未归队，急忙到村尾去找，见刘家大屋前的一幕就厉声说道："她是我们的指导员，是女的，你凭什么害她！"刘某不为所动，执意用强。戴菊芳急忙命人去找部队首长，部队的刘参谋长飞马来到村中，责令刘某赶快放人，并用刺刀割断绳索，解救了卢前玉。

婚前"约法三章"

皖南事变后，新四军第七师成立，同时建立了皖江抗日根据地，新四军有了自己的家。时任第七师第五十七团政委的马长炎已是而立之年，别说成家，连对象都没有。他自己不急，区党委领导和第七师首长可把此事挂在心上。区党委组织部长李步新找到第五十五团供给部主任吴锦章，请他给马长炎牵线找一个对象。吴锦章心中有数，接受了任务。吴锦章的首选就是卢前玉，她的母亲是吴锦章的姑妈，吴锦章与卢前玉是表兄妹。吴锦章先分别向男女双方介绍了对方的情况，马长炎表示同意，卢前玉说："让我考虑考虑。"她的父母嫌马长炎年龄大了卢前玉10岁，又是带兵打仗的，不太同意。吴锦章反复做姑父母的工作，用马长炎的为人、品德优点说服他们，最后，老两口说，只要女儿同意就行。卢前玉慎思之后，表态同意。

一天，在组织上的安排下，吴锦章带着卢前玉同马长炎见面。他俩都认识，但过去无交往，这种相亲的见面，两人都很拘谨。吴锦章见状，借口有事，随即离去。马长炎先开口说："我是苦孩子出身，放过牛、要过饭，没上过学、文化浅，你嫌不嫌弃？"卢前玉答道："我也是穷苦人。我们都是为革命求解放，为打鬼子走到一起的。你比我年龄大，级别高，我们结合，你要爱护我、帮助我、不能欺负我。"两人谈得投机，相互满意，婚事基本定下来。并约法三章：马长炎说："一、该你知道的，你就知道，不该你知道的，不要问；二、我去打仗，你要支持鼓励，不能拖后腿；三、你是党员，要服从组织。"卢前玉表示接受。同时，提出自己的三条："一、我个性强，你要包涵；二、我想干的事你不要干涉；三、我是党员，绝对听党的话，服从组织分配，你尽可放心。"双方均认可无异议。卢前玉与马长炎奇特的婚前约法三章成了根据地的一段佳话。

1942年3月15日，卢前玉和马长炎在无为结婚。半个月后，马长炎调任新组建的含和独立团团长兼政委。5月初，马长炎离开无为，投入新的战斗，含和独立团首战螺丝滩、奇袭百旺市，连战连捷。马长炎在指挥作战时负伤，卢前玉没有半句怨言，只有精心照料和鼓励，恪守结婚时的约法三章。

耿家油坊脱险

1943年3月，已是新四军第七师含和支队副司令的马长炎正率领支队部分主力投入反扫荡战斗。6月间，日伪军队1000多人，兵分四路向和含根据地中心区南义集、耿家油坊一带杀来，妄图消灭和含根据地领导机关。敌人每到一处，烧杀抢掠，无恶不作。卢前玉此时正在耿家油坊村耿新超家生孩子，通讯员已下连当兵，耿新超正带领群众坚壁清野。卢前玉产后第二天，鬼子来了，房东耿妈妈急得团团转，对卢前玉说："卢大姐，这可怎么好，马司令怎么还不来？"卢前玉躺在床上吃力地擦枪，做好了与敌人以死相拼的准备。她平静地安慰耿妈妈："老马带部队打鬼子去了，你赶快转移。敌人来了，我拼两个够本，拼三个赚一个。"

正在此刻，马长炎的警卫员蒋其好赶到，先将耿妈妈送到安全地方隐藏起来，回来抱上孩子，扶着卢前玉与支队机关的几位同志一道艰难突围。

卢前玉布巾扎头，腰插驳壳枪，一手拄着竹棍子，一手捂着肚子，踉踉跄跄地跟在蒋其好后面走。他们翻山涉水，穿过几道敌人封锁线。遇暴雨倾盆，孩子淋得一路哭。卢前玉几天没吃东西，没有奶水，孩子饥饿哭得更凶。她心如刀绞，泪水与雨水交流，心想孩子如此哭闹，遇到敌人就会影响大家的生命安全，心一横决定丢下孩子。她将婴儿放在一个草堆旁用衣服盖好，一咬牙转头东去。警卫员心下不忍，走了一程又回头抱着婴儿继续赶路。夜晚过封锁线时，碰上敌人巡逻队，卢前玉与同志们掏枪便打，一下子撂倒七八个。当敌人省悟过来，他们已消失在黑暗中。

北撤路上

1945 年 8 月，日本投降，奉中央指示，新四军第七师于 9 月至 10 月，陆续撤离皖江抗日根据地。马长炎带领部队阻击敌人，后北上山东，未见妻儿一面。卢前玉带着两岁的儿子元飞和出生才一个多月的元祥，随行的警卫员、第五十七团的几位家属等妇弱一行八九人，为安全起见，沿水路向苏北行进。此时，卢前玉身体很弱，奶水不足，带着两个婴儿非常艰难。在路过无为汤家沟时，将元祥丢给一个姓范的乡长家。负责家属北撤的吴锦章知道后，命警卫员立即前去要回孩子。继续北行至陇海路附近的一个村子，住在一个姓刘的农民家，这家夫妇 40 多岁，膝下无后，卢前玉想，这一路风雨交加，还常遭敌军袭扰，孩子跟着受罪，不如送人讨个活路，就横下心又将元祥送给刘家做儿子。到晚上，警卫员不见元祥，得知又送人了，既气又急，心想在汤沟送人抱了回来，现在又送人了，回头怎么向首长交代。他连夜往返跑了 20 多公里路，把元祥又抱回队伍。

这年 11 月，到达山东博山，卢前玉和两个孩子才与马长炎见面。此时，马长炎已是第七师第二十一旅旅长，带领部队投入重大战役，屡立战功。卢前玉归队后任旅部机关协理员随部队行动，做部队政治思想工作。

新中国成立后，卢前玉服从组织安排，不追求职务，不伸手要待遇，不管在什么岗位上都兢兢业业地为党和人民辛勤工作。1972 年，卢前玉任安徽省轻工厅政治处主任，厅党组成员。1982 年离休，享受副厅级待遇。

卢前玉离休后，仍然保持共产党员本色，牢记初心，以一位新四军老战士的情怀，关心和爱护下一代，把她的革命传奇经历告诉他们，让红色精神传承下去，永远发扬光大。

烽火铁骑里的少年巾帼

——韩文植传略[1]

王惠舟

韩文植，无为县原白茆区沙垄人，1929年出生。幼年的韩文植，虽出身贫苦，却是个聪明伶俐、爱唱爱跳的女孩。白茆，地处无为东乡长江北岸。皖南事变后，江北党组织及时接应了由江南突围过来的同志。从而也加强了江北地区党的力量。随着形势的不断好转，皖中根据地日益巩固发展，无东地区成了新四军第七师皖南支队活动的中心。

韩文植

皖南地委经常活动在长江两岸，地委机关就住在白茆沙垄村。1943年底，在地委宣传部领导下，建立起文工队，开展敌后文艺宣传工作。13岁的韩文植由宣传部部长吴立基同志介绍参加了文工队，算是一名文艺小兵。

当时文工队刚刚组建，全队不过十几个人，成员主要来自本地一些青年学生，也有少数人是从上海、芜湖敌占区来到根据地的。队长张蒙天同志是来自上海的大学生，队里演出的很多剧本都是他编写的。指导员余耘同志是地委机关调来的，他对文艺工作比较有经验，具体主持队里各项工作。地委宣传部部长吴立

(1) 参见《无为县志》，社会科学文献出版社，1993年9月，第577页。

基同志自始至终对文工队都是非常关心的，除编剧、填写歌词外，文工队一有行动也都由他亲自带队。

刚建队时，只有两个女同志——胡士楠和韩文植。后来又调进了张秀英。真正能担起工作担子的是胡士楠和张秀英。文工队虽然人少，又没有什么“名角”，更谈不上有什么文艺修养，但是自成立之日起，就发挥了很好的作用，可谓是受任于危难之际，奉命于急用之时。

1944年春，皖中抗日政权调集了数万民工，在无东黄丝滩建筑长江大堤。文工队全体同志奉命开赴黄丝滩工地现场，白天一边和民工一起劳动，一边抓紧时间排练节目，晚上就搭起土台演出。节目内容多取材于劳动实际，很能鼓舞斗志。如筑堤要打夯，他们就按民工所熟悉的民歌小调填写新词，头天写好，第二天就和民工们在工地上唱成一片。记得有这样的歌词：“石硪打得高呀，哎哟！堤坝建得牢呀，哎哟！不怕江水汹哟，哎哟！秋天收成好呀，哎哟！”

为了歌颂黄丝滩水利工程，韩文植和同志们曾为民工们演唱了《黄丝滩大合唱》。其中唱道：“只有长堤坚强，才是生活保障，黄丝滩是人民母亲，我们永远为您歌唱。我们拥护共产党，敌人休想来猖狂！”

有时他们还以活报剧、二人对唱、地方小戏等形式进行演出。当年那些节目，今天看来，不仅难登大雅之堂，就连现在农村业余宣传队的演出也比它强，可在当时都是群众喜闻乐见的。只要听说是新四军文工队演出，民工和附近群众立刻能在台下围上成千上万的人。

有时，师部的大江剧团也来进行慰问演出，其中就有剧名是《银山下》的节目。内容是宣传团结抗日，反对摩擦。这些文艺活动，都能有效地团结人民、教育人民、组织群众，起着打击敌人的作用。

1944年夏天形势发展很快，江南许多老区被收复，同时又开辟了一批新区。皖南支队决定文工队过江去开展工作，帮助恢复和新建革命政权。那时，江面仍为日伪控制，不时有汽艇巡逻，出没无常，民船躲避不及便遭其残害，财产被抢，人被杀戮，投入江中。文工队渡江，就是抢渡水上封锁线。那次全队在吴立基同志带领下，乘坐一条民船，迅速横渡长江，顺利到达对岸。到岸后大家情不自禁地高呼：“我们胜利了，我们回来了！”

江南繁昌、铜陵一带很多地方都是老区，群众基础好，人民群众对党感情深。文工队接受的任务就是向老区人民宣传“我们打回来了”，恢复各种群众抗日组织，向新区人民宣传党的抗日主张，帮助他们建立革命政权。为适应工作需要，文工队以小组或个人开展工作，每人分工包一个自然村或行政村。工作刚开始，日、伪、顽残余势力有时还进行骚扰。遇到敌情，文工队就暂时停止活动，或打起埋伏，以利长期坚持斗争。

在分散活动中，韩文植因为年纪最小，又没有工作经验，于是被分配到一个条件非常好的老区自然村。一位老村长接她到村里，召开全村会议宣布由她讲话。韩文植把事先想好的话，讲给大家听。主要是说过去国民党反动派不抗日，专搞摩擦，打内战，制造皖南事变。现在新四军又打回来了，人民胜利了。老区人民应该发扬过去的光荣传统，把农抗、青抗、妇抗、儿童团都恢复起来，把工作做得更好。

这里是老区，群众觉悟都很高。很多人道理比文工队懂得还多，但他们还都非常认真地听韩文植讲话。当她讲到“我们又回来了”时，很多人眼中噙着泪水，因为他们已经亲眼看到撤到江北的子弟兵又回来了。

但是由于激动紧张，韩文植在讲到要把各种群众组织恢复起来时，有一个组织怎么也想不起来了，急得满脸通红，浑身冒汗，只好丢掉了这个组织，接着往下讲，但怎么也讲不利索了。老村长见状，站起来递给她一把扇子，让她坐下休息，然后对大家讲：“这位小同志还是位小鬼，比不得我们新四军那些干部和大同志，他们中的很多人都在事变中牺牲了。今天这位小同志来了，就代表我们的军队回来了。她是文工队员，就让她以后来给我们演抗日的戏，唱反‘扫荡’、反摩擦的歌吧。”大家立即鼓起掌来。这时韩文植才松了口气，也想起刚才忘掉的那个组织是儿童团。

开辟新区、建设人民政权的工作告一段落后，文工队由分散又集中起来，拿起自己的刀枪，为部队和广大群众开展文艺活动，到处回荡着我们文艺战士的歌声：“在文艺战线上，舞台是我们的战场，戏剧、歌咏是我们的刀枪，它反映着时代，并指示着前进的方向！”

1944 年秋天，经组织批准，韩文植回到皖江联立中学学习。1945 年抗战胜利了，遵照毛主席、党中央的指示，新四军北撤，韩文植也随文工队一起北上山东了。

既可跨马战沙场　亦能耕心润文苑

——王亦耕传略[1]

伍　骁

王亦耕

王亦耕（1923年6月—2003年6月），曾用名王英，无为县白茆镇人。1923年6月，出生在一个较为富裕的家庭。虽然物质生活相对富足，但王亦耕的童年无疑是不幸的，他的母亲去世得早，家中子女又多，父亲很少关心年幼的王亦耕。那个年代，家中长辈早早地为他与妻子朱志真定下了亲事，岳母黄德群爱屋及乌，对这个缺少母爱的孩子极为关心，将其接到家中生活，让他感受到了家庭的温暖。黄德群是一位共产党地下机要交通员，在那个白色恐怖年代，她经常把情报梳在发髻里、藏在内衣中，送到指定联络点。在她的影响和支持下，王亦耕开始学习文化知识，并逐渐走上革命道路。

此时的中国社会正酝酿巨变，旧中国人民饱受帝国主义、封建主义、官僚资本主义“三座大山”的压迫，特别是1937年“七七事变”爆发后，全民族的抗日浪潮一浪高过一浪。无为的大街小巷经常有很多热血青年在街头激昂地向群众

（1）参见《新四军在无为》，中共芜湖市委党史研究室，2019年10月，第83页；《皖江烽火》，安徽人民出版社，1990年6月，第379页。

宣讲抗日救亡，演唱流浪歌曲和《义勇军进行曲》等，唱出心中的满腔悲愤。王亦耕的妻子朱志真也是在她母亲的影响和教育下，积极报名参加了无为文艺宣传队，后转往新四军第四支队文工团。在妻子和家庭不断地影响下，尤其是在妻姐夫张君武前往延安寻求真理、投身抗日救亡斗争的带动下，王亦耕逐步懂得了什么是小我，什么是家国，国家和民族蒙难，人人有责，必须站起来、走出去，为国家独立和民族解放贡献一份力量。同时，在身边优秀的共产党员和进步人士身上，他看到了未来的希望，开始积极向党组织靠拢，积极参加革命斗争。

当时，国民政府为动员民众支持桂系的敌后抗战，于 1938 年 2 月，在六安成立了安徽省民众总动员委员会。无为县也成立了动委会，并先后成立了青年救亡协会和抗敌后援会。随后，各级工作团、服务团分赴城乡各地，深入进行抗日宣传动员工作。1940 年 8 月，王亦耕报名参加了和含巢无行政工作团，初任团员，后担任白茆区副乡长，他积极开展各种地下活动，秘密发动群众进行抗日斗伪。1940 年 10 月，王亦耕加入中国共产党。根据组织安排，调任中共巢湖地委干事、地委警卫团文化教员。1942 年 7 月，为进一步加强抗日宣传和党的政策宣传，皖中行政公署文教处在无为县抗日民主政府农工科政工队的基础上，成立了以青少年为主要对象的文化宣传教育组织——“皖中宣教团”。团长由文教处长方向明兼任，王亦耕任政治指导员。全团共 30 余人，分三个工作队，即青年工作队、少年工作队、妇女工作队。宣教团运用文艺宣传的形式到根据地的广大乡村进行文艺演出。用一些短小精悍、生动活泼、贴近生活的小节目来宣传和发动群众。还组织团员参加青年社会活动，深入农村搞调研，参加拥军优属、扶贫济困，参加党和政府开展的中心工作。1943 年 3 月，在反扫荡后，王亦耕调任湖东爆破训练班指导员、支部书记、队长。

抗日战争胜利后，王亦耕随部队北撤至苏北和鲁南，1946 年 8 月调至苏皖边区水利局工作，1946 年 11 月至 1948 年 1 月，根据组织安排，王亦耕在山东大学读书，学成后任华野三纵队担架团参谋，1947 年随军带领民工支前，荣立二等功一次。

1948 年 2 月至 1952 年 7 月，王亦耕回到家乡无为，历任区委书记、县委秘书、县委宣传部副部长。1952 年 8 月，调安徽省文化局，任局（厅）办公室主任、电影处处长，1956 年 12 月任副局长、局党组成员。刚调回合肥工作时，王亦耕在省文化局分管电影、戏剧工作。当时，百废待兴，条件非常艰苦。由于经费不足，文化设施、场地等非常简陋，给文艺工作开展带来重重困难。王亦耕在担任安徽电影制片厂厂长期间，他努力筹措资金，组织人马，并亲自担任制片主任，成功拍摄了我省第一部电影《风雪大别山》，一经放映获得广泛好评。1958 年 9 月，毛泽东主席视察安徽，王亦耕从始至终跟随车队，现场指挥拍摄工作，用新闻记录影片的形式，留下了许多珍贵的镜头，毛主席离开合肥时，二十万群众冒着大雨涌上街头，欢送主席离皖，这些珍贵的影像资料，成了安徽人民宝贵的精神财富。

王亦耕为安徽戏剧发展事业做出了巨大贡献。作为我省戏剧的名片黄梅戏，从剧团建设、人才培养和选调、曲目编排和演出，王亦耕都亲身参与，付出了无数汗水和辛劳。他虽然是行政领导，但特别尊重专业的演职人员、尊重老艺术家，善于倾听他们的呼声，主动替他们排忧解难，调动一切积极因素与他们打成一片。50年代后期至60年代初期，我省黄梅戏取得一批重要成果，诞生了不少名剧，如《天仙配》《牛郎织女》《女驸马》等。特别是我省与上海电影制片厂合作拍出的黄梅戏剧片《天仙配》，王亦耕不辞辛劳奔波沪、皖两地，邀请了许多知名演职人员和音响师等，片子播出后，虽然是黑白影片，但获得了省内外许多观众的一致称赞。

为不断提高我省戏剧事业发展，发扬国粹、学习传承中华文化，王亦耕多次组织人马进京、出省演出，还多次邀请京剧和各地名剧到我省进行交流演出，轰动一时的京剧“四大名旦”在安徽“江淮大戏院”的演出，有力地推动了我省戏剧事业的发展。

王亦耕还注重培养本土文化艺术人才。他积极领导、参与了筹建“安徽艺术学院”（后改为安徽艺术学校）工作。在创建过程中，他跑遍全国广招人才，如我省著名的画家陆敏荪、王碧梧夫妇，孔小瑜，童雪鸿，都是他多次往返上海等地，招纳到安徽艺术学校任教，从此扎根安徽，在这里工作了一辈子，为我省培养了大量的美术人才及教育工作者。

1963年12月，王亦耕调马鞍山市，先后任市委统战部部长、市政协副主席、市轻工局党委书记等职。在马鞍山市委城市建设委员会及轻工业局工作期间，王亦耕始终把民生冷暖放在心上，参与了城市煤气管道开通等工作，使马鞍山成为我省最早用上管道煤气的城市，极大地便捷了群众的日常生活。

1979年6月，王亦耕调安徽省文物局任副局长、局党组成员。80年代初期，全国文物工作刚刚复苏，作为文物大省的安徽便开始开展文物的保护发掘、鉴定、修复等工作，王亦耕作为发起人，尽管年事已高，但工作热情不减，陪同书法大家启功、谢稚柳等到现场参与鉴定与学术交流。同时，他提出并参与安徽省考古研究所、省文物商店等筹建发展工作，足迹遍布皖江大地。1983年12月，王亦耕任省文化厅顾问。1987年11月，他正式离休。

王亦耕热情关心下一代。1998年，家乡无为县在老区严桥、红庙一带（原皖江抗日根据地中心区、新四军第七师师部所在地）筹建三水涧希望小学，他听闻后，不仅亲自慷慨解囊，还广泛发动人脉关系，支援学校建设。他把捐建希望小学作为对老区人民的回报。在他的直接关心和支持下，1998 年 9 月 18 日，红色三水涧希望小学承载着先辈们的殷切期望，正式开学。此外，他作为省新四军历史研究会的成员，经常参加研究会的工作和活动，积极建言献策，发挥余热。

2003 年 6 月 19 日，刚刚过完八十周岁生日的王亦耕在合肥的家中安然逝世，他的一生，既可跨马战沙场，亦能耕心润文苑，他把自己的一切奉献给了党和人民的解放事业和文化事业，他的音容笑貌永远留在我们心中！

江流有声唱赞歌

——江声传略[1]

伍　骁

江　声

江声（1922 年 2 月—2002 年 12 月），无为县无城镇人，原名蒋声璠。江声的父亲蒋鼎成为人聪明能干，开过小店，也做过教书先生，他接受过新式教育，对新思想、新文化比较认同，也深知教育对孩子的重要性，他扛下了家庭所有的经济负担，让儿子专心读书学习。1927 年，年仅六岁的江声被父亲送往本地的私塾学习诸子百家等传统文化知识。在私塾里，江声整整度过了七个春秋，也奠定了一定的文学功底，能写得一手好文章，让私塾先生大为称赞。1934 年，蒋鼎成让江声好好准备考进学堂，接受新式教育，江声脑瓜聪明，经过半年多的努力，1935 年，一举考入了无为最有名的小学——杏花泉小学，随后又考入无为县立中学。由于父母对教育极端重视，江声的学习成绩一直名列前茅。

1938 年春，青年江声在无为东乡杨家坝教书，彼时为“七七事变”之后，抗日战争全面打响，日寇飞机飞临无为县城狂轰滥炸，江声家住县城草市街，该处在飞机轰炸中炸成废墟。江声目睹家园被炸，既愤懑，又彷徨，不知未来何处

（1）参见中共安徽省委组织部档案室“江声同志”干部档案。

去，他积极报名参加了刚刚成立的无为县民众总动员委员会，任宣传干事，开展抗日救亡的宣传活动。1939年，动委会工作队指导员魏今非牵头创办了战时文化服务社，刊印了《论持久战》《论新阶段》等一些革命书籍，还翻印了《抗敌报》《江北报》等报刊，江声来到服务社担任校对员，他革命热情高昂，经常大声诵读着这些热情洋溢的革命文稿，也更加坚定了他的革命信念。

1940年，由于国民党当局对新四军蠢蠢欲动，江声跟随新四军江北游击纵队青年大队东进皖东，来到了仪征县。数年的革命经历和战斗生涯，让江声懂得了共产党是为无产阶级、劳苦大众服务的，要想过上好日子，必须有永远跟党走的决心。在仪征县政府李公然（又名李放群）同志的介绍下，1940年4月，江声光荣地加入了中国共产党。在仪征县期间，江声先后担任了县政府会计、文教科员、县模范营指导员、仪征报编辑等，在连队工作期间，由于江声机警心细，曾破获一起混入连队的敌特分子阴谋暴动案，受到了县委的嘉奖。1941年5月，江声调往淮南区党委，任文印组长。同年8月，先后调任皖中区党委文书科长、南苏区委组织委员、新民南苏区委书记、临江县委组织部部长、无为县委宣传部部长。在地方工作的几年，让江声触动很大，他发现，在日伪顽交错的地区工作，必须更广泛地发动群众、依靠群众、组织群众，让敌人陷入群众的汪洋大海之中，才能不断取得胜利。

1945年抗日战争胜利之后，江声随同部队从无为北撤山东。1946年1月，华中局调江声任鲁南区二地委秘书科长，后又任曲阜、平邑县委宣传部部长，他继续保持昂扬的革命热情，积极投身于新区的肃清奸特分子运动和老区的土改复查工作。1947年，随着解放战争形势变化，江声先是转移到渤海地区工作，同年9月又奉调南下，于1948年1月抵达豫皖苏地区，在皖西四地委临泉县任工委委员兼土改工作组组长，后调任地委秘书科长兼工作队长。后继续南下皖西，在六北县任县委副书记，开展了数月的游击战争。1949年5月，江声奉调在皖北区党委宣传部任宣传科长，1950年3月，调任巢湖地委宣传部部长。

江声的文字和宣传方面才华一直被上级领导重视，1952年1月，安徽省委调江声任省委宣传部办公室主任，负责领导合肥高中的思想教育工作。同年下半年，江声任省委党刊编辑室主任、省委办公厅副主任。1954年，在省委的关心下，江声在马列学院学习一年，毕业后任安徽省委副秘书长、办公厅主任。办公厅是省委的大管家和运转中枢，在办公厅工作期间，江声在省委的领导下，不断提升政治意识和大局意识，不断提高自身的文字水平和政策水平，他高度重视调查研究工作，要求办公厅的同志一定不要坐府办公，撰写文字材料，要带着感情、扎根泥土中，这样才能写出贴近基层、贴近群众的好文章。1956年7月，江声任安徽省委文教部副部长。

1957年，江声调任六安地委副书记。1965年6月，他担任了安徽省委宣传部副部长兼省文联党组书记，同年底，任安徽日报社总编辑。在省直机关工作期间，他充分发挥自己的文学才能，加之地方工作经验丰富，以文辅政，编写和发表了多篇涉及我省党的建设和经济社会发展的文章，获得了省委的高度重视。

1970年1月，江声再次来到地方工作，任池州地区革委会副主任、池州地委核心领导小组副组长。1972年1月，江声任中共池州地委书记、池州地区革委会主任，1977年，任中共池州地委第一书记、池州军分区第一政委。在池州工作的近十年里，江声把自己的全部工作精力都奉献给了池州人民，他工作认真负责，经常赴一线调研指导，走遍了池州的每一块土地。他对自己要求严格，生活上从不搞特殊化，虽然是党委一把手，但他吃饭从来都是自己去食堂排队打饭，机关同志吃什么他就吃什么，由于没有什么领导架子，同志们都很愿意亲近他，同志关系融洽，工作也就更好开展了。

1979年2月，江声回到合肥，任省农委常务书记、副主任。他深知只有做好农业、农村、农民工作，党和国家才会长治久安。在省农委工作期间，他干一行、爱一行，努力钻研业务知识，积极向技术人员请教学习，让自己成为一名懂业务、会指导的农业干部。1984年12月，江声被选为安徽省顾问委员会委员。1993年12月，江声离职休养，行政11级。

2002年12月，江声在合肥逝世，享年80岁。他一生生活简朴，对自己一切从简，根据他的遗愿，他逝世后，不开追悼会，不举行遗体告别仪式。他是一个简单的人，更是一名伟大的共产党员。

子承父志从军去　百炼成钢凯旋归

——冯云传略[1]

胡晓燕

冯云，原名倪受华，1925年2月出生，无为县忠台乡元宝村人。1945年9月加入中国共产党。1938年5月参加新四军第四支队，1938年8月赴延安，历任学员、工作队员、接待员、收发、指导员、协理员、部长助理、科长、处长、团政委、师政治部主任、师副政委等职。

冯　云

冯云的父亲倪合台，1927年10月加入中国共产党，是中共无为特支首次在无为东乡发展的党员之一。冯云祖父是晚清秀才，靠教乡村私塾谋生。虽家道清贫，但为人刚直，思想开明。五四运动后，新文化新思想逐渐传播到中国城乡，倪合台萌发了外出求学的欲望。在父亲的支持下，倪合台报考了南京的一所高级中学。然而，这所学校灌输的封建伦理道德和施以奴化教育的做法与倪合台追求进步的思想相悖，于是倪合台中途辍学，和父亲一起在家乡首开兴学之风，倡导“自由、平等”的民主思想。

（1）参见《安徽中共党史人物传》（第二卷），安徽人民出版社，1994年12月，第107页；福州军区政治部老干部处《冯云档案》。

1928年，倪合台任中共无为县委书记，在白茆洲胡家瓦屋办识字班和农民夜校、成立白马洲农民协会，发动禁粮外运斗争，组织六洲暴动等革命活动。1931年9月牺牲。解放后，无为县人民政府为了纪念死难烈士，将倪合台和与他同时牺牲的张昌忠名字各取一字，将倪合台的家乡改名为忠台乡，借以昭示后人。

倪合台牺牲时，冯云6岁，孤儿寡母，生活窘迫。母亲只得带着他和3岁的弟弟回胡家瓦屋外婆家。冯云的外祖父胡厚培是著名的民主进步人士。在他的支持下，他的儿子、女婿、侄儿等亲属成为无为县建党后第一批中共党员，并资助他们在胡家瓦屋开展革命活动。因此，胡家瓦屋被誉为无为人民的革命摇篮，共产党的活动中心。冯云在外祖父一家无微不至的关怀下，生活在有着光荣革命传统的环境里，对冯云人生道路起到了积极的引导作用。

1937年抗日战争爆发。8月，在胡家瓦屋组建由李世农任书记，张恺帆、桂蓬为委员的中共皖中工作委员会，领导开展抗日救亡工作。冯云也积极地跟着舅舅走上街头，参加抗日演讲活动。1938年3月，他的几位舅舅、堂舅等亲属参加新四军，冯云也想跟着走。他的母亲心痛孩子小，舍不得他离开，在外祖父的支持下，6月，13岁的冯云参加新四军第四支队。皖中党工委和第四支队为保护和培养烈士遗孤，决定送冯云去延安学习，由去武汉开会的桂蓬亲自护送至武汉，再几经辗转，于8月顺利抵达延安。在延安，冯云先后在延安保育院小学、自然科学院、陕甘宁边区保卫干部训练班学习。冯云知道能赴革命圣地延安，在党中央领导身边学习的机会来之不易，因此，他克服少小离家，语言不通，生活习俗不同等困难，认真刻苦地学习。1944年6月，冯云先后在陕甘宁边区政府保安处二科、交际处工作，曾担任美军观察组接待员；第十八集团军总部、陕甘宁边区政府收发。不管去哪个单位，安排什么工作，冯云都服从命令听指挥，努力地把工作做好。

1946年7月，冯云转部队工作，随南下工作队进入山东，任山东省政府警卫队副指导员。1947年7月，任华东野战军七纵山炮团政治处保卫干事。1948年1月，冯云任华野七纵山炮团一连指导员。炮兵号称战争之神，作用是大规模压制敌方火力，摧毁敌防御工事，杀伤敌有生力量。根据战斗需要，炮兵连有时兵合一处，有时冯云与连长各率一部，配合步兵作战。在胶济路西段攻克张店、淄川战斗中，炮兵在阻击济南国民党军东援，对确保潍县战役的胜利起到了重要作用。此后，冯云又参加兖州和淮海战役。在围歼黄维兵团，双堆集歼灭战，尤其是在血战尖固堆和大、小王庄战斗中，冯云率部配合步兵作战，发挥了山炮火力支援的巨大作用。1949年2月，冯云任第25军山炮团一连指导员。渡江战役前夕，他奉命率部奔赴无为县二坝镇，配合步兵攻克江北碉堡群，同时抑制芜湖敌军，为渡江战役扫清了外围障碍。

无为县是冯云的家乡。在攻克二坝镇后，他的母亲闻讯后，立即扶着年过花甲的外婆，步行 30 多公里，赶到二坝看儿子。这是冯云参军离家 11 年后，母子亲人重逢。当看到朝思暮想的亲人那一刻，积攒了 11 年、时时刻刻都在牵挂的泪水奔涌而出。

4 月 20 日夜，第 25 军从安徽省无为县汤沟镇突破江防，与国民党江防部队第 20 军相遇，在湾沚对其形成包围，仅用两个多小时，取得 1 个军歼灭 1 个军的胜利。然后急插郎溪、广德地区，与中路渡江的几个军截歼南京等地十多万南逃之敌。5 月，参加上海战役，攻克吴淞，切断国民党军海上逃路。6 月 1 日，进攻崇明岛，迫使守敌缴械投降。在追歼逃敌时，冯云和战士们克服皖南山路崎岖难行的困难，紧跟大队不掉队，让山炮在攻城拔寨战斗中发挥了重要作用。

解放后，冯云历任第 25 军第 224 团后勤处协理员、华东军区后勤部青年部部长助理等职。1957 年 1 月，冯云调福州军区炮兵政治部、宣传部任科长、处长等职，参加了炮击金门战斗。1967 年，冯云任炮兵第 64 师第 622 团政委，赴越南参加抗美援越战斗，在异国他乡，指挥部队作战。1972 年后他历任第 64 师政治部主任、第 72 师副政委等职。1979 年 2 月，冯云再赴越南，参加对越自卫反击战。他的女儿和女婿也参加了战斗。他的女儿在战场上冒着密集的弹雨抢救伤员，荣获三等功。演绎了父女同上战场，巾帼不让须眉的佳话。

1955 年，冯云获三级独立自由勋章和三级解放勋章。1955 年授大尉军衔，1964 年晋升中校。1965 年 5 月定为行政 14 级。

冯云是烈士的后代，又是军队的高级干部，但他从不炫耀自己的功绩。他对党无限忠诚，对革命无限热爱，对工作无私奉献，对家人严格要求。他经常对子女说："有多少并肩作战的战友倒在黎明前，看不到胜利的今天，而我们都好好地活着，我还有什么可抱怨的呢？"

1991 年 11 月，冯云因病逝世，终年 66 岁。

金色盾牌铸忠诚

——吴定远传略[1]

伍　骁

吴定远

吴定远（1922年11月—2013年3月），曾用名吴鼎远，安徽省无为县严桥镇古楼岗谭村人。幼年时的吴定远生活窘迫，有着一个不幸的童年，他的父亲去世较早，母亲在父亲过世后没几年也撒手人寰，吴定远在家中最小、行五，两个哥哥早早做起了农活，挑起了养家糊口的重担，两个姐姐未成年便送到别人家做童养媳，失去双亲的吴定远只能由大哥、二哥抚养。由于家境贫寒，兄长们也皆为贫农，吴定远从小不得不以放牛为生，但他爱文化、爱学习尤其痴迷读书，在牛背上就读完了《三国演义》《红楼梦》《水浒传》等经典名著，见他如此爱学习，心疼幼弟的二哥也鼓励他读书，他资助吴定远读了几年私塾，在兄长的关心下，课堂上的吴定远抓住机会，如饥似渴的读书学习，学到了不少文化。

1937年“七七事变”后，抗日战争全面爆发，抗日浪潮在濡须大地上激荡，红色的种子不断在这片土地上滋生。读书明理的少年吴定远在内心暗下决心，一定要找机会参加共产党领导下的革命队伍。1941年“皖南事变”后，新四军重

（1）参见安徽省公安厅政治部《老干部档案》。

建军部，所属部队整编为7个师。活动于皖江地区（我省境内长江两岸）的无为游击纵队、新四军第3支队挺进团及皖南事变突围出来的部队编成新四军第七师，师部坐落于无为县红庙海云村的三水涧。以严桥、红庙为中心，建立了全国十九块抗日根据地之一——皖江抗日根据地，中共皖（中）江区委机关驻严桥镇凤家祠堂。一时间，吴定远的家乡成了红色革命的中心区。1942年6月，吴定远光荣地加入中国共产党。1942年8月，吴定远担任了尚礼区（现属严桥镇）政府办事员，正式走上了革命的道路。

不久，吴定远调任湖东区政府公安区员，该区公安负责人为江厥成（新中国成立后曾任安庆市公安局局长、安徽省公安厅副厅长），当时的基层组织异常需要年轻有文化的同志，他看到青年吴定远精明强干，便决定考察培养这个小伙子，于是他委派吴定远到附近的一个村蹲点一段时间，就该村的农民结构情况、风土人情等写一篇调研报告。吴定远沉下心到村里走访，仅用一周时间，手写了一篇1500字左右的调研报告，江厥成一看，小伙子的材料不仅有思路有想法，而且还写得一手好钢笔字，从此便更加欣赏和重用吴定远了。在组织的关心培养下，吴定远工作战斗经验不断丰富，迅速成长为公安战线的骨干力量，并先后担任了湖东区政府派出所所长、审讯股长和新四军第七师锄奸部干事。

1945年8月，抗战胜利结束后，吴定远随部队北撤江苏淮阴，任第七师干部大队队员。后部队撤至山东鲁南枣庄市，吴定远任枣庄市公安局侦察股长、鲁南专署公安局股长，在枣庄的一次撤退任务中，国民党军队从枣庄市东门凶猛攻进，当时有国民党军一个班12个人追击吴定远，他急中生智，从一条不显眼的壕沟跳下，隐蔽在沟里，后面的敌人怕有埋伏便不敢继续追击。部队先后换防到河南新蔡县、安徽阜南县，吴定远相继担任公安局副局长和局长。1947年六七月间，组织调吴定远到庐江县任公安局局长，吴定远随部队400余人经六安两河口前往庐江，在两河口被国民党桂系顽军发现，敌军一个团在当地设伏，他们十分狡猾，放过了我军护送的先头部队，专攻行军中走在中间的干部大队的队员们，经过惨烈的战斗，吴定远率部突围，但不幸腿部中弹负伤。到达庐江县后，吴定远作为公安局局长，积极开展政权接受后的剿匪反霸斗争，他善于抓主要矛盾，迅速摸清庐江的敌情、我情和社情，第一时间抓捕了数名首恶分子，并及时召开万人审判大会公开审判处决，使新生的人民政权，得到了庐江人民的广泛拥护。

1948年下半年，吴定远调任安庆市公安局，历任政保科科长、副局长、局长。由于安庆为我省的老省会，虽然刚刚解放，但国民党敌特活动频繁，情况较为复杂。吴定远上任伊始，便全力打击敌特活动，维护社会稳定，他亲率十余名精干力量，在周密部署安排后，端掉了国民党安庆怀宁军统地下站，成功捕获安庆军分区周边一伙以卖豆腐送豆腐为名开豆腐坊、实则从事敌特活动的国民党军统分子，受到了省公安厅、安庆地委的大力表彰。同时，为了给公安系统广大从事侦察锄奸的同志以帮助，吴定远仔细研究几起军统敌特活动特点，他不辞辛劳，运用丰富的审讯技巧，亲自审问军统分子，摸清了其地下工作站的内部人员配备、工作运转等共性规律，汇编成册，并上报省公安厅，受到了省委政法部领导陈元良同志在全省会议上的表扬和推广。

1954 年，安庆市召开了第一届人民代表大会，由于吴定远工作能力突出、群众威信高，会上，他当选为安庆市人民政府副市长。后因办案需要，省委调吴定远任安徽省公安厅政治部主任。1958 年，吴定远调任省人民委员会办公厅（即省政府办公厅）主任（正厅），是当时全省最年轻的 13 级高干。1958 年 9 月，毛泽东主席视察安徽，吴定远被专门抽调，全程参加合肥、芜湖、马鞍山沿途的安全保卫工作，他尽心尽力、尽职尽责，圆满地完成了安保工作。1962 年以后，又先后任白湖农场场长、利新农场革委会副主任。1972 年 7 月，任巢湖铸造厂党委书记。“文革”后，先后担任了安徽省公安厅劳改局党委书记、局长，省公安厅副厅长、党组成员。

吴定远始终情系家乡，关心支持家乡无为的发展、建设。在任白湖农场场长期间，因家乡受灾求援，他将农场部分牛群、化肥、农药等以低价出售给无为县。在任巢湖铸造厂党委书记期间，他又无偿向无为人民支援了大量的电线、灯具等紧缺急用物资，并积极协调解决水泥等物资，解决了许多百姓生产生活和家乡建设的难题。

1983 年 6 月吴定远光荣离休，1991 年 6 月，他荣获公安部授予的人民警察一级金盾荣誉章，这是公安部颁布的最高荣誉。2011 年 11 月，经批准，吴定远享受副省长级医疗待遇。

2013 年 3 月 24 日，吴定远因病在合肥逝世，享年 91 岁。2015 年，根据其遗愿，其家人主动响应国家移风易俗号召，将其骨灰撒在安庆市长江之畔，从此，他化身为“人民守护神”，永远地护卫着滔滔江水和岸边的万家灯火。

忠诚永在山水间

——杨克鹏传略[1]

王惠舟

杨克鹏，1928年7月20日出生于安徽省无为县新河镇杨家小村，六岁启蒙于本村私塾。他自幼聪颖好学，私塾六年，熟读经书，汉学诗词基础扎实，书法功底深厚，尤以隶书、篆书出众。他创作的诗词书法作品多次被选入省、市级书法美术展览。其中一幅篆书作品，被全军书画展收藏，同时被收入画册。他的很多作品展后被老战友和老首长珍藏。

杨克鹏

1942年初，杨克鹏经父亲的好友胡治平（时任无为县抗日民主政府第七区区长）介绍，到皖江根据地初中读书。该校就是金稚石先生1941年在皖中抗日根据地创办的第一所新型学校——王村学堂。

1943年春，因日伪春季大扫荡，学校被迫停办近一年，年底学校又复办。1944年春学校更名为皖江联立中学，金稚石先生继续兼任校长，新老同学又重新回到学校继续读书。当时这所学校在皖中根据地，被称作新四军干部的摇篮。学校培养的大批学生，绝大多数都走上了革命道路，很多人后来担任了党政军领

（1）根据新四军老战士左双山口述整理。

导职务。

1945 年 7 月，杨克鹏毕业了。起初他和同学胡斯夫（胡竺冰的侄子）两人被分配到陡沟小学任教，他俩不愿去，想参加新四军。当时正放暑假，他们尚未去学校报到。正在这时，两人同时收到老师吴海若的来信，要他俩接信后速去新四军第七师政治部报到（吴海若已在新四军第七师政治部宣传科工作）。看完来信二人欣喜若狂，即刻打点行装，星夜启程赶往第七师政治部报到。从此，杨克鹏走上了革命道路，开始了军旅生涯。

杨克鹏 1945 年 10 月参军，即随军北撤，1946 年 5 月转战鲁南，在鲁南地区小窑第七师特务营四连入党，同年 11 月转正，成为一名正式党员。解放战争时期他曾荣立三等功两次、四等功多次，先后在华东军区测绘室、司令部机关任职。新中国成立后，杨克鹏工作过的单位有：华东军区气象处、华东军区干部招待所、华东军区第 21 文化速成中学等等。他尽职尽责，很受好评。在 1957 年肃反运动中杨克鹏受到通令嘉奖。

1975 年 5 月，接到军区通知他去合肥办理转业手续的电报。杨克鹏内心激动不已，感慨万分，欣然拿起笔赋诗二首：

其一　安徽省军区纠错平反

摇篮襁褓觉吾军，赤子无邪炉火青。
劫去洁来桑未晚，宁移白首老来清。
金戈铁马劲驰骋，陨石横飞祸及身。
律转阳回还金赤，枯藤老树又披青。

其二　接省军区电报通知去合肥办理转业手续

阶下生涯廿一年，风刀霜剑苦熬煎。
抬头不敢看红日，府首乃写无罪篇。
春风枯枝发新芽，肥电亲召回娘家。
质本洁来还洁去，再赴征程献年华。

1990 年，少时曾在王村学堂上过学的王春生（福州大学原副校长），来南京与南京市立第一医院党委书记王绪国，市老干局长王绪仓，还有王余三、王余九、王绪奇等十来位王村学堂的老同学，共叙往事，回忆少年时在王村学堂教课的老师，怀念创办王村学堂的恩师金稚石先生。1991 年，是王村学堂建校 50 周年，也是金老先生在无为皖中抗日根据地创办的第一所新型学校 50 周年。当年王村学堂这些同窗学友商量决定，借此机会，组织发动当年的同学、战友，到无为母校故地举办一个专题纪念活动，这个建议很快得到了各地校友们的热烈响应。

举办这次活动，首先要得到无为县委、县政府和上级有关领导的支持和帮助。鉴于杨克鹏同志在部队曾多年从事宣教工作，接触的领导多人脉广，请他出面张罗，牵线搭桥最为合适。杨克鹏毫不推辞，抱着对恩师的感恩之心和对老同学、老战友的深情厚谊，欣然接受。在近一年时间里，他自费往返苏皖各地，先后找到了原安徽省副省长马长炎、国家广电总局副局长周新武、巢湖专署专员谭布真、无为县委书记徐业培等多位领导同志，提出了希望在无为举办怀念恩师金稚石创建王村学堂50周年专题活动的愿望。领导们被杨克鹏虽年过花甲，但还是满腔热忱对待革命前辈和恩师的敬仰感恩之情所感动，表示要全力支持。在无为县委县政府的主持下，办好这次专题活动。

专题活动由无为县委办、党史办、民政局、县教委共同承办。活动期间县委书记徐业培亲自到会发表了讲话。他要求全县学习金老先生革命精神和教育思想，走科技兴县、教育兴县之路，号召全县教育工作者以金老先生为楷模，把教书育人的崇高精神，进一步发扬光大。

专题活动期间，县广播电台、电视台向全县播放了活动纪实音像，活动结束后还专门出版了《人民教育家金稚石先生纪念专集》，给所有参会的老同学、老战友、老领导留下了难忘的记忆。专题活动的接待工作也十分热情周到，来自上海、福建、河南、山东、江苏等十几个省市的同学、战友、领导和金稚石先生的亲属共六十余人受到了热情接待。在活动中杨克鹏代表全体王村学堂的老同学，向恩师金稚石先生献上诗作：

缅怀金稚石先生

德高文灿明爱憎，酿蜜吐丝泽后生。

如今桃李蓝青出，得惠何能忘恩师。

20世纪80年代，离休在家的杨克鹏，不甘赋闲，积极参加各类社会公益活动。1983年8月应江宁县政府之邀，参加“仲铭亭”揭碑典礼，纪念邓仲铭同志牺牲40周年。亭名为武中奇所写，亭内巨碑碑文由杨克鹏亲书：

邓仲铭：原名邓振询，1943年8月在江宁六郎桥与日寇遭遇战时壮烈牺牲，时任苏南区党委书记。

杨克鹏还赋诗记之：

秦淮河畔竹山头，烈士英名万古留。

碑石昭然亭屹立，忠魂碧血写春秋。

90年代，杨克鹏在新四军研究会南京分会任副会长，原新四军第七师独立团四连指导员郑世俊向他反映，1944年8月23日，他们连的23名战士，在无为三尖山与国民党军队的战斗中全部牺牲，到现在都没有建一个纪念碑，希望新四军南京分会能促成这件事。杨克鹏及时向分会的主要领导、原市委副书记贾世珍、市政府副市长周北瑜、原南京军区司令部副参谋长金星沐、原解放军南京工程兵学院院长顾鸿做了详尽汇报，得到他们的重视和支持。接着，杨克鹏陪同四位首长赴无为为建碑做实地考察，来到了新四军第七师原师部所在地三水涧。当时那里的小学房屋十分简陋，教学设施匮乏。杨克鹏当场向首长们提出一个想法，能否借助首长们的影响和威望，以新四军历史研究会南京分会的名义，号召新四军第七师和皖江根据地健在的老同志、老战友，共同为23名牺牲的战士捐资建造一座纪念碑，同时在第七师师部旧址建一所希望小学。此想法一经提出，立即得到四位首长的赞同。在他们的授意下，杨克鹏马上动笔，向在沪、苏、浙、皖、赣、豫、闽等地的第七师健在的老同志、老战友近千人发出了倡议书。历时半年，得到六百七十余人的捐资赞助，共计收到资金数十万元。筹得捐款后，杨克鹏又多次陪同分会领导到无为，与县委、县政府共商方案实施和选址事宜。后经无为县委政府研究，决定在无为的三尖山原新四军第七师四连曾经战斗的地方，为壮烈牺牲的23名战士建立一座纪念碑，同时，在新四军第七师师部所在地建一所标准化的三水涧希望小学。

2002年10月，庄严高大的三尖山烈士纪念碑竣工，三水涧希望小学也同时落成，杨克鹏饱含真情，献诗一首：

三水涧希望小学

稻田油绿麦苗青，苍翠团山育后生。
抗日先锋成耄耋，故人犹记战时情。
三涧清渠依旧流，希望小学立新楼。
翩翩花朵书声朗，立志潜心为国酬。

毕生献身人民革命和建设事业的杨克鹏同志，2006年12月不幸逝世。但是他对党对人民的无限忠诚，永远被历史铭记，永远留在青山绿水之间。

一生戎马　光照后人

——戴惠平传略[1]

戴尉华

戴惠平

戴惠平，1927年出生于无为县练溪乡一个贫苦农民家庭，1941年参加新四军，当时部队领导考虑到他年少，就安排他回乡村给地下党组织做交通员，在当时的无为县第五区区长王光钧领导下工作，负责传递信件和情报工作。

1942年初，戴惠平经王光钧推荐，到新四军第七师卫校学习，为期六个月，毕业后分配到第七师第56团8连任保健员，主要任务是从事战地救护及保健工作。

1943年初部队整编，戴惠平所在的8连划归沿江支队白湖大队，该大队共有4个中队，他所在1中队驻守在白湖魏家坝一带。3月中旬，日军大举进攻我根据地，部队经过一天激战后撤出，转向敌顽占领区之间活动，抗击日军和国民党顽固派军队，经过半月左右的周旋，在日军撤退后又回到白湖一带驻守。1943年3月，经中队政治指导员李近白、钱世庆同志介绍入党，从1943年11月至1945年8月一直在沿江支队沿江团卫生队任医务员，医保干事等。随部队转战于安庆、芜湖之间的长江两岸广大地区，同日军及国民党顽固派军队进

(1) 参见《无为县志》，社会科学文献出版社，1993年9月，第578页。

行殊死战斗，多次击退大举进攻的日军及国民党顽固派军队。

1945年8月日军宣布投降后，戴惠平负责把数十名伤病员转移护送到无为县根据地去。他们从贵池梅埂登船沿江东下，途中在土桥附近遭北岸国民党军队开枪射击，幸好夜间船速较快，未遭伤亡安全到达无为县。9月初移驻开城桥附近，抓紧治疗伤病员。此时内战的枪声一天比一天紧，解放区在缩小，大批伤员需要转移，师卫生部指示戴惠平负责。经过千辛万苦，戴惠平终于将伤病员安全送达目的地。

1945年10月，沿江支队与含和支队合编第21旅，戴惠平任旅卫生部医政股干事，先后参加了淮阴战役、涟水战役、莱芜战役、孟良崮战役、诸城战役。1947年10月，他被调到该旅第57团卫生队任医保干事，参加了莱阳战役。1948年3月，他调任第七纵队（后改为第二十五军）卫生部医保科任科员。一直到1949年8月，经历了淮海、渡江、上海等战役。他不畏艰险、出生入死。为革命流过血、负过伤，经受了长期艰苦复杂的革命战争环境的锻炼和考验。

1952年，戴惠平参加抗美援朝，负责组织指挥师前线医疗救护所的伤病员救治和转运工作，由于作战勇敢、救护工作显著而荣立三等功，出席师、军庆功大会获得军功章，和朝鲜政府授予的朝鲜人民民主共和国三级国旗勋章一枚。

1954年7月戴惠平报考军医大学，被长春第一军医大学录取，毕业后分配到北京军区总医院医务处担任副主任（主持工作）。

1964年4月，戴惠平被调到吉林省军区卫生处任副处长，由少校军衔晋升为中校军衔。1969年10月任吉林省军区卫生处处长。长期从事军队后勤医疗卫生工作，在实践中积累了丰富的工作经验，顾全大局、正确对待个人得失，服从党组织需要，认真工作、尽职尽责。戴惠平虽然在机关工作，但从不居功自恃、始终保持革命战争年代的那么一股劲、那么一股革命精神。经常深入部队医院、部队基层调查研究。为部队后勤医疗卫生工作的建设呕心沥血，贡献了毕生的精力。在辽宁海城、河北唐山发生地震时，根据吉林省军区党委决定成立吉林省军区抗震救灾医疗队，并由他率领医疗队日夜兼程奔赴地震灾区第一线，同医疗队员们吃住在条件艰苦的帐篷里，组织指挥医疗队救治受灾群众。由于医治救护工作成绩显著而受到沈阳军区、吉林省军区首长和当地政府、灾区人民群众的好评。并受到了党中央、中央军委、国务院领导同志和中央抗震救灾慰问团的亲切接见。

1978年，任吉林省军区后勤部副政治委员。

1980年，任吉林省军区纪律检查委员会专职委员。

1983年离休，行政十三级，正师待遇。戴惠平离开了领导岗位后，在他生命的最后十五年里，他终日与书、报、广播、电视为伴，每天都在关心着世界风云变幻、祖国改革开放、经济建设和祖国统一大业。他还经常与老战友、老同事讨论其影响的国际军事局势及其战争策略。他虽身患疾病却仍然坚持担任军区干休所第二党支部书记工作，为人表率。他负责的党支部多次被干休所评为先进党支部。他还关心青少年的思想培养教育，一直坚持带领干休所的老干部们深入工厂、部队、学校为革命传统教育报告，并担任吉林大学历史系“荣誉导师”，为稳定高校学生的思想和培养跨世纪接班人做出了力所能及的工作，受到了军内外的一致好评。

戴惠平作为军队的高级领导干部，党性观念强，处处以普通共产党员的身份严格要求自己、家属和子女。他严于律己、清正廉洁、两袖清风、一身正气，在军区官兵中威望较高。

戴惠平一生功勋卓著。1950 年 11 月荣获四等功一次，1951 年 10 月荣获四等功一次，1951 年 3 月荣获三等功一次。1953 年 7 月，在志愿军朝鲜金城反击战中荣获三等功一次。1955 年 9 月被授予大尉军衔，1960 年 2 月晋升为少校军衔，1964 年 4 月晋升为中校军衔。1953 年 7 月荣获朝鲜人民民主共和国三级国旗勋章，1957 年 6 月荣获中华人民共和国三级独立自由勋章，三级解放勋章，1988 年 7 月被中央军委授予中国人民解放军独立功勋荣誉章。

1998 年 6 月 3 日，戴惠平因病在解放军长春 208 医院逝世，享年 71 岁。

优秀是一生的孜孜追求

——唐惠民传略[1]

丁以龙

唐惠民，1925 年 8 月 18 日出生于无为县姚沟镇。祖父母辛苦劳作耕耘，算得上一个丰衣足食的小康之家。唐惠民 10 岁时随大祖父的四儿子唐润章读私塾。抗战爆发后停学在家，以后又读小学、初中，1942 年失学，随父在家务农。

唐惠民

此时，无为地区虽被日伪军占领，但广大农村仍由共产党领导的新四军控制，相继建立了县、区、村抗日民主政权。1941 至 1942 年间，唐惠民先后两次遭遇日军在抗日根据地的扫荡，一次，他利用地里油菜做掩护而逃脱；一次则躲到闵家冲的湖里，用荷叶遮挡逃过一劫。

1943 年初，由县区抗联主任吴欣荣、吴云和党支部沈华卿等人动员、推荐，唐惠民被选为村长，承担了支援抗日、组织反扫荡、动员参军、减租减息、发展生产等工作，从此走上革命道路。

1945 年初，进入无南工作队，5 月调到新四军第七师主办的抗日军政大学第十分校学习。1945 年 8 月 15 日，日本宣布无条件投降，唐惠民所在的第二中队

（1）根据新四军老战士赖竹岩生前回忆录综合整理。

改归新四军第三师独立旅建制。与赖竹岩、喻志柱分配到旅政治部民运科。

随后第三师独立旅奉命北上，唐惠民与战友们从新四军第七师师部所在地——恍城出发，到巢湖散兵上船，过巢湖至定远，经江苏高良涧、山东临沂、河北河间后，由山海关转出冷口、阜新，1945 年 11 月到达通辽。

1946 年初，辽北省委从到达东北的部队中，挑选一批有地方工作经验的同志下到地方，开辟新区。唐惠民、赖竹岩等同志因之前做过地方工作，奉第三师独立旅之命调往辽北省五地委，自此离开部队转入地方工作。唐惠民和孙哲、喻志柱分配到通辽县大德泉区。孙哲任区委副书记，喻志柱任区大队教导员，唐惠民任大队长，赖竹岩则到隆兴区。

当时东北地区敌我力量对比上是敌强我弱，国民党依仗美国支持以及军事上的优势，不顾全国民众反对，撕毁停战协定，大举进犯解放区，不久通辽失守。唐惠民奉上级指示撤到辽北省委所在地——白城子，随后进入省委党校（洮南）学习。

1947 年，西满分局从辽北省抽调一批干部支援黑龙江新区，唐惠民被调至龙南地委秘书处。不久又调任望奎县惠头区，任区委书记。惠头区有人口 2 万—3 万人，区委工作人员 100 多人，包括工作队。主要工作是发动群众搞土改，动员参军，组织春耕生产。

当时，东北地区土改基本结束，转入以农业生产为中心。省委宣传部等领导到惠头区考察，发现唐惠民领导的惠头区土改时没有分光吃光，留下了春耕的种子、牲畜、农具，对后来的生产很有利，经验值得推广。1948 年 10 月，唐惠民调黑龙江省委政研室任调研员，参与农村工作、农业生产等政策的调研制定。

1949 年 4 月，党中央、毛主席命令部队渡江作战，解放全中国。同时从各大解放区抽调大批干部随军南下，唐惠民亦奉调至黑龙江南下干部大队二中队，任分队长、支部委员。

1949 年 5 月，黑龙江南下大队到达江西九江。在九江稍事休息后，按照江西省委指示，在九江就地分配工作。唐惠民任德安县县委委员、宣传部部长。他率领一个连队和县大队深入山区、农村开展剿匪、反霸、减租、减息、征粮、支前。

1950 年冬，调中共九江地委，任地委宣传科长、地委青委副书记。

1952 年，调永修县，任县长。

1953 年，国家第一个“五年计划”开始后，唐惠民奉中共中央中南局、中共江西省委之命，由地方转工业战线。

1953 年 4 月，中共江西省委、二机部安排，唐惠民到“一五”计划、苏联援建 156 项重点工程之一的洪都机械厂（320 厂）工作，担任厂长办公室主任兼苏联专家办公室主任（行政13级）、五车间（铆焊）主任。在这里，唐惠民作为我国航空工业的创建者为新中国制造的第一架飞机贡献了力量。

1956年，唐惠民作为调干生到北京航空学院学习。1957年9月，因中共江西省委决定唐惠民调任萍乡钢铁厂副厂长而中止学习。

1957年至1970年，唐惠民在萍钢工作14年，先后担任副厂长、副书记、厂长、党委书记。1962年，萍钢被授予“全国红旗单位”光荣称号，中共江西省委号召全省工业企业向萍钢学习。

1970年，调至分宜钢铁会战指挥部，任副总指挥，继而任厂长、党委书记。

1975年4月，奉中共江西省委之命，唐惠民参加国家重点工程——九江炼油厂建设，担任九江炼油厂党的核心小组组长、筹建领导小组组长、厂长、党委书记。

鉴于九江同时在建有两个重点工程，即炼油厂、发电厂，为协调解决建设中出现的矛盾和问题，对工程实行一元化领导和指挥调度，加快进度，节约资金，江西省委决定成立九江油电建设工程指挥部，指挥部对省委、省政府以及国家石油部、电力部两个部委负责。这一决定，保证了总投资近四亿元的年产250万吨炼油厂和装机25万千瓦发电厂，只用了不到五年时间先后建成投产。

这一时期，唐惠民先担任炼油厂党委书记、厂长，继而又担任指挥部党委副书记、副总指挥、党委书记、总指挥等职。

这两个项目的建成，为改革开放后江西经济的发展奠定了基础，发挥了重要作用。

1979年12月，唐惠民担任江西省经委副主任、党组成员（正厅级），分管技术改造、新产品开发、新技术推广应用、质量管理、食品工业等多项工作。

1988年，唐惠民任江西省政协常委，1993年正式离休。2009年起享受副省级医疗待遇。

离休后，唐惠民担任江西省新四军研究会会长，历任两届达十年之久。任职期间不取一分钱酬劳，不拿误餐、交通补贴。在他领导下，江西省新四军历史研究会组织抢救挖掘红色史料，学术成果丰硕，出版了大型画册《新四军从这里走来》《江西三年游击战争史》等书籍；编辑出版了《马家洲集中营》《武山雄鹰》等；出版了《纪念新四军成立七十周年全国新四军老战士书画作品集》，举办了毛泽东诞辰110周年、陈毅诞辰100周年书画展并编辑出版纪念画册，为开展爱党、爱国教育提供了丰富的素材。

为了形象展现南方红军三年游击战争，唐惠民组织率领团队，历时3年，跨越8省14个游击区、68个县市，行程2万多公里，踏查革命旧址、遗迹171处，采访老红军、烈士后代和老村民，拍摄近千幅照片，收录整理大量文史资料，编辑出版大型画册《新四军从这里走来》，为研究新四军光荣战斗历史留下了珍贵史料。

南昌是新四军诞生地，为加强对革命旧址的保护，大力宣传新四军光荣历史，弘扬铁军精神，在唐惠民等新四军老战士多年奔走呼吁下，时任省委书记孟建柱约见了江西省新四军研究会正副会长，听取意见，决定改扩建南昌新四军军部旧址陈列馆。投资 4 亿多元、占地约 3 万平方米、总建筑面积 1 万多平方米的南昌新四军军部陈列馆新馆，历时 3 年，于 2011 年建成开放。新馆在当时国内新四军纪念场馆中规模最大，成为南昌红色旅游的崭新名片。

由于唐惠民同志的努力工作，江西省新四军历史研究会获得广泛的社会认可和好评，从 2002 年起连续 6 年被江西省社联评为“全省社会科学工作先进单位”，多次被江西省民政厅评为“全省先进社团”。

唐惠民个人先后 4 次获得中共江西省委组织部、江西省社联、江西省经贸委直属机关党委授予的“优秀共产党员”“离退休干部先进个人”“江西省社会科学先进工作者”等称号。

唐惠民于 2016 年 11 月 3 日逝世，享年 91 岁。

一生奉献为人民

——陈恩钊传略[(1)]

耿松林

陈恩钊

陈恩钊，无为县严桥镇响山人。生于1927年7月，早年就心向革命，立志打碎旧世界，为劳苦大众翻身求解放出力出汗。在抗日战争最艰苦的1943年5月，年仅十几岁的陈恩钊就加入了革命队伍，成为当地武委会领导下的抗日自卫军地方区队成员。他站岗放哨，传递信件，抢救伤员，武装护送，配合新四军第七师主力部队作战等等，每一次都能出色地完成任务。由于表现突出，各方面进步有目共睹，1944年6月，陈恩钊加入了中国共产党组织。在感到十分光荣的同时，陈恩钊自觉个人所做的贡献还不够大，还需要加倍努力，为中国人民解放事业做出新的贡献。1945年9月底10月初，新四军第七师响应党中央的号召，奉命北撤之际，陈恩钊报名参军，光荣地加入了第七师队伍，成为人民军队中的正式一员。

战争环境是残酷的、艰苦的，但人民军队是个大熔炉。陈恩钊在南北转战之

(1)参见《无为县志》，社会科学文献出版社，1993年9月，第573页；《芜湖市志》，社会科学文献出版社，1993年版，第262—263页；《芜湖市人民代表大会志》，中国民主法制出版社，2002年版，第487页。

中，历经血与火的洗礼，进一步磨炼了意志，增强了本领，提高了思想觉悟。期间，陈恩钊历任文工队员、政工队员、机要员、青年干事、组织干事等职务，一步步成长为部队基层干部。20 世纪 50 年代，陈恩钊服从组织安排，转业到和县民政科担任副科长。后调到芜湖专区监察处工作，历任秘书、副处长，不久调任中共芜湖市委组织部办公室主任。1960 年，陈恩钊担任芜湖地委（其时芜湖地、市委合一）监委常务副书记，先后协助监委书记丁仁一、李建华、田陈震等同志，积极开展好芜湖地、市委的监委会工作。如 1960 年，市监委受理各种控诉、申诉信件 159 件。1962 年市监委重点开展甄别平反工作，到 1963 年 4 月底，完成对 8373 人的甄别平反任务。1963 年到 1966 年前夕，芜湖市监委主要围绕“五反”“社会主义教育”等一系列运动开展工作。1965 年，陈恩钊继田陈震之后，任市监委书记。后来担任市革委会政工组副组长，市支建办公室副主任、主任。1970 年 1 月任市教育局党委书记、局长，1976 年 1 月，任市委组织部副部长。1978 年党的十一届三中全会后，中断了十三年之久的芜湖市纪检监察组织于 1979 年 9 月得到恢复。陈恩钊任市委常委、市纪委筹备组组长。从 1980 年开始，市纪委筹备组共复查、审理“文化大革命”遗留下来的各类案件 501 件，其中平反冤假错案 166 件，恢复党籍 39 人。还开展了财经纪律检查等专项工作，共查出违纪金额 691.4 万元，纠正补交入库 506.7 万元。在打击经济犯罪活动中，截至 1983 年，共揭露经济案件 565 件。1980 年至 1984 年间，共受理、接待人民群众来信来访 12135 件次，查出违纪案件 881 件，处分党员 552 人。

1982 年 8 月至 1983 年 8 月，陈恩钊同志担任中共芜湖市委副书记。1983 年 8 月任市委常委、市纪委书记、省纪委委员。1984 年 5 月，在中共芜湖市第四次代表大会上，陈恩钊再次当选市纪委书记。1985 年，芜湖市纪委围绕端正党风、严肃党纪，开展两个文明建设，清理了十四个机关办的十六个企业，免去了 27 名党政干部在企业中的兼职；检查了全市 110 个单位滥发服装问题，退回款项 217 万元；揭露各类经济案件 83 件，通过紧抓党风党纪教育，增强了全市党员的党性观念。

1986 年元月，陈恩钊同志当选芜湖市第十届人大常委会副主任，人大常委会党组副书记。1990 年元月，连任芜湖市第十一届人大常委会副主任，人大常委会党组副书记。1992 年 12 月，陈恩钊同志光荣离休。离休后，他继续发光发热，至 2008 年 9 月止，担任芜湖市关心下一代工作委员会主任，关心着少年儿童的健康成长。

2015 年 5 月 25 日，陈恩钊同志在芜湖市逝世，享年 88 岁。

以“无为”自励的人

——金其恒简介[1]

丁以龙

金其恒

1935年，金其恒出生在无为县襄安镇。其时金家在无为县城开了“福成祥”“中孚”两家糕饼杂货店，还在县城和襄安镇各开了一个“洋油栈”，是美商美孚煤油在无为、庐江两县的代理商，其父金笑侬继祖父之后被推选为县商会会长。除此，家中尚有土地350余亩，在天王庙巷还有相连的三个粉墙黛瓦、马头墙的徽派大宅子，三个宅子都是四进三开间，与号称国民党“装甲兵之父”的徐庭瑶家的“徐家花园”仅一墙之隔。1939年春，新四军军长叶挺将军和政治部副主任邓子恢，从皖南军部到庐江汤池江北指挥部路过无为县城，就住在金其恒家中间宅子的大客房里。

1937年，金其恒刚三岁，日寇发动“七七事变”，大举侵华，抗战全面爆发。12月13日首都南京失守，30万同胞惨遭日寇屠杀。而和无为仅一江之隔的芜湖，已先于南京于12月10日沦陷，无为危在旦夕。其父不愿在日寇铁蹄下做亡国奴，便毅然变卖家产，于1938年4月举家23口向大后方逃亡。随着武汉失守，长沙大火，只得又向湘桂边界逃亡。这时带来的现金所剩无几，已经难以维

（1）参见《无为县志》，社会科学文献出版社，1993年9月，第574页。

持全家生活了。正在进退维谷之际，得知无为县城尚未沦陷，农村已有新四军在进行抗日救亡活动。父亲权衡再三，于 1939 年春带领全家，绕道江西、皖南折返家乡。

这时，新四军江北游击纵队驰骋在江淮大地上，他们作风艰苦，抗日英勇，爱护人民。新四军认真贯彻执行共产党的抗日民族统一战线政策，广泛团结和联系爱国民主人士，保护工商业者，实行“二五减租”，受到群众热烈拥护。金其恒的父亲金笑侬从此参加了共产党领导的抗日统一战线。

1940 年 7 月 17 日，日寇占领无为县城。8 月，金家逃难到离城 15 华里的农村，租住在一户叫谢仁祥的大户人家。他家房屋比较宽敞，堂屋里就办了一所私塾。1942 年金其恒已 7 岁，就近上了这所私塾，学习《三字经》《百家姓》及《论语》《孟子》……此外，就是练毛笔字、打算盘。

1945 年 8 月 15 日，日本无条件投降。9 月，时任皖江抗日根据地人民武装委员会主任、参议会副议长的父亲金笑侬，随新四军第七师北撤。金其恒一家返回县城生活。

直到 1947 年开春，城里著名的杏花泉小学——时名“简易师范附小”——招插班生，只考国文、算术两门课。金其恒考虑自己计算水平虽然并不低，但洋字码不会写，算术式子不会列，只报了四年级，不敢报五年级。考试时，算术恐怕只得个零分！作文题目是《春天》，交卷后金其恒刚跨出考场，监考老师就把他叫了回来，要金其恒写几个字，金其恒正在拿毛笔、墨盒，老师随手拿支粉笔递给金其恒：“就用这个吧！”金其恒问：“写什么字？”老师晃了晃手上拿的金其恒交的作文卷子说：“就写作文题目吧！”金其恒刚写完“春”字，老师就说：“行了！”大概他怀疑作文不是金其恒自己写的。结果可能因为金其恒作文比较好，被录取了，但只是个“试读生”。“试读”就试读吧，然而出乎意料，期终考试金其恒居然是全班第一。

1949 年夏，金其恒随父亲来到合肥，进了初中，直至 1955 年在合肥一中高中毕业，金其恒在校期间各科成绩都很出色。据《合肥晚报》、合肥都市网记者郑静于 2016 年 6 月 15 在《合肥晚报》上发表的《六十二年前的合肥一中成绩单找到了》一文，从失而复得的 62 年前的一份金其恒高中成绩单得知，金其恒高中成绩非常骄人，“历史、立体几何满分，俄文、三角都是 99 分，操行：甲。”因为金其恒成绩优秀，又是革命后代，学校决定保送他留学苏联。然而，没有料到体检时发现金其恒有肺结核，不但留苏不行，连高考也失去了资格。

就在金其恒沮丧的回到家乡无为不到一个星期，合肥一中通知他回校任教，教授初三课程。金其恒只得边学边教，曾任过物理、地理和政治课老师。

1958 年，市委决定《合肥日报》从 1959 年开始由四开扩版为对开。因为金其恒高中学习期间就常向报纸刊物投稿，有一定的写作能力和水平，故而调金其恒到《合肥日报》社工作。谁知道当金其恒到市委组织部报到时，却被告知《合肥日报》因故不扩版了，将他另行安排在中共合肥市委办公室工作。在市委办公室工作期间，金其恒积极上进，认真刻苦，第二年就光荣地加入了中国共产党。

退休以后，金其恒同一些离退休的县级以上老同志组织成立了"安徽省老干部棋艺协会"，他任副会长兼秘书长，每年组织或参加一次全国、华东和全省的象棋、围棋比赛。另外，他以"操觚"为乐，把多年来在要害部门、要员身边工作，交往的那些人，经历过那些事……以文字真实地记录下来，发表散文、随笔数十万字，多篇被《作家文摘》《凤凰都市》《南国之窗》《龙门阵》《扬子晚报》《文摘周刊》等转载，并由中国文艺出版社汇集出版了一本《一壶浊酒》。2021 年，金其恒发表在四川《格调》杂志上的《叶落归根的林散之》一文，获荣誉奖。

戎马倥偬写春秋

——张进凡传略[1]

耿松林

张进凡

张进凡，无为县黄姑乡人，1923年元月出生。年少时就积极追求光明，于1939年5月加入中国共产党。同年8月入伍，加入新四军江北指挥部教导大队。

据《转战淮南——新四军第二师史料专册》第476页介绍，新四军江北指挥部教导大队成立于1939年7月，大队长由赖传珠兼任，副大队长谢祥军，政治教导员刘毓标。1940年4月，改为江北指挥部军政干校，校长张云逸兼任，校址在天长县汊涧镇。后来先后改为第二师军政干校、抗大八分校、第二师教导团等。张进凡进入教导大队，主课是抗日游击战争的战略战术，其次是统一战线、群众工作和军事常识等，过着团结紧张、严肃活泼的学习生活。可以说在学习知识文化，接受军事训练，增强军政工作技能，提升抗日救国思想认识水平等方面齐头并进，他的进步很快，为他今后的军事生涯打下了坚实的基础。

新四军第五支队于1939年7月1日在定远县藕塘附近的安子集组建，正副

（1）参见《淮南抗敌烽火》，广州新四军研究会第二师分会编，2004年内部版；《转战淮南——新四军第二师史料专册》1989年内部发行。

司令员罗炳辉、周骏鸣，政委郭述申，参谋长赵启民（后冯文华）。张进凡先任第五支队政治部组织科干事，后任第五支队第八团政治处青年干事。1941 年皖南事变发生后，新四军第二师于当年 2 月组建。张进凡于 1941 年秋在第二师五旅第 13 团任政治处干事，后来较长时间在第二师第五旅第 14 团 3 营 9 连当政治指导员。期间，先后参加半塔保卫战、开辟淮宝抗日根据地、津浦路西反“扫荡”、黄疃庙反顽战役、1945 年大反攻时围歼凤阳县刘府镇日伪军据点等历次斗争。在历次战役战斗中，作为基层指挥员，张进凡不怕牺牲，冲锋在前，指挥有方，立下不少战功，深得领导和战友们的好评。

解放战争时期，张进凡所部在第二师第五旅、津浦前线野战军（又称山东野战军）第二纵队编成内，先后参加了津浦路中段歼灭吴化文部、歼灭微山湖畔韩庄日伪军、临城（今山东薛城）围歼陈大庆部，淮南阻击国民党整编第七十四师和第五军，苏中七战七捷最后一战——加力、谢家甸战斗，1946 年 9 月淮阴阻击战，第一次涟水保卫战等战役战斗。战斗中，张进凡身先士卒，率领所部每次都出色地完成了战斗任务。1946 年 10 月，张进凡升任山东野战军第二纵第五旅第 14 团 3 营政治教导员，不久，先后任团政治处主任、团政委。1946 年 3 月，东北通化市我党我军第一所航空学校成立，常乾坤为校长，蔡云翔、蒋天然为正副教育长。1946 年秋，中央军委批准从新四军中选调一百名学员，于当年底进入该校第二期机械班学习，张进凡进入该班。学习结业后，转调至东北第四野战军，先后参加过辽沈战役和衡宝战役。

新中国成立后，张进凡调任广州军区工作，任广州军区空军政治部组织部部长，后任广州空军高炮第十师政治部主任、师政委。1964 年 8 月美国出动大批飞机轰炸扫射越南北方鱼雷艇基地和油库，制造了震惊世界的“北部湾事件”。1965—1967 年，我广州空军高炮第十师部队奉命开赴援越抗美前线。时任该师军政主官的周作祯、魏祥成（前后任师长）和张进凡等，于战前、战中通过配强各入越轮战单位领导班子，进行详细的实地勘探和实战性空防演练，做好扎实细致的思想政治工作，狠抓后勤军需保障等工作，经过全师上下的浴血奋战，取得了击落敌机 103 架击伤 137 架的辉煌战绩，打出了中国军人的威武和气势！1971 年前后，张进凡任空十二军政治部副主任、主任。1977 年 10 月开始，任昆明空五军政治部主任。后任空军昆明指挥所政治部主任等职。离休后，张进凡定居广州，参加了新四军研究会广州第二师分会，于 2004 年主编了《淮南抗敌烽火》一书。

张进凡获得过三级独立自由勋章和三级解放勋章。

2010 年 10 月 31 日，张进凡在广州逝世，享年 87 岁。

他从抗日军营里走来

——钱增传略[1]

耿松林

钱增，字之增，1925 年 4 月出生，无为县开城镇羊山村人。

钱　增

新四军第四支队来到皖中，先是 1938 年 5 月 12 日九团一部在巢县蒋家河口伏击日军，首战告捷，大大激励了广大指战员的斗志，鼓舞了皖中人民的抗日信心。随后于当年 8 月、10 月，新四军第四支队游击纵队（又称游击团）和第二游击纵队先后成立，皖中的抗日烽火越烧越旺。1939 年元月，由第四支队第二游击纵队改编而成的新四军江北游击纵队在无为成立，司令部不久由无城迁往开城桥附近的王家大墩。初期由戴季英、孙仲德先后任司令员，由于发展十分迅速，1939 年 3 月整编为新七、八、九团，又增编了巢南独立团。当年 6 月，新四军军部任命谭希林、孙仲德、王集成分任司令员、政委和政治部主任。家住新四军江北游

（1）参见《无为县志》，社会科学文献出版社，1993 年 9 月，第 576 页；《芜湖市志》，社会科学文献出版社，1993 年版，第 314 页；《中国共产党安徽省无为县组织史资料（1927.8—1987.11）》，安徽人民出版社，1993 年版，第 95 页。

击纵队司令部附近的钱增，虽然年幼，但抗日救亡、保家卫国的热情，和大人们一样高涨，他敬佩这一支纪律严明、为国为民的队伍，十分向往抗日队伍虽然艰苦却又朝气蓬勃的生活。送信跑腿，参加儿童团站岗放哨，盘查路条等，让钱增有了用武之地，他感到自己也在为抗日救国做贡献，欣喜中有着一份自豪。

1942 年 8 月，钱增光荣地成为一名中共党员，并于同月加入革命队伍。钱增夙愿得偿，干劲更足了，对自身的要求也更严格了。在抗日的队伍里，钱增如一棵拔节增高的小树，每一天都在旺盛地生长。他历任乡党支部书记、指导员，新四军第七师巢湖独立团九连党支部副书记，第七师被服厂政治指导员。

新中国建立前夕，受组织上的派遣，钱增来到庐江开展对敌斗争。1949 年 7 月，庐江、湖西两县合并成立新庐江县，隶属巢湖地委领导，县委书记侯希仁，县长陈化群，全县辖七个区六十九个乡。钱增任城关区委书记。(1) 在此工作岗位上，钱增等一班人，通过剿匪反霸、深入群众开展形势宣传教育、建立健全武装民兵和青年团、妇联等政群组织，民主建政工作稳步推进，也为土改奠定了扎实基础，很快稳定了社会秩序，促进了社会生产，强化了新生政权建设。不久，钱增调任阜南县政府股长、区委书记等职。

1952 年 8 月开始，钱增历任繁昌副县长、县长、县委书记。1956 年 5 月 20—23 日，中共无为县第一次代表大会在县城召开，选举产生了中共无为县委第一届委员会。第一次党代会召开后不久，根据组织上的安排，钱增于 1956 年 9 月开始，回到家乡无为县担任县委书记。当时县委班子还设有第二书记一人和常务委员会委员八人。1957 年元月，无为县委设立书记处，县委第一书记先后为彭醒梦、陈作霖（兼），钱增为书记处书记，直至当年 11 月调出。1953 年到 1957 年，是国民经济经过三年恢复后，进入第一个五年计划建设时期。钱增等一班人，在无为县基本完成社会主义改造的基础上，带领全县上下开始进入了全面建设社会主义的新时期。一时间，工农业生产发展迅速，社会道德风尚健康，大批先进分子加入了中国共产党，党的组织和党员分布更为广泛，党的基层组织在各行各业中也充分发挥了战斗堡垒作用，党的凝聚力和号召力大大增强。(2)

钱增离开无为后，先后调任中共南陵县委第二书记（1958—1965）和宣城县委第一书记（1965—1970）。1971 年 4 月开始，任当涂县革委会副主任、县委副书记，县革委会主任、县委书记和第一书记。作为沿江江南地区以农业为主导

（1）内部资料：《庐江党史资料（解放战争时期）》，侯希仁；《湖西、庐江解放前后》，中共庐江县委党史工作委员会办公室编，1988 年 8 月，第 34 页。

（2）《中国共产党安徽无为县组织史资料（1927.8—1987.11）》，1993 年版，第 92 页。

产业的这些县，钱增清醒地认识到，发展好农业生产是头等大事，是一切工作的重中之重。他每到一处，都沉下身子深入群众走访调研，十分重视农田水利兴修和优良品种的引进与培育，以及农业生产新技术的推广运用，千方百计为农业的增产丰收奠定良好基础。此外，他还重视道路交通和电力建设，让山乡崎岖的弯弯山道变为通途，让深山区的人民群众也能享受电力照明和电机排灌，达到切实改善农村的生产生活条件目的，实现建设社会主义新农村的题中应有之义。1975年12月至1977年4月期间，钱增任当涂县委第一书记。作为县域发展的第一责任人，他敏锐地意识到无农不稳、无工不富，借助当时工业学大庆的东风，当涂重视围绕农业办工业，办好工业支援农业，使工农业生产都有了较快发展。特别是响应国家号召，大力发展“五小”工业（指小煤矿、小水泥、小化肥、小水电、小机械等），形成了当涂特色为农业服务的地方工业体系。当涂社队企业进入快车道的同时，农业机械化进程加快，农业稳产高产的有利条件不断被创造。当涂社队企业门类齐全，影响较大的有采矿、刀具、磨具、农机加工修造、建材、食品加工等行业。这一时期社队企业的辉煌，为20世纪80年代当涂乡镇企业的振兴，为此后当涂一直以来县域经济社会发展始终处于全省第一方阵，奠定了扎实的基础。

1976年1月开始，钱增担任中共宣城地委常委，地区革委会副主任，地委副书记、行署副专员。[(1)]

1983年9月25日，钱增当选芜湖市第九届人大常委会副主任、党组副书记。作为芜湖市九届人大常委会主任吴栋平同志的主要助手，钱增在强化人大的重大事项决定权，加强对“一府两院”的法律监督和工作监督，积极推进人大代表工作，加强人大常委会自身建设等方面，殚精竭虑，努力作为，为芜湖市的民主法制建设，做出了积极的贡献！

1986年元月，钱增同志光荣离休。2000年，钱增同志在芜湖逝世，享年75岁。

（1）《芜湖市人民代表大会志》，中国民主法制出版社，2002年版，第484页。

将青春融入时代洪流

——李曦传略[1]

李紫煦

李　曦

李曦，1922年2月出生于无为县无城镇，1939年5月参加革命工作，1940年1月加入中国共产党。从1939年5月起，先后任新四军江北指挥部独立团服务团团员，新四军第四旅第9团、第11团政工队队员。历任皖江区无为县魏桥乡党支部书记、白茆区治安区员等职。新中国成立后，任合肥市总工会副主席、主席、党组书记。

李曦，原名张崇德，后改名李曦。在战争年代改名很多见，大多是因为抗日战争时期，为了保护还在老家生活的亲人免受连累。这是一个很文艺的名字，说明年轻时的李曦是一个文艺青年，还很追求进步，早早投身到抵抗日本侵略者的战斗中，将自己的青春融入时代的洪流。

李曦从小聪明伶俐，很得父母宠爱，有一个幸福的童年。从小就和她母亲住在二楼，家境富裕，拥有三进的宅院。李曦不是独生子女，比她小两岁的弟弟五岁夭折。李曦先念三年私塾之后，想上新学堂，但是要考算术，就去县党部办的

（1）参见《新四军合肥女兵》，合肥市新四军历史研究会，2019年10月，第173页。

夜学学习算术，之后考取新学堂，上了小学，这时已经十岁左右。1939 年抗战早已爆发，这时，李曦高小毕业便参加了新四军，那年她 17 岁。

李曦参军后先后在新四军第四支队第 9 团做文化教员，第 9 团连伙夫都是老革命老红军。她当时从他们的言行中受到了很多革命教育。1941 年之后李曦整编到新四军第七师政治部。1945 年北撤，先去江苏，后去山东，还去过河北离天津 180 公里的一个村子。在此期间她先后担任新四军江北游击纵队、江北指挥部独立团服务团团员，新四军第四支队 4 旅第 11 团文化教员，青年队长，抗大八分校组织干事、民运干事、学习班长，新四军第二师、第七师工作团组长，政治教员，文化教员，无为县魏桥乡支部书记，临江县抗联陡沟区妇女科长，临江船政办事处组织干事、指导员。烽火岁月里，李曦的工作极为繁忙，她只得将女儿留在无为老家陪伴曾外祖母生活。北撤时，李曦身怀六甲，坚持随部队北撤行军 700 余里，一路上坎坎坷坷，都咬牙坚持。

新中国成立后，李曦历任六安县公安局内勤股股长，蚌埠市淮河航务局江淮总公司人事科长，安徽省妇联行政科科长，合肥市总工会副主席、党组副书记。合肥市总工会主席、党组书记，市人大常委会专职常委。1985 年 6 月离休。

抗日烽火淬炼的冶金专家

——彭卉传略[1]

丁以龙

彭　卉

彭卉，曾用名彭承林。1925 年 11 月出生于无为县福渡镇的彭家埂，父母种田为生，家境贫穷。1931 年 6 月长江发水，无为后河洪水泛滥，圩区纷纷溃破，彭卉的母亲杨克敏不幸落水身亡。年仅 6 岁的彭卉从此被寄养在姑母彭魏氏和姑父魏本俊家中。

1934 年至 1941 年 10 月，彭卉先在姑母家所在的村里小学上学，后升至汤沟中学读书。他的表哥魏道行是中共地下党员，在无为开展革命工作。受表哥的影响和启发，彭卉的思想觉悟有了很大的提高。1940 年，年仅 14 岁的彭卉就毅然参加革命工作，一面读书，一面宣传抗日救国思想，鼓动同学和广大群众参加抗战组织，并掩护地下党组织活动。

1941 年 8 月下旬，伪军刘子清部配合日军“扫荡”无为地区，占据无东主要集镇和交通要道，企图隔断新四军第七师大江南北的交通联系。为加强党对这一区域的领导，实现“完全坚持三区”、粉碎敌人阴谋之目的。1941 年 10 月底 11 月初，党在无东、无南（现泥汊一带）地区建立了临江工委，领导原属无

（1）参见《无为县志》，社会科学文献出版社，1993 年 9 月，第 577 页。

为县委领导的二区、三区、八区 3 个区委。此时，彭卉在无为县抗日民主政府财粮科科长张君武的领导下，参加发放救济粮工作，帮助当地穷困的百姓解决温饱。1942 年 2 月，他追随张君武，先后任工作队队员、警卫连分队长、指导员，1943 年 3 月光荣地加入中国共产党。

1945 年正月初二，日伪军包围了临江办事处，临江办事处主任张君武指挥大家突围，由于叛徒张经武的出卖，张君武被敌人抓捕（后在皖江区党组织的策划下顺利营救出狱）。彭卉指挥警卫连队在临江分五路突围，不幸在突围过程中与敌人遭遇，腿部受伤，后被评为二等荣誉残废军人。

1945 年 8 月，抗日战争全面胜利。为避免内战，争取国内和平，9 月底，新四军第七师和皖江抗日根据地的党政人员奉中共中央命令开始北撤，临江行政办事处随即撤销。彭卉也告别家人，踏上了北上之路。年底，彭卉随第七师大部队到达苏北淮阴，先在新四军第七师医院养伤，伤愈后被组织上安排在苏皖边区政府建设厅担任书记员，厅长是汪道涵。1946 年到建华工业学院电工班学习。

1947 年 2 月，原新四军第七师被编入华东野战军，同年 7 月，彭卉调任华东军区军工部兵工厂引信组组长，为我军研发生产迫击炮弹和反坦克榴弹。彭卉同志从事军工兵器生产工作时，刻苦钻研业务知识，在军工、炉料供应等专业技术方面积累了丰富的实践经验。该工作非常危险，工作中要既要集中精力，还要准确操作，稍不留神就会发生爆炸。彭卉把生命安危置之度外，在研制炮弹过程中曾因炮弹爆炸使眼睛受过轻伤。由于他在军工部兵工厂技术过硬、成绩突出，随后升任责任更重的兵工厂指导员。

1949 年新中国成立后，彭卉同志积极响应党的号召，满腔热情地投入到社会主义建设事业中来，先后担任华东工矿部党委组织部科长、华东工业部人事处科长等职。1953 年 8 月调任中共中央华东局组织部组织员。1954 年 10 月至 1962 年 5 月，调任重工业部干部司干事、冶金工业部机关党委科长。1962 年 6 月任冶金工业部行政司党委办公室主任。1965 年 6 月任冶金工业部机关工会主席。

1970 年 10 月彭卉被调到贵州省重点军工企业——贵州遵义八七厂任副厂长，在祖国的三线从事军工产品生产。1973 年 12 月回北京任有色研究总院党委办公室主任。

1975 年 1 月，彭卉调任冶金工业部金属回收公司经理。1981 年 1 月任冶金工业部安全环境保护司办公室主任（副局级）。在冶金工业部工作期间，他组织编写了《重型废钢铁爆破安全技术操作规程暂行办法》《冶金工业废钢铁管理办法》《炼钢及原料知识》等书籍，对炼钢工业安全生产起到积极作用。他主持并参与了“平炉炼钢吹氧烟尘治理”“锦州铁合金厂铬渣防渗墙”等技术课题的研究和鉴定，并注意总结、宣传环境保护和绿化的经验，多次在《冶金报》《工人日报》《环境保护通讯》《冶金经济研究》《环境工程》等报刊上发表文章和诗歌，为冶金工业的持续发展付出了大量心血，做出了积极的贡献。

1986 年，彭卉从领导岗位上退下来。离休后，他继续关心党和国家的大事，关心冶金工业的发展，积极参加社会活动和公益事业，热心支持家乡的经济建设。1986 年他创建了《冶金绿化报》，任第一届总编，为全国冶金钢铁企业成为绿化工厂的推广做出重要贡献。他还积极参与新四军研究会的活动，并担任新四军研究会第七师分会副会长。他认真收集历史资料，撰写革命回忆录，和研究会的同志们一起开展革命传统的宣传教育工作，为弘扬铁军精神、传承红色血脉做出了积极的贡献。

2008 年 9 月 29 日，彭卉同志在北京逝世，享年 82 岁。冶金部发出的讣告中对彭卉同志做出了高度评价："彭卉同志对党的事业无限忠诚，他自参加革命之日起就将自己的一生交给了中国人民的解放事业和社会主义建设事业。在抗日战争的艰苦环境下，他不怕牺牲，克服困难，努力工作；在新四军抗击日伪的战斗中两次负伤，是二等荣誉残废军人。解放战争时期，为民族独立和新中国的建立做出了积极贡献。彭卉同志在其六十多年的革命生涯中，共产主义信念坚定，对党、对人民、对中国特色社会主义事业无限忠诚，时刻牢记自己是一名党的战士，坚持用党员标准严格要求自己，永葆革命本色。他在大是大非面前始终保持清醒的头脑，经受住了各种风浪的考验。他襟怀坦白，清正廉洁，谦虚谨慎，严于律己，从不计较个人得失，深受同志们的尊重和爱戴。彭卉同志的一生是革命的一生，是为民族解放和新中国的建立出生入死、英勇奋斗的一生，是为党、为人民辛勤工作的一生，也是为我国钢铁工业的发展无私奉献的一生。"

以笔为剑　以墨为锋的丹青妙手

——方明传略[1]

伍　骁

方　明

方明，又名方益林、方松华，无为县石涧镇天花乡人。1929年8月，出生在一个穷苦人家。家中兄弟五人，方明排行第四。他从小做放牛娃，为当地一户李姓地主人家做长工。因为为人机灵、勤快，很得主人家喜爱，被获准在主人家的私塾学堂里陪读。接触到书本后，方明的兴趣一下子被点燃了，他酷爱读书，尤其热爱书法写字，6岁时便开始练习书法。由于家境贫寒，方明的父亲只希望方明学些研制酱菜的手艺，好长大后在镇上开个小店、做个小生意，卖卖酱菜、油盐醋茶，能维持一家大小生计就好，但少年的方明看出世道混乱、战乱连年，乱世中唯有通过读书来识文、明理，才能增长自己的才干。特别是在私塾学堂的几年学习，让方明逐步接触到了民主进步思想，产生了以笔为剑、以墨为锋，参与革命、实现救国的梦想。

方明1949年2月正式参加革命工作。1948—1949年之交的隆冬频传喜讯，

（1）参见《无为县志》，社会科学文献出版社，1993年9月，第567页。

中国人民解放军先是在东北的辽沈战役中，歼灭国民党精锐部队100万余人，一举扭转了国共双方军事实力对比，接着在以徐州为中心的广大中原地区，以规模浩大的淮海战役重创国民党军有生力量，基本上解放了长江以北的华东、中原地区，最后的平津战役使华北、东北两大解放区完全连成一片。通过三大战役，使国民党反动统治的主要军事力量基本被摧毁，中国革命在全国的胜利绽现曙光。身在家乡的方明喜不自禁的准备迎接胜利的光明，此时他在家乡无巢地区从事地下宣传工作。前线的战事时刻牵挂着方明的心。他深知，三大战役之后就将是最终的渡长江、占南京、解放全中国，而家乡无为是渡江战役千里战线的中路起点。为此，他积极参与党组织组织的动员广大干部群众支援大军渡江行动。当时，无为地区（分为无为、临江、湖东、无南四县）各县直至各个基层单位都成立了支前组织。无为四县共有100万人次从事了修路、挖河、抬担架、运输、站岗、放哨等各项支前工作。整场渡江战役中，1名解放军指战员身后有10名老百姓的支援。最终，“渡江第一船”始发无为，胜利结束！而方明也充分发挥自身优势，积极宣传报道了马毛姐等家乡人民支援渡江的英雄事迹，他的文章也进一步激发了解放军战士一往无前、坚决取胜的勇气和信心。

新中国成立后，方明先是在合肥四中任教导处主任，1952年9月，他光荣地加入了中国共产党。不久，时任合肥市委书记的张恺帆（后任安徽省副省长、省政协主席）慧眼识珠，将其调到新华社安徽分社、安徽省委政研室任记者、研究员，后转任合肥市委讲师团副团长、市委编写办公室主任、市农业委员会副主任、市委秘书长、市人大常委会副主任。在合肥工作期间，方明极为关注、高度重视合肥市经济社会发展工作，特别是担任合肥市委秘书长期间，他服务经历了三任市委书记，对经济工作研究很深，他的一篇关于经济走势的文章被《安徽日报》通版刊登并引起热议。

方明为人谦逊低调，很有人格魅力，对基层干部群众和下属极具亲和力。1956年初，他担任合肥市扫盲办公室主任，时任市私营企业工会政治督导员的牛耘（后任《合肥工运》副主编，《安徽工人日报》驻合肥记者站记者、站长）兼职扫除文盲。因为全市私营企业、小作坊多，不识字的老工人多，扫盲的困难也较大，难以按期完成规定任务。牛耘便主动向方明汇报反映情况，方明热情接待了她，并实事求是地核减了相关的扫盲任务，让基层干部群众纷纷竖起了大拇指。即使后来位居市委秘书长、市人大常委会副主任高位，方明也常常为平民百姓仗义执言，替弱势群体排忧解难，让人由衷敬佩。1993年7月，方明离休。

方明一生与诗书画结缘，童年时，他以晋唐楷书为本，天天苦练毛笔字，打下基础后，再攻隶、篆、行草；对《爨宝子碑》《鲜于璜碑》《张迁碑》以及金农、邓石如的隶书墨迹研习尤勤。参加工作后，始终对诗书画兴趣浓郁，离休后，依然坚持笔耕不辍。他的行草从王羲之、怀素、黄庭坚诸家墨迹脱胎而出，呈现出劲拔秀丽、激情奔放、活泼自然的意态。在国画方面，其山水画主要师从石涛、陆俨少，从反复临摹大师作品起步，行遍祖国名山大川，实地观察、写生，作品雄健瑰奇，既具南宗的韵味，又具北宗的气势；花鸟画主要师从萧龙士，力求老辣、厚重。其传略与书画作品收录于《当代书画篆刻家辞典》《一代名师·中国书画名家》等。他的画作体现了他胸襟开阔而且对祖国山河及天地万物都别具慧心。

方明的诗、书、画作品曾相继在京、沪、宁、汉、蓉、台湾等地及日、俄、澳、法等国展出。2014 年，《和风相随——庆祝中法建交 50 周年当代书画展》在巴黎中国文化中心开幕，方明的书画作品登上了这一艺术殿堂并获得好评。

方明不仅醉心于诗书画艺术，还为发展、活跃合肥乃至我省银发一族的诗书画艺术发展做出了积极贡献。他充分发挥自己的影响，牵头创办了围棋、书画、夕阳红舞蹈等多个协会，先后担任了中国书协会员、安徽省老年书画联谊会副会长、合肥市书协名誉主席、合肥市老年书画研究会会长、合肥市庐州诗词学会名誉会长。他经常兴致勃勃地带领一批白发苍苍的画友书朋，到农村、工厂、社区、兵营义务献艺。他还积极组织书画义卖，为赈灾、助学和扶贫活动踊跃捐款，加强与外地交流，丰富广大群众的文化生活。此外，他还特别关心、重视下一代的文化艺术培养工作，对许多有志于书画艺术的青年后生，总是热心地给予

扶持和指导，并经常无偿到青少年书画培训班义务培训授课。

2008年，百年奥运，圆梦中华，方明被推举为北京奥运会合肥地区奥运火炬手，时年80岁的他，成为合肥地区年龄最大的火炬手。5月28日，他作为第四组117号火炬手稳健地完成了传递圣火的任务。奥运会之后，他还继续发扬奥运精神，经常和同组的火炬手一起聚会，开展一些传承诗书画文化、扶危济困等有益于社会的活动。

2018年10月22日，方明因病医治无效在合肥逝世，享年89岁。

不难化骨见忠贞

——陈化群传略(1)

伍　骁

陈化群

陈化群（1908 年 10 月—1983 年 7 月），原名陈芷湘，无为县陡沟镇人。1908 年出生在一个勤劳的农民家庭。家中排行老二，上有一个哥哥、下有两个妹妹。陈化群的父亲、母亲是老实本分的庄稼人，他们没读过书，一生务农，知道万事不可凭投机取巧，而是要勤劳苦作。在父母勤劳的操持下，陈家从一亩五分田渐渐发展到 50 余亩田，也算可以维持陈家几口的温饱无忧。

1917 年，陈化群在父亲的支持下，进入私塾读书，当时动荡的旧中国人民饱受帝国主义、封建主义、官僚资本主义“三座大山”的压迫，虽是乡间私塾学堂，但课堂上也洋溢着一股追求自由和民主的新风尚，幼年的陈化群虽然懵懂，但在这个新天地里，不仅初步识文断字，学会了一点文化知识，还打开了思想境界，开始接受一些新思想和新观念。然而好景不长，1920 年，陈化群的哥哥、嫂嫂相继英年早逝，留下了两个年幼的侄女，陈化群的妹妹也均已出阁嫁给了本地老实本分的农民，生活的压力压在了陈化群的身上，穷人的孩子早当家，在和父母促膝长谈后，陈化群毅然决

（1）参见中国铁路南宁局集团有限公司《老干部档案》。

定中断学业，放牛耕种锄地，以减轻年迈父母的生活压力。可是世道日下，穷苦人家哪有什么理想的好日子？！陈化群虽然勤勤恳恳，但反动政府及其爪牙却不放过善良勤奋的陈家人，他们不断增收苛捐杂税、频起徭役，特别是每年一到春季，就征召陈化群这样的穷苦农民挑筑坝堤，监事的爪牙还时常打骂民工，这让陈化群感到了莫大侮辱和委屈，他义愤填膺，终日暗忖："这样的磨难何时才能休？万里天空何时才能出现东方红？"不久，陈化群的父亲因操劳过度病倒去世，屋漏偏逢连夜雨，天灾也接踵人祸而至，当地出现了大面积的水涝灾害，庄稼收成无几，面对全家老少缺衣少穿的困境，陈化群毅然决定离开家乡、投身革命，走上为劳苦大众求解放的奋斗之路。

1937 年"七七事变"爆发后，中华大地抗日浪潮风云迭起，无数热血青年激愤不已，纷纷走上了保家卫国的道路。1937 年 10 月，陈化群在无为县白茆洲参加了无为县抗敌后援会，正式走上了革命的道路。在革命队伍里，他结识了无为县早期共产党员胡德荣、倪化黎、吴锦章等人。由于当时的国民党政权得了"恐日病"，敌寇所到之处，国民党军望风而逃，不顾人民死活，再加上地方上土匪势力四起，不断祸害着人民的生命。1938 年 5 月，在吴锦章、魏今非等人的介绍下，陈化群又参加了胡德荣等人领导的地方游击队，由于战斗英勇，陈化群每次都冲在第一线，他很快受到了党组织和同志们的肯定。1938 年 8 月，陈化群加入了中国共产党。入党后的陈化群找到了人生的奋斗目标，不久，陈化群又先后调任新四军江北游击纵队特务连支书、大队 8 连和纵队司令部政治指导员。

1939 年秋冬之间，无为县委领导的武装二中队，根据上级决定，编入了新四军江北游击纵队。同时组建新三连，任命丁继哲为连长，陈化群为指导员，这是无为县委直接领导的武装，军事编制序列属江北游击纵队。1940 年 3、4 月间，国民党蓄意挑起国共两党的政治纷争和军事摩擦，4 月 20 日，国民党保安二支队司令吴绍礼，率 4000 余人反动武装，围攻新四军江北游击纵队部，江北纵队被迫自卫还击，发生了惨烈的照明山战斗。战斗中，由于敌众我寡，武力悬殊，为了保存有生力量，根据上级指示，陈化群随纵队司令部撤往淮南。1940 年 5 月，陈化群调 9 团 1 营 1 连任政治指导员。在敌伪顽三角地区，陈化群经历了革命生涯最艰苦的一段时光，但他始终毫无怨言、积极向上，怀抱着革命乐观主义精神和态度。

1940 年 9 月，根据组织安排，陈化群赴新四军军政干校学习，并在教导队任学员。通过军校这个大熔炉，陈化群进一步受到了阶级教育，更加深刻地认识到了只有在共产党的领导下，中国的革命事业才有出路。通过学习，他进一步坚定了革命理想和勇气。学习结束后，1940 年 12 月，陈化群调二师炮兵连任政治指导员，不久，又调任师直政治部和第七师组织部任干事。1943 年 3 月，组织安排陈化群由部队转入地方工作，任临江县工作站站长（当时无为地区分为无南、无东、临江、无为四个县），他无条件服从，迅速转变工作节奏、进入工作状态，充分发挥在敌伪顽地区丰富的斗争经验，为开展党的地下活动做了大量工作，后担任了区工委城市工作站站长、城市工作委员会书记直至抗战胜利。

1945 年 8 月 15 日，日本宣布无条件投降，抗日战争全面胜利，全国人民沉浸在欢乐和喜悦之中。然而，国民党反动派开始撕破脸皮，准备窃取革命胜利的果实。为了顾全中华民族全民族的共同利益，我党领导人主动赴重庆和谈，并撤出了包括皖江区在内的 8 块解放区，将人民军队撤往鲁南、苏北一带。部队撤离前，组织部门安排陈化群等同志留守根据地。1945 年 10 月，陈化群任新四军第七师留守处科长，不久，又担任了大成分公司（即华东局国民党统治区工作部贸易科）经理，主要任务是以贸易为名，秘密护送南来北往的干部，并采购各种军用和民用物资运送到解放区去。

1947 年 10 月，陈化群调国民党统治区工作部南下工作队，1948 年 6 月，任无南县委副书记兼组织部部长，后任临江县委副书记。1949 年 2—3 月间，第三野战军七、九兵团齐聚无为等地区，准备渡江南下，解放全中国，陈化群夜以继日的动员广大群众，全力支军支前。无为地处渡江前哨，他不仅负责大军的物资保障等工作，还频繁亲自带队观察敌情、登陆哨踩点，探查江南敌况，为渡江战役的胜利做出了巨大贡献。1949 年 6 月，陈化群任庐江县人民政府县长，在此期间，他通过剿匪反霸、深入群众开展形势宣传教育、建立健全民兵武装和青年团、妇联等政群组织，稳步推进民主建政工作，稳定了社会秩序，促进了社会生产，强化了新生政权建设。

新中国成立后，1950 年 1 月，陈化群赴华东局党校学习。1950 年 10 月，任滁专指挥部政治处主任，1951 年 7 月，任中国铁路济南铁路局蚌埠地区党委书记、政治处副主任，1953 年 4 月，任中国铁路第五工程局政治部副主任，1955 年 10 月，任中国铁路柳州铁路局党委常委、区工会代主席。1978 年 5 月正式离休。

1983 年 7 月，陈化群因病医治无效去世，享年 75 岁。

革命理想高于天

——朱合敞传略[1]

丁以龙

朱合敞

朱合敞，1915 年出生于无为仓头镇革贪塘墩村的一个贫农家庭，父母靠租种地主土地为生。少年时的朱合敞放牛、捡柴、栽秧、拾粪什么都干，锻炼了一副好身板，身高马大，是村上放牛娃中的“孩子王”。

1931 年日本侵占东三省，全国的抗日情势不断高涨，年轻的朱合敞对日本侵略者恨之入骨。1936 年春节，朱合敞受同村私塾先生的教育和引导，在自家大门上奋笔疾书一副对联：国家百姓遭蹂躏，杀尽倭奴为中华。当地保长上门看到对联，威胁朱合敞的父亲赶紧处理掉，不然必有杀身之祸。他的父亲为了保护儿子，赶紧把大门下掉沉入大塘，催促朱合敞连夜逃离家乡。从此，朱合敞离别父母，踏上了寻找革命的道路。

1937 年 7 月 7 日，日本帝国主义发动了全面侵华战争。朱合敞立即投身全面抗战的滚滚洪流，参加了无为抗敌协会，积极向群众宣传抗日救亡的道理，发

（1）根据新四军老战士宣相广、陈恩钊、周坚松、冯宝亭等提供的资料综合整理。

动群众成立各种抗日组织。由于朱合敞的突出表现，1938 年 8 月他光荣地加入了中国共产党。十四年抗战中，朱合敞出生入死，积极为党工作，在无为县委的领导下，同日军和国民党顽固派作坚决的斗争。1945 年 8 月，朱合敞升任无为县新民区区委副书记。

抗日战争胜利后，为了保护地方上的党政领导干部，组织安排朱合敞同志跟随新四军第七师北撤，到部队后他曾担任干部队党支部书记、营教导员、政委等职。部队在山东期间，朱合敞先后担任山东鲁南枣庄区委书记、惠民县县委书记，领导和组织地方干部群众大力开展土地改革运动。解放战争期间，朱合敞参加过鲁南战役、莱芜战役、济南战役、孟良崮战役，又转战淮海战役和渡江战役。他怀着崇高的革命理想，勤奋工作，奋力杀敌，为中国人民的解放事业贡献了一个共产党员最大的力量。

朱合敞同志艰苦朴素。战争年代部队衣物用品非常匮乏，他的一件棉衣常常穿三个季节，冬天是棉衣，春、秋天将棉花取出当夹衣穿。警卫员的被子丢失，他就将自己的毛毯剪一半送给战士。

朱合敞同志坚持官兵一致。他在任枣庄区委书记时，党组织每月给干部配备白面，他就让警卫员许建胜把自己的一份交给炊事班，做了馒头干部战士一起共享。

朱合敨智勇双全。第七师北撤过津浦铁路时，他带一个营官兵住在一个村庄上，当地土豪劣绅将此消息偷偷报告了伪军。伪军得到情报后计划第二天清晨发兵清剿。朱合敨发觉后立即派一个连的战士把当地土豪劣绅的老婆、孩子全部抓到村庄大庙里，同时把全营战士和武器也都集中到大庙里，然后派营干部押着伪军家属到伪政府谈判，一方面宣传革命道理，一方面要求伪军配合在凌晨放新四军过津浦铁路，否则就与他们的家属同归于尽。地方伪军无奈被迫同意，就这样全营官兵全部安全脱险。

朱合敨同志对革命充满必胜的信念。淮海战役打响后，朱合敨随军南下进军豫皖苏，在南下途中写诗了一首七律诗：

七一南下到今天，路途曲折走几千。
心想回到皖江去，目前还在沙河边。
刘邓将军战略家，指挥百万到长沙。
震动蒋贼心胆怕，全国解放在目下。

邓小平政委下部队时听到朱合敨的这首诗，笑着夸奖道："泥腿子也会作诗，这是革命队伍培养锻炼人啊！"

新中国成立后，朱合敨同志历任无为县委常委、县委第一书记，芜湖地区庐江县委书记，芜湖地区检察长。朱合敨同志秉公办事，实事求是。他在担任检察长期间，经他审查、签发的案件，几十年过去，没有发现一件错判和翻案。

1960 年 2 月朱合敨同志调任芜湖地委组织部副部长、部长，行政 13 级，是党的高级干部。但他一心为公，绝不以权谋私。他关心干部、爱护干部，同志们生活工作中有困难、有问题都喜欢找他反映，他总是尽力帮助他们解决实际问题。但是，他对自己家的事却十分严格，从不为安排亲戚、家人打招呼、开后门。他爱人工作没有了，组织上考虑给他爱人安排一下，遭到了他的拒绝；1963 年，他的二女儿考大学离分数线只差一分，爱人让他找找关系，他也严词拒绝。第二年女儿还是靠自己的努力考取了清华大学。

1964 年，省委调朱合敨任国营华阳河农场党委书记、场长。朱合敨同志上任后，积极按照上级要求推行承包制试点，一年后实现棉花大丰收，人民日报头版给予肯定报道。第二年朱合敨同志随国家主席刘少奇为团长的国家农业代表团访问苏联、波兰、东德三个国家。

1965 年后，朱合敨同志调任省民政厅党委委员、政治处主任、副厅长。1979 年，省委组织部任命朱合敨同志为淮北市委副书记。因他的身体健康状况不允许他继续工作，便主动要求退居二线。省委组织部充分考虑他的健康问题，安排他为省民政厅顾问。1982 年朱合敞同志离休，1985 年 8 月 25 日逝世，享年 70 岁。

朱合敞同志多次被选为省人大代表，省党代会代表，享受省长级医疗待遇。朱合敞同志是中国共产党的忠诚战士，他的一生是革命的一生，战斗的一生，他以崇高的革命理想引领自己，谱写了一个共产党人的光辉篇章。

行远自迩的人民公仆

——蔡林简介[1]

王敏林

蔡　林

蔡林，出生于1935年3月15日，祖籍巢湖。日本侵华时逃难至无为县石涧埠黄图寺村舅舅家落户。幼时家贫如洗，少年蔡林寄居到姨娘家读书。

黄图寺村依山傍水，竹木青翠，是一个富饶美丽的地方。村子因建有黄图寺而得名。黄图寺始建于清朝乾隆年间，蕴含着古朴而神秘的禅意文化，吸引着蔡林的求知欲望。小学时代的蔡林，他从读过的书本里，就已经知道“虎门销烟，甲午战争，二十一条卖国条约的国耻”。他崇拜岳飞、文天祥、林则徐等爱国人士的民族气节，自小就立下了报效祖国的凌云壮志。

蔡林9岁（1944）那年，父亲曾带着他游历石涧的山山水水，父子俩在青苔衖村参观过新四军第七师的兵工厂。这个由四匠（铁匠、木匠、铜匠、泥水匠）起家的兵工厂，设备十分简陋，身着新四军灰色军装的工人们，用一个小风箱、一架手摇钻床、

(1)根据《蔡林自传》和《干部履历表》综合整理，原件存安徽省委老干部局档案室。

两把钳子，外加几把铁锤制造出武器弹药，使蔡林第一次感悟到新四军的创业精神，蔡林心中充满了崇敬之情。

10 岁（1945）那年，新四军第三师独立旅在离黄图寺不远的黄龙岗伏击了一个日军小队。蔡林在战后走进硝烟弥漫的战场时，才真正领略到战争的残酷。当他了解到新四军有 25 人（大都是江苏籍）壮烈牺牲，不禁从心灵深处为之撼动，他对这些离乡背井、抗击日本侵略者的年轻战士们肃然起敬，感受到可歌可泣的血染神采。蔡林进一步激发了强烈的爱国热情。

抗日战争胜利以后，新四军第七师奉令撤离无为。国民党反动派卷土重来，在无为实行白色恐怖，对无为人民实行疯狂的政治迫害和经济压迫。国民党在无为建立了包括石涧区在内的 8 个军事联防区，实行法西斯专政，已经 12 岁的少年蔡林耳闻目睹了国民党匪徒们的疯狂与歹毒。石涧联防区主任高石平，驻仓头 102 天，杀了 172 人，其罪行令人发指，这在少年蔡林的心中深深地埋下了仇恨的种子，他发誓要做一个保卫祖国、捍卫人民的忠诚战士。

1949 年 1 月，随着解放战争的节节胜利，渡江战役已经迫在眉睫。进驻无为的人民解放军第 27 军将军部设在石涧镇上，渡江部队展开了一系列渡江作战的准备工作。为了支援大军渡江，石涧区成立了渡江支前大队，像蔡林这些不满 16 周岁的少年儿童，则被编入石涧区儿童团，集中到石涧区所属的几个乡巡逻放哨。蔡林积极配合解放军做好渡江作战的演练，他四处张贴宣传渡江的标语，如“支前立功，百世光荣”“节衣缩食，支援大军”“打过长江去，解放全中国”等。此外，蔡林还与小伙伴一起，在巢无公路设立盘查哨，查验路条，防止国民党特务伺机破坏。参加渡江支前工作，使少年蔡林进一步得到锻炼，思想感情也提升到一个新的高度，更加热爱党、热爱人民、热爱祖国。

1949 年 7 月，无为县四县合一，成立了统一的中共无为县委和无为县人民政府。新生的人民政权，需要大量的新鲜血液充实到各条战线上去。县委通过考察，遴选蔡林进入皖北行政干校学习，使其成为合格的干部后备力量。

皖北行政干校，1949 年 7 月由皖北行署创办。校长由时任皖北行署主任的黄岩兼任。为适应解放初期工作重点由武装斗争转移到经济建设上来的新形势，皖北行署决定对各级各类干部进行培养和训练。学校以政治教育为主，辅以参加各种社会活动，在实践中增长知识和才干。同年 10 月，蔡林与干校师生一道开赴农村，下派到行政村参加“减租减息”运动，极大地提高了思想觉悟和驾驭全局的能力。在皖北行政干校期间，蔡林无比珍视这来之不易的学习机会，学习积极性十分浓厚。他在总结学习成果时写下：“通过几个月的学习，我明确懂得了许多革命道理，共产主义理想开始在我头脑中扎根。”从此立下了当一个忠实的人民公仆的决心。

1950年3月，蔡林由皖北行政干校按期结业。被分配至巢湖行署水利科、巢湖干校组织科工作。同年底，他被抽调参加“查田定产”工作队。他深刻理解：“查田定产”是国家与农民关系的一次新构建，它不仅影响到土改中阶级成分，而且还使新生的国家全面掌握了土地资源。由于蔡林具有参加减租减息运动的实际经验，他在“查田定产”中得心应手，为深入开展土地改革运动做出了卓有成效的成绩。1956年8月，蔡林光荣地加入了中国共产党。

自1960年1月起，蔡林先后任巢湖行署财办秘书、巢湖地区财金局领导组副组长、地区生产指挥部秘书组副组长。1973年6月，任巢湖行署、地委办公室副主任、主任。

1983年，无为突遭强降雨，沿江水位猛涨。境内山体滑坡、桥梁被毁、道路中断、房屋倒塌，当地群众生命财产安全受到威胁。蔡林受命于危难之间，8月起担任了中共无为县委书记。他带领无为各级党组织和广大党员干部，充分发挥战斗堡垒和先锋模范作用，主动担当、敢打头阵、冲锋在前，把党的组织优势、密切联系群众的优势转化为防汛救灾的强大政治优势，让党旗在防汛救灾第一线高高飘扬。

为了根治无为水患，振兴无为农业，蔡林带领无为县委、县政府一班人以治理万亩圩口为重点，先后制定了防洪、除涝、圩内配套泵站技改、堤防建筑物除险加固等5个配套建设规划。连续6年全县共完成土方5872万m^3，16个万亩以上大圩堤防达到20年一遇的防洪标准，总长近340km，保护农田面积80万亩，占总农田面积的93%；新建、改建、扩建排涝补点站67座，装机1.74万kw，新增流量165m^3/s，改善除涝面积68万亩。水利事业的振兴，改善了农业生产条件，促进了农村经济，特别是粮食生产的发展。1984—1989年，全县六年粮食生产总产稳定在5亿公斤以上。

从1983年开始，每年“三秋”一结束，全县农村工作即转向水利兴修。蔡林把握时机，总揽全局，要求领导、劳力、时间“三集中”，六年来，全县冬修日平均上堤民工20万人，高潮时上堤民工30多万人，约占全县农村总劳力的65%，许多农村出现了“男女老少齐上阵，家家户户忙兴修”的景象。蔡林认为：“农随水转，水兴农旺”。全县水利建设工程在抗灾中发挥了显著效益。1983年全县溃破圩口196个，近50万亩农田基本无收，经济损失十分严重。而1989年汛情仅次于1983年，但汛期除少数小圩漫堤成灾外，万亩以上大圩堤防未出现险情，农业喜获丰收。

蔡林带领县委、县政府领导班子，解放思想，大力发展劳务产业，民营经济和特色农业，振兴县域经济。县、乡两级建立“无为保姆”劳务输出管理、服务和培训体系，使劳务输出队伍越滚越大，形成保姆、建筑的劳务大军。

蔡林带领县委、县政府领导班子着力优化区域布局，使全县形成东南地区的棉、油、菜经济作物区，西南地区的荸荠、莲藕、席草经济作物区和西北部地区的“五旱农业”及经果林。引导席草编织、珍珠养殖、羽绒深加工等民营经济。蔡林极为重视农业科技的推广与运用，引进新品种、新技术，引领农民发家致富，为无为经济社会发展付出艰辛努力，做出了重要贡献。

1986 年 11 月，蔡林任巢湖地委委员，1990 年任安徽省粮食厅副厅长、党组副书记，1995 年 5 月离休。

蔡林一生勤勤恳恳为党工作，尽了一名共产党员应尽的责任。他具有改革创新意识，有较强的敬业精神和事业心。他严于律己，廉洁奉公。家乡人民赞誉他是一个“耿耿丹心的人民公仆”。

统战群英

拳拳赤子心　悠悠报国情

——蒋其孝传略[1]

王敏林

蒋其孝，1910 年 1 月 4 日出生于无为县无城镇北门蒋家老屋。父亲蒋声骏先生以私塾教书为业，勉强维持全家生计。

立志求学，报效祖国

蒋其孝自幼聪颖好学。10 岁那年他读完小学，父辈们商定不再供他念书，要他学习经商做生意。蒋其孝对这一决定不以为然，于是瞒着家人，去当铺典当了几件衣服做盘缠，然后只身前往芜湖报名考入公立芜关中学。父辈们见其立志求学的信心坚定，于是改变初衷从经济上资助他完成学业。但好景不长，由于家境逐渐衰落，蒋其孝的学费不能按时交纳，按照当时公立学校严格的缴费制度，他被学校限令退学。但是，蒋其孝并未因此而弃学，他转入私立新民中学继续读书。在新民中学期间，他受钱杏邨（阿英）先生的思想影响很深，读了很多文学研究会和创造社出版的书籍，他尤为喜爱茅盾、郭沫若的作品，从中受益匪浅。

1922 年，蒋其孝从新民中学初中毕业后，又到安庆大渡口高级中学读书，

（1）根据新四军老战士胡治平、王子轩、周骏生前回忆录综合整理。

期间结识了不少进步人士。1925 年蒋其孝按期高中毕业，随即前往上海暨南大学深造。此时，在中国共产党的领导下，全国的革命运动风起云涌，上海成了反帝反封建斗争的最前沿，蒋其孝和所在的暨南大学的师生们一起积极参加示威游行、罢课等活动。“五卅”运动发生后，帝国主义和反动军阀互相勾结，查封了上海工商学联合会和上海总工会，暨南大学亦遭查封，蒋其孝则转往北平中国大学继续求学之路。

1927 年初，北伐战争在南方取得巨大胜利，这一年蒋其孝刚满 18 岁。他踌躇满志，受北伐战争胜利的鼓舞，决定投笔从戎，从中国大学肄业后，便和无为同乡卢光楼（无为最早的共产党员）一起到武汉参加北伐军。参军后在第八军 66 师任连指导员。7 月，汪精卫背叛革命，大肆清党，同共产党彻底决裂。蒋其孝则随同卢光楼等人一道前往南昌追赶贺龙、叶挺部队。他们一行到达九江时，前方却被国民党部队阻断，于是与拦截之敌展开了一场激烈的战斗。战斗中，卢光楼不幸牺牲，蒋其孝腿部中弹受伤，只得退往江西鄱阳湖一寺庙中养伤。

数月以后，蒋其孝伤口逐渐愈合。他经枞阳返回家乡无为。此时正值国民党省长张俊瑶在安徽全省范围内进行大规模清党，无为形势险恶，有家难归，更兼与组织失去联系，蒋其孝只好四处漂泊流浪。这段时间，他先后在无为汤沟小学任教，嘉山县管店小学任职（校长），又到合肥女中教书，有时也兼做其他工作，如管理员、会计等，但时间都不长，直至抗日战争爆发。

抗日救亡，复兴中华

抗日战争爆发后，蒋其孝积极投身到抗日救亡运动中去。1938 年 3 月，在周新民（中共秘密党员、时任安徽省动委会组织部副部长）直接领导下，开始在省动委会后勤部任主任干事。当年 9 月，蒋其孝受周新民指派，陪同胡竺冰、魏今非到无为县开展抗日救亡运动。胡任无为县县长，魏任县抗日动委会指导员，蒋任国民党无为县党部书记长。由他们三人实际控制了无为县的政局。其时，无为的抗日救亡运动如火如荼、蓬勃展开，民众抗日热情空前高涨。蒋其孝在无为县党部工作先后不到 3 个月时间，但他却为无为县的抗日斗争的发展做出了积极贡献。

1938 年底，蒋其孝由无为回到安徽省动委会后，先在省动委会下设的抗日史料征集委员会工作，后调往省赈济会十一工厂工作。1940 年 11 月，李品仙主政安徽后，他不满共产党主导省动委会事务，开始对省动委会实行改组、解散等一系列反动措施。蒋其孝在此期间，曾作为省动委会 5 位代表之一，与李品仙进行直面谈判。由于李品仙秉承国民党的反共立场，谈判无果而终。根据时局变化，蒋其孝在组织安排下，也开始转入地下，由朱子帆、唐晓光等人筹措，在六安毛坦厂镇租赁何家老屋做生意，一方面维系家人生活，另一方面兼做党的地下工作。那段时间，蒋其孝经常将情报、信函等，让爱人孙仁琦缝在棉袄的里层，指派她往来于晓天、汤池传递，交给新四军地下联络站。在抗日战争最艰苦的岁月里，蒋其孝一直初心不改、追求进步、追求光明，树立了百折不挠、坚韧不拔的坚强信念。

栉风沐雨，迎接胜利

1945年8月，日本无条件投降后，蒋其孝带领全家人由六安迁回无为县城，居住在无城北门蒋家老屋。1945年10月，新四军第七师奉命北撤。同年底，国民党卷土重来，在无为实行白色恐怖。为了配合中共组织解放无为县城，开展地下工作，蒋其孝按照新四军第七师留守处主任胡治平的指示，多方筹资，在无为县仓埠门河下开设了一个竹木行。蒋其孝身体力行，亲自前往江西九江、彭泽一带山区组织货源，甚至是自己充当搬运工人。他广交无为商界朋友，为人诚信、友善，极具亲和力，受到无为商界同仁一致推崇和赞誉。1946年，蒋其孝被推选为无为县杂行商业公会理事长、县商会候补理事、无为县参议会初选人。这给蒋其孝进一步做好解放无城的外围准备，与中共地下组织保持密切、有效的联系，提供了极为有利的条件。蒋其孝利用自己的合法身份，搜集敌人的情报。以竹木行为南下开辟新区的同志做掩护场所。1946年，国民党无为调查室画影图形，悬赏捉拿第七师留守处主任胡治平，而胡治平本人对此一无所知。蒋其孝急速送信告之，使他免受其害。1947年，蒋其孝经过深思熟虑，居家搬至无城黄泥湾4号，其原因就是着眼于迅速发展的革命形势，有利于与驻守在无为西北乡的中共皖西区党委、无巢工委保持联系，也为集结在西郊檀树一带的武装工作队从西门入城提供便利联络点。

蒋其孝经营竹木行，按照常理，全家生活应当安逸。可是这个时候，蒋其孝家却穷的“叮当响”，甚至过年时，连烧锅柴都没有。那时，蒋其孝收养了新四军第七师胡仁达的女儿胡理顺和临江办事处倪子干的儿子倪昌胜，他（她）们都是新四军北撤时留在无为老区的新四军第二代，他认为理应保护好、养育好他们，让他们的父母安心南征北战。此外，新四军第七师留守在无为的地下人员也需要给予特别支持与帮助，还有生活穷困潦倒的父老乡亲们需要资助。这就使蒋其孝的“鼎泰商行”日益捉襟见肘，盛名之下，其实难副。

呕心沥血，鞠躬尽瘁

1949 年 1 月 24 日，无城解放。百废待兴，百事待举。中共无为县委首先决定恢复无为中学，组织上安排蒋其孝协助李天敏复建无为中学。当年 2 月，复建无中的 5 人小组会议在蒋其孝家中举行，胡治平、王试之、李济生、李天敏和蒋其孝出席了会议。3 月，蒋其孝担任了无为中学首任教导主任，他全身心地投入到教学工作中去，呕心沥血、殚精竭虑，除了整个教学行政领导工作外，还要兼做教职工及学生的思想稳定工作，同时自身还兼教授政治课。在无为中学工作期间，蒋其孝为配合形势教育，经常组织学生上街出演《刘胡兰》《穷人恨》等话剧，深受无城广大群众的欢迎。经过 8 个多月的艰苦工作，无为中学复校后的各项工作步入正轨。为此，蒋其孝倾注了大量心血，他功不可没。同年 10 月，蒋其孝被聘为无为县第一届人民代表会议代表。参加县代表会，为无为恢复经济建设和各项社会事业进言献策。

1950 年初，蒋其孝调任无为人民文化馆馆长。他调动一切社会力量，为发展无为的文化事业群策群力，使新中国成立初期的无为呈现一股清新、浓郁的文化氛围。无城各种文化活动开展得轰轰烈烈、有声有色。文艺工作队经常在大十字街戏园内，或露天广场上组织文艺演出，丰富了无城群众的文化生活。

1950 年 6 月，蒋其孝调任赖浦滩农场副场长，他带领农场 30 多名农工，开始了艰苦的创业之路。他们以苦为荣、以苦为乐、顾全大局、无私奉献，用丹心和热血滋润着赖浦滩的每一寸土地，终于使荒滩变成了绿洲，描绘出光明的发展前景。

1952 年 1 月，蒋其孝在全国开展的“三反”运动中，蒙冤受屈，身心受到摧残，但他执念不悔、初心不改，始终相信党、相信人民。同年 6 月，蒋其孝冤案得以平反昭雪。然而他却在 6 月 9 日猝发疾病，与世长辞。

蒋其孝的一生，是追求光明、追求进步的一生。他人如其名，一生追求的是“尽行中华民族的大孝”。为中华民族尽孝的仁人志士们必将流芳百世、为后人所景仰！

百日平民县长

——王鹤天传略[1]

王惠舟

王鹤天，生于1879年，卒于1943年，无为县无城镇人，其父王鼎臣，以塾师为业，勤谨执教，且性格刚直，为人憨厚，受人尊敬，邻里称道。王鹤天自幼聪颖过人，随父启蒙，学业优秀。及至青年，他拜当时一方古文学大师方六岳为师，悉心研学，受到六岳先生道德学问的指点与熏陶，奠定了学识与品格上的厚实基础。在此期间，他结识了同窗好友李辛白。

1905年，王鹤天与李辛白相约，一同东渡日本，就读于东京早稻田大学。此时，正值伟大的民主革命先行者孙中山在日本成立中国同盟会，宣扬“驱除鞑虏，恢复中华，建立民国，平均地权”的革命思想，王鹤天深受影响，积极响应。归国后，王鹤天毅然投身推翻清廷的革命活动。

黑暗腐败的清王朝终于被推翻，民国成立。王鹤天赴南昌与友人合作办报，抨击军阀，针砭时弊，并大力提倡白话文，宣传新文化。此举深得新文化运动骁将、同窗好友李辛白的极力赞赏。李特以《寄王鹤天·南昌》为题作诗一首予以鼓励：

书来已知及南昌，短鬓轻衫狂抎场。
斫地狂歌动江水，弥天四海一王郎。

（1）参见《无为名人》，中国文联出版社，2011年6月，第97页。

王鹤天在无为县无城镇故居

很快，王鹤天的言行，引起当局的注意，并欲加害于他。得到风声，王鹤天只好化装潜行，回到故乡无为。他跨进家门，见到老母病卧在榻，即决定留家侍奉，以尽孝意。

安徽军阀倪嗣冲为扩大势力，延揽人才。得知王鹤天在家赋闲。于是慕名派员到无为登门给王送礼，诚邀加盟。但是，王鹤天早就知道倪在安徽欺压民众，横征暴敛，称霸一方的累累罪行，当然耻与为伍。借口母亲病重，需要照看，离不开身为由，坚辞不就。来人碰了个软钉子，灰溜溜地告退离去。王鹤天心怀正义，敢抹反动军阀脸面这件事，一时在远近传为佳话。

1918 年春，无为县署知事关云龙，在城乡大刮地皮（贱买贵卖穷苦百姓的土地，敛财自肥），群众怨声载道，恨之入骨。王鹤天得知，怒火中烧，激于义愤，决心为民除害。他先是多方了解情况，掌握关的罪恶事实，然后秘密组织百余民众，于一天拂晓，带领众人冲进县衙。睡得正香的关云龙听到人声鼎沸，知道大事不好，慌忙躲到床底下。愤怒的群众踹开房门，把躲在床下的关云龙拖出。王鹤天以木制假手枪抵住关的后脑壳，喝令其跪下，命其立即交出县衙大印。众人同时喊杀助威。关吓得胆战心惊，浑身发抖，大呼“饶命饶命”，而且很快交出了县印，即抱头窜逃。

接下来，让人扬眉吐气的场面出现了。王鹤天在众人拥戴下，端坐大堂，宣布关云龙的罪状，废除非法占地买卖，所涉契约全部作废，取消一切苛捐杂税。上述决策，立即布告周知，以安民心。与此同时，释放了被关押的无辜平民。消息迅速传遍全县，人们大声欢呼：王大人敢作敢为，做了一件大好事。

无为近代史上一个很有意义，又十分有趣的现象出现了：王鹤天在造反群众自发拥护下，当起了无为县的县长，掌起县衙大印。

王鹤天带领众平民造反，赶跑了欺压人民的县长关云龙，自己当起了县长一事，传到省城安庆。安徽省军阀、督军倪嗣冲觉得苗头不对，一个月后派军队来无为镇压。王鹤天获取动静，立马作应急对策，离开县衙。不料县城劣绅奸商闻风先动，纠集地痞流氓数十余人来到县府。王鹤天走出县衙时，他们一哄而上围堵殴打，幸亏身边人员奋力救护，王鹤天冲出了重围，始得脱险。

此后，王鹤天被迫离乡流亡宁沪。由于他幼年在家塾勤习古代书法名家碑帖，功底深厚。稍长又涉猎二王、苏、黄、米、蔡诸家，博采众长，书艺大进。后又着力研究清代张裕钊书法，并深谙其奥秘，且有创新。他行笔以中锋为主，灵动刚健，秀气四溢，很受人们喜爱。流亡期间，他就卖字为生，竟获宁沪一带行家赏识和重视，因而小有名气。

1929 年，南京中山陵建成后，王鹤天应邀书写孙中山的《告诫党员演说词》，镌刻在一块大理石护壁上。中山陵附近灵谷寺烈士纪念塔建成后，其内壁上刻的铭文，亦出于王鹤天之手。据传此铭文一千多字，他从当局得到每字一元银币的润笔。当年的这两处书法作品，如今已成了宝贵的文物。这是对从无为走出去的书法家王鹤天书法成就的充分肯定。

1931 年“九一八”事变后，日寇侵占了我东北，举国为之愤慨。胸怀爱国之心的王鹤天意识到，国难当头，常年卖字为生，与国无助。时年已 53 岁的他毅然返乡，从事培养年轻一代的教育工作。王鹤天在无城北门私宅开设国学馆，招收有一定古文学基础的青年学生入学，授业传道。他知识渊博，国学精深，阅历广泛，语言风趣，又治学严谨，关心学生，深得学生好评和爱戴，名传遐迩。本、邻县青年人仰慕其道德学养，登门拜师求学者日众。王鹤天的学馆坚持数年，培养了为数不少的学生，其中有相当一批人学成离校，走上抗日前线，这也是王鹤天为救亡图存伟大事业做出的贡献。

颇有意趣的是，每年春节，王鹤天学馆大门上，必贴有其亲书亲撰嵌有“鹤天”二字的春联，而且年年相异。每年正月初一，县城读书人也喜欢前往王宅门前驻足欣赏，甚至描摹笔法，熟读传诵，以致成为新春街面一景和热门话题。

抗战爆发后，日机轰炸无城，学馆被迫停办，王鹤天逃至乡下避难。1940 年日寇占领无城，频频下乡扫荡，乡间也不得安宁，他不得不回城居住。此时，王鹤天眼患白内障又得不到治疗，因而双目失明。他两个儿子远在大西南，无法归来照料。日常生活只靠当年门生马祯等悉心照料。王鹤天垂暮之年，困守日寇铁蹄下的家中，真是一日三惊，悲愤国难，痛苦不已，终至染病不治，于1943年春饮恨辞世，享年64岁。

现录王鹤天自撰嵌名联二副，以作欣赏：

云中白鹤
头上青天

鹤舞不离云上下
天声只在耳东西

“非为做官”的无为县县长

——戴端甫传略[1]

王惠舟

戴端甫（1883—1942），字武章，号昌祚，无为仁泉乡（今洪巷乡）风和村人，为戴安澜的五叔祖，也是戴安澜投笔从戎的引路人。戴端甫自幼怀有从军报国之志，稍长入武昌讲武堂，1911 年参加了武昌起义。1916 年他进入保定陆军军官学校学习，与张治中、季嚼梅、徐庭瑶、白崇禧等人同为保定第三期毕业生，1922 年任粤军团长，1924 年参与黄埔军校的创建，1925 年任国民革命军总司令部副官处处长，后兼广州石井兵工厂厂长。该厂隶属于国民革命军总司令部，戴端甫恪尽职守，深为李济深器重。

1924 年，国共合作，建立了革命统一战线，戴端甫力荐家乡的戴安澜、戴翱天、鲁恢亚、王献庭、张保卫、任笑安等人入黄埔军校学习。1927 年 4 月，蒋介石公开叛变革命，大肆屠杀共产党人及革命志士，稍有涉共之嫌者都不能幸免。戴端甫遂弃职隐居上海，后迁居南京。此时李济深因涉共之嫌被蒋软禁于南京小汤山，慑于蒋介石淫威，亲朋旧部都不敢前往探视，唯他暗往拜访，李深为感动。此事为蒋所知，即派人暗地里监视，戴端甫乃回乡隐居，蒋这才解除对他的监视。1932 年戴在徐庭瑶鄂豫皖三省剿共总司令部任中将参谋长，赴大别山督剿。因与蒋介石不合，遂辞职回乡，斥资收购“大华油坊”，以兴办实业办教育，创办了“仁泉学校”。

（1）参见《戴安澜将军》，安徽人民出版社，1985 年 8 月；《无为名人》，中国文联出版社，2011 年 6 月。

戴氏祠堂

“仁泉学校”，兼设民众夜校。开学典礼时，当时的无为县县长亲自前往参加，国民党军政要员李宗仁、张治中、黄绍竑等也寄来匾额以示祝贺。当然，这所乡间小学的开学典礼，能得到李宗仁等的祝贺，并不说明他们就多么重视教育，很大程度上还是冲着戴端甫个人面子来的。

戴端甫办教育是有先进的科学理念的。“仁泉小学”在办好本部的同时，还根据当时的无为县及周边一些地区的实际情况，办了三所分校。本部和分校都开设了国语、算术、公民、体育、音乐、美术等课，按今天的话来说就是素质教育。上公民课时，老师经常宣传男女平等的思想，鼓励学生剪头发，放小脚。老师重视对学生的思想开导，有时还组织学生到附近的村庄，去宣传、号召贫苦农民争取翻身解放、平等自由。学校以“勤廉”为校训，引导学生正确处理知识和能力的关系，安排学生一面学习，一面实践。有关学生方面的事务，如办食堂、开商店、跑采购、种菜园、经营浴室、理发、值勤等均由学生自行办理。到 1940 年，学校共有 6 届毕业生，很多学生毕业后参加了革命，有的还加入了共产党，如教师周心抚、任惠群等人，新中国成立后成为人民政府中重要领导干部。

抗日战争爆发以后，为了适应对日作战的需要，1937 年 8 月，戴安澜的妻子、儿女离开了南京，迁回家乡居住。戴端甫对他的家属给予无微不至的关怀和照料，同时经常给他去信，对他进行教育和指导。公孙之间书信来往频繁，戴安澜向端公报告前方战局，禀告公务，检点缺失；端公通报家乡和家庭情况，指点今后。端公给他的每一封信函，字里行间，都洋溢着自己热爱祖国，热爱家乡的深情，都给他以谆谆教导，启发和督促他积极向上，勇往直前。

端公对戴安澜的爱护至深，教育至诚，更突出地表现在对他的严格要求上。1937年8月，戴安澜由团长被提升为旅长，曾一度置身闲散，大为不快。端公发现后，予以严厉斥责。他担任师长以后，有一次用部队的汽车接自己的家属。官兵们认为这仅仅是一件微不足道的小事，可是这事被端公得知了，为了防微杜渐，及时对他进行了批评教育。

1937年底，日寇进犯安徽前夕，端公和戴安澜的眷属从家乡无为县一起移居湖南长沙。戴安澜得知自己的家属、尊敬的端公和祖母都迁居后方居住，安全有了保障，十分快慰。以后，他们又从长沙迁居广西柳州、全州等地。1940年春天，戴安澜乘办理公务之机，来到全州叔祖父母身边，看到叔祖父母身体健康，精神旺盛，异常欣慰。他聆听叔祖父分析时局，讲解道理，接受教诲。他每次与端公交谈，都有听公一席话，胜读十年书之感，信心和力量陡增。

1942年2月，戴安澜率部驻扎保山，待命远征缅甸。一天，他忽然接到妻子王荷馨从昆明打来的电话，说居住在全州的端公旧病复发，非常危险。他督促王荷馨早日赶往全州，心情极为焦急。他衷心祝愿端公早日恢复健康。2月28日，端公病逝。3月1日，戴安澜接到全州来电，惊悉噩耗，他失声痛哭，悲痛欲绝。他感到自己的成长，全靠端公的悉心栽培，彼此虽为远房公孙，但情同父子。叔祖父的病逝，是他有生以来受到的一次严重打击，使他饱尝了人生的最大痛苦。他决定，2月28日为端公忌日，以作为纪念。他由于即将征赴缅甸，协同盟军抗击日军，不能前往全州与端公遗体告别，处理丧事，于是以函电告诉堂兄戴蔚文，请他尽最大努力，做好端公逝世的各项善后工作。在万分悲痛之中，他撰书挽联一副，挽赠叔祖父端公：

海外赴长征，方期歼厥渠魁，光复河山承色笑；
滇陲闻噩耗，回念栽成大德，誓遵庭训慰神灵。

1933年戴端甫复出，参加长城抗战，在第十七军后勤部任军运之职，随军长徐庭瑶血战古北口，为抗战做出贡献。1934年，因徐庭瑶向时任安徽省政府主席刘镇华力荐，戴端甫离开第十七军返乡任无为县县长。他对左右工作的人说："我此次返里，欲为家乡父老效力，非为做官，县府上下，应体我意，与我同心协力。"他主政期间，修长江大堤，筑新安桥拦洪坝，凿湖陇陡门，修无为公路，平钱家坡荒冢为公共体育场，辟绣溪公园，办电灯厂，建县中校舍，办《濡声日报》，与徐庭瑶一起摧毁城隍庙，废除不合理的捐税，铲除豪绅恶势力等等，凡有利于群众的事情则兴办之，不利的则革除之。不到数月，便政绩卓著，人民群众称赞：“戴大老爷似青天。”戴端甫力倡新风，改革民俗，他给亲友年节送礼就是一包红糖、一包咸盐，并告诫族人：“担米斤肉可食，斗米亩田勿买。”戴端甫的这些举措，触犯了一些地方封建恶势力的利益。

1935年春夏之交，县保安团部分士兵哗变，戴端甫险些丧命。叛兵将无城商家店铺抢劫一空，出南门而逃。他当即采取果断措施，迅速派部队将叛兵抓回，处决了丁家炳等为首的8名案犯，事件始告平息。1935年6月，无为县举行了第一次中小学联合运动会，戴亲临现场指挥，还给运动会作了会歌：“笳鼓萧萧，旗帜飘飘，广场新已建造，赛会第一遭。跳高跳高，一飞冲霄，赛跑赛跑，万里不遥。同学手相招，快来夺锦标，要解东亚病夫嘲，要解东亚病夫嘲。”此歌由夫子庙小学音乐教师史佩惠配曲，事先发到各学校让学生学唱。运动会开幕那天，戴端甫致开幕词：“无为第一次举行中小学联合运动会，这是空前盛大的运动会。外国人嘲笑我们中国人是‘东亚病夫’，我们一定要发展体育，锻炼好身体，变东亚病夫为东亚健夫。我们要收复失地，没有强健的身体不行。我们东北四省（包括当时热河省）已被日本帝国主义侵占数年了。我们要求得高深的学问，没有强健的身体不行。形势驱使我们刻不容缓地锻炼好身体。只有锻炼出强健的体魄，才能收复失地，才能求得高深的学问……”场上响起观众及运动员的阵阵掌声。1938年，日寇进犯无为，戴端甫携家避难长沙，与徐庭瑶合办了一所“无为公寓”，收容无为流亡人士及学生，供给吃住和衣物等，并为他们介绍职业和帮助上学，深得乡人赞誉。1939年戴端甫家迁柳州，次年迁回全州。1942年2月28日在全州病逝，终年59岁。临终前曾自书挽联一副：

书未读通，身未修善，又革命，又做官，鬼混了一辈子；
国仍破碎，民仍涂炭，不团结，不民主，抗日已四年矣。

据传，此联还有另一版本，即：

一生鹿鹿鱼鱼，德未修善，书未读通，既革命，又做官，鬼混数十年，干鬼事，弄鬼术，在鬼世里，称假菩萨，欺天欺地，何如明当老鬼去；

全族孙孙子子，志要高尚，心要公正，讲道义，存仁恕，人出千万个，创人绩，做人模，于人群中，成真英雄，为家为国，但愿都是好人来。

戴端甫的为人风范和忧国忧民的思想以及对国民党统治的不满，由此可见一斑。

中国雷达研制先驱者

——谢立惠传略[1]

童毅之

谢立惠

谢立惠，曾用名谢柳民、谢伯坚。1907年4月23日出生于无为县无城镇。祖母是小学校长，父亲谢季翔是中学物理教员，三伯父谢叔骞、二舅父卢仲农早年加入孙中山领导的同盟会，这对他后来走上科学救国和民族解放斗争的道路有很大的启蒙影响。

谢立惠7岁入私塾，13岁插班考入芜湖南岸小学高年级，1921年考入南京高等师范学校附属中学，1927年考入中央大学数学系，二年级转入物理系。他以全校安徽籍学生前20名的优秀成绩，每年均获得安徽省政府的奖学金100元。同时，他还在校图书馆做清洁，三年级开始在附近的私立五卅学校兼数学课，半工半读解决学费和生活费。

谢立惠于1928年春在中央大学参加了“中华自然科学社”，该社是1927年左右由一批爱国青年大学生自发组织起来的群众团体。建社的积极分子有杨浪明、郑集、余瑞璜、屈伯川、吴学周、方文培、李锐夫、盛彤、李达等，主要活

（1）参见《无为名人》，中国文联出版社，2011年6月，第120—121页。

动是出版社讯及科普刊物《科学世界》。谢立惠曾担任第二届社长及多届理事。中华自然科学社后来发展有社员2000多人，在全国主要大城市及某些欧美地区都设有分社，社员中有许多是我国科技界知名人士。同年，谢立惠与进步学生一起参加了反对日本帝国主义制造的“五卅惨案”爱国学生运动，并加入了中国共产主义青年团的外围组织“大地社”。

1931年，谢立惠在中央大学物理系毕业后，留校任中央大学附属中学数理化教员，积极参加了“九一八”事变后的抗日救亡学生运动。1932年被迫离开南京到合肥女中任教，同年，经顾衡（中央大学同班同学，1935年牺牲）介绍加入中国共产党，主要从事交通联络工作。同时，组织进步学生成立“朝曦读书会”，在学生中发展地下党员，宣传抗日爱国民主思想，这个读书会大部分成员后来到延安走上了革命道路。

1937年初，谢立惠到重庆大学数理系任讲师，1939年冬任教授，1946年任物理系主任，直到重庆解放。在此期间，他一方面兼任几所大学的教学工作，另一方面参与组织成立了“中国自然科学座谈会”（非公开的进步组织），后又参与发起成立了“中国科学工作者协会”和“九三学社”。同时，他还积极支持和参与爱国学生运动，为中国人民的解放事业做出了重要贡献。

1939年，在中共中央南方局书记周恩来的领导和重庆《新华日报》社社长潘梓年的指导下，谢立惠参加了由进步科学家组成的“自然科学座谈会”，成员有近20人，经常参加活动的有梁希、潘菽、涂长望、金善宝、干铎、李士豪、谢立惠等人，每两周开会一次，开会的主要内容是学习和讨论《新华日报》上的重要社论及文章，研究有关工作。自然科学座谈会的五位教授（包括谢立惠）负责编辑了《新华日报》的“自然科学副刊”，普及科学知识，宣传抗日救国主张。座谈会的成员除定期聚会外，还经常应邀到化龙桥红岩村《新华日报》社和八路军办事处参加纪念会、联欢会及报告会等，包括聆听周恩来传达毛泽东的《论持久战》的报告。在此期间，谢立惠还为《新华日报》修理收音机与收发报机，并将收音机改装成收音与收报两用机，为当时南方局与延安中共中央的通讯联系做出了贡献。

1944年，自然科学座谈会根据周恩来的建议，积极团结更多的科学工作者，着手组织公开的进步学术团体，拟定《组织中国科学工作者协会缘起》的文件，寄往国统区各大城市知名科技工作者，发起成立“中国科学工作者协会”，很快就得到了著名科学家竺可桢、李四光、任鸿隽、丁燮林（即丁西林）、严济慈等及其他科技工作者100多人的响应，遂在重庆沙坪坝成立了中国科学工作者协会。第一届理事长竺可桢，监事长李四光，总干事涂长望。谢立惠担任组织干事，负责联络会员及会议组织等工作，曾多次参与组织中国科协举办的学术活动及讲座，并亲自主讲“雷达的原理及功能”。

雷达最早是英国发明的。1940 年，受第二次世界大战的影响，为了防止空军袭击，英国科学家便发明了一种探测器，可以在直径数百公里的区域探测有无敌机来空袭，这种探测器就是雷达。1944 年，有关雷达的消息传到我国，重庆国民政府军令部军事技术无线电组开始研究雷达。当得悉该部门聘请专家参加研制后，自然科学座谈会讨论推荐谢立惠为适当人选，重庆地下党负责人为了尽早了解国民党的先进武器技术，立即同意派谢立惠到该部门兼任研究员参与研制。

当时，雷达技术是保密的，科研人员只知道用无线电探空的方法来探测飞行物，但具体的原理都知道的不多。谢立惠当时负责雷达的总体设计，他认为雷达的原理与电离层探测设备的主要原理类似，都是利用无线电波的反射来测定目标物的距离。但由于反射体的不同，一个是离地面高度若干公里以上的庞大电离层，一个是面积小的飞机，距离变化快，因而两者的设计就有很大的差别，所以设计研制雷达要困难得多。他提出以下方案：电离层面积大，不怕电波的绕射，可用波长较长的短波。飞机较小，要用比飞机尺寸小得多的波长，只有发出米波以下的电波，才能从飞机表面反射回来。无线电波波长短些，方向性要好些。电离层相当高，高度变化慢，而飞机可以飞的比较近，高度变化快，脉冲宽度要很窄，否则发生的脉冲可能与反射回来的脉冲波在显示器上重叠，区分不清目标。由于飞机反射面很小，反射波很弱，所以发射机功率要大，接收机灵敏度要特别高。

根据当时条件，先决定试制三米波的雏形雷达。在研制过程中，由于缺乏必要的元器件和研制设备，并且技术室受困需要迁移，最终雷达研制工作没有全部完成。后来谢立惠买到两本由英国人编写的论述雷达原理和技术的书，上面阐述的内容与自己在无线电组设想的雷达原理和结构大致相同。他顿时大悟，试制的雏形雷达没有完成，是因为物质基础达不到，而思路没有错。但谢立惠研制的雷达拼机接受设备显示的灵敏度符合当时的标准，堪称我国第一部雷达。

1949 年 5 月，中国科学社、中国自然科学社、中国科学工作者协会和东北自然科学研究会联合倡议召开全国自然科学工作者代表会议。1950 年 8 月，在这个代表会议上，决定成立中华全国自然科学专门学会联合会及中华全国科学技术普及协会，谢立惠以团长身份率西南科学工作者代表团出席了会议，并当选为全国科联委员。

1950 年 10 月，中央人民政府教育部批复同意西南军政委员会文教部决定将原国立女子师范学院与四川省立教育学院合并更名为西南师范学院（现西南大学）。1951 年 5 月，西南军政委员会文教部决定从重庆大学调谢立惠任西南师范学院第一届院务委员会副主任委员（缺主任委员），主持全院工作。1952 年

11 月，由中央人民政府正式任命谢立惠为西南师范学院第一任院长。1954 年西南行政区撤销，当谢立惠得知要派干部来西南师范学院担任领导工作后，主动提出自己改任副院长，让新来的干部任院长。

1958 年春，谢立惠奉调到建院不到两年的成都电讯工程学院任院长。他重视学院教学工作，深入各系、所进行调查研究，强调加深基础理论和实践能力的培养，始终狠抓基础课和实验课的教学质量，鼓励教师实行启发式教学，积极组织和推动教学改革，促进良好校风的形成。1983 年任院长顾问，定为一级教授。期间，他率中国电子学会在职教育考察团赴美考察一个月，回国后认为，盛行于西方的继续教育体系很值得我国借鉴，提出了办好继续教育的意见和建议，发表了《要充分认识继续教育的重要性》的论文。

谢立惠曾任第一、二、三届全国人大代表，第五届全国政协委员，第六、七届全国政协常委，成都市人大常委会副主任，成都市政协副主席，九三学社中央常委，四川省科协主席，四川省物理学会理事长，中国电子学会理事、教育工作委员会副主任，四川省自然理论研究会理事长，九三学社中央参议委员会副主任。

为了表彰谢立惠的光辉业绩，1982 年，中国物理学会颁发给他在物理教学及科研方面辛勤工作 50 年荣誉证书；1986 年，四川省人民政府授予他从事科技工作 50 年荣誉证书；1988 年，国防科工委因他从事国防科技工作 30 年，授予他献身国防科技事业荣誉证书；1990 年，国务院为表彰他为我国高等教育事业的突出贡献，首批批准他享受政府特殊津贴。

1987 年 4 月，在谢立惠从教 56 周年暨 80 寿辰时，四川省科协送给他对联题词：

科坛兴协会寰宇率先飞贤士，学者探雷达神州电子立新篇。

九三学社成都分社送给他的横幅题诗是：

民主斗士，科学初倡；忧国忧民，不馁恶伤。
教坛巨擘，业精技良；诲而不倦，桃李芬芳。
建社元勋，统战益扬；默然应命，有功却藏。
耄耋愈壮，耕耘如常；松鹤遐龄，为颂为皇。

1990 年 7 月，谢立惠因病逝世，享年 83 岁。

中国煤矿安全生产学科的奠基人

——侯运广传略[1]

叶悟松

侯运广

侯运广（1926—1984），无为县襄安镇人。1948年参加革命，1979年加入中国共产党。侯运广先生是我国煤矿安全生产学科的开创者和奠基人，是我国著名的矿井通风界元老。他为新中国煤矿开采、矿井通风，煤矿及矿业安全生产做出了重大贡献。

侯运广1934年就读于安徽宣城师范学校，1937年考入西北工学院，1941年8月毕业留校任教。1943年1月，奉调入川，任四川綦江铁矿助理工程师。1944年调西康，担任西康技艺专科学校矿冶科讲师。1946年回安徽，任安徽省建设厅技师。1947年在芜湖安澜高级工业职校任教。1948年回无为，在无为县立中学当教员。在此期间，参加中国共产党领导的革命活动。

1950年起，侯运广一直在西北工业学院和西安交大工作。担任过西北工业学院采矿系副教授、教授、系主任和西安交大采矿系教授、系主任，并担任西安矿业学院采矿系教授、系主任，一直到病逝。

（1）参见《无为名人》，第123页，中国文联出版社，2011年6月。

侯运广是我国矿井通风与煤矿安全生产学科的奠基人，著名的矿井通风界元老，是西安矿业学院创始人之一。早在抗日战争时期，他就在西北工业学院创立了矿井通风与煤矿安全生产学科。

在旧中国的矿业生产中，安全生产就是空白，不管是国有煤矿还是私人煤矿，生产设备简陋，安全设施几乎一无所有。有的小煤矿，矿工用背篓从地道似的矿井下背煤。矿主们只顾挖煤赚钱，根本不管矿工死活。煤矿透水、冒顶、瓦斯爆炸等事故层出不穷，矿工们的生命安全丝毫得不到保障。

新中国成立后，国家建设急需煤炭和其他矿产品，煤矿建设与煤矿、矿山的安全生产工作，成为煤矿等矿业生产的重中之重。培养煤矿安全生产学科人才，成为国家急需的工作。侯运广与关绍学、汪春葵等教授一起，编审出版了我国第一部《矿井通风与安全》教材，供采矿系的大学生们学研。

1958 年，在侯先生等人的努力下，由西安交通大学地质系、采矿系和基础部的一部分，成建制地划出，组成西安矿业学院。侯教授随采矿系变动，先后任教了西北工学院、西安交通大学、西安矿业学院。在学校变迁的整个过程中，他一直担任采矿系教授和系主任。侯先生与西安矿业学院休戚与共，同甘共苦，为采矿系的创立和成长做出了不可磨灭的贡献。

“文革”后，大学恢复招生，由侯运广先生牵头，组织院校煤矿通风与安全专业的教师，编写出版了《煤矿通风与安全》教材，供各校煤矿安全专业使用。在此期间，由侯先生倡导，建立了全国煤炭学校通风安全年会，侯运广是该年会的常设顾问。1974 年，在西安矿业学院召开了全国煤炭院校通风安全首届年会，在年会上，各院校发表自己的研究成果，相互交流教学经验。特别是煤矿安全生产研究成果在煤矿生产中的应用，加强了各矿业学校间的联系，受到了广大安全教育工作者和煤矿安全科研人员的欢迎。

1984 年，侯运广先生最后一次主持了第二届全国煤炭院校通风安全年会。会议后，侯教授返回西安，沉疴复发，再也没有站起来。

侯运广先生治学严谨，德高望重。从事煤炭高等教育四十余载，始终坚持在教学第一线。他教学经验丰富，为人师表，既重视教书，又重视育人，为我国煤炭工业和矿山安全生产学科，培养和造就了一大批德才兼备的专业技术人才。这些人才大都工作在全国煤炭和矿山行业，为我国的煤矿生产、矿业发展，尤其在煤矿安全生产方面都做出了贡献，使我国煤矿安全生产走在了世界的前列。

国家自然科学杰出青年基金获得者徐精彩教授，是侯运广先生生前指导的最后一名青年科学家。侯先生常对他说：“我们学院坐落在西北，西北矿山煤层火灾严重，西安矿业学院应该在矿山防火方面有所突破，为全国煤矿积累经验，为煤矿安全做好排头兵。”三十年来，徐教授遵循侯教授当年的教导，与同事们共同努力，使西安科技大学（西安矿业学院改制后）在矿山防火灭防学界有了重要地位，在矿山防灭火学科树立了自己独特的位置。从侯先生起，经过三代人的共同奋斗，侯运广先生生前的愿望得到了实现。

侯运广先生在院校担任过不少领导职务，但他从未脱离教学岗位，坚持上讲台为学生授课。他不但在课堂上向学生耐心细致地讲授专业知识，而且经常深入煤矿检查学生在矿山实习情况，以及在矿山安全生产中所做的工作，对学生在实习中存在的问题及时予以解决和指导，把学以致用、情系安全的理念，潜移默化地灌输给同学们。

“兴大学，置名师，以养天下士。”侯运广先生十分重视教师队伍建设，关心和关怀青年教师成长，不仅为他们的成长创造良好的内外部环境，而且经常深入课堂检查青年教师教学情况，提出整改意见，促使青年教师更好地胜任教学工作。

由于侯运广先生在煤炭教育和矿山安全学术上的卓越成就，被选为陕西省第三、四、五、六届人大代表，被聘为煤炭工业部教育顾问团成员，煤炭高校教材编审委员会委员，中国煤炭学会理事，煤炭技术咨询委员会委员，担任陕西省煤炭学会常务理事，西安矿业学院学术委员会副主任，学位委员会副主席等职务。

侯运广先生为党的教育事业和煤矿安全生产科研呕心沥血，竭忠尽智。他把自己的毕生都贡献给了三尺讲坛，以教给学生更多的知识和才能为傲，为国家的矿业建设日新月异为荣。一生情系煤矿，心系矿山安全，把矿工的生命安全看得重于泰山。他在弥留之际的最后一句话是“我还有许多要做的没有办完”。

侯运广先生著作等身，他的主要著作有：

总编审高校教材《矿山通风与安全》、高校教材《煤矿通风与安全》。

发表《煤与瓦斯突出规律的探讨》《综合机械化工作面风量计算问题的调查报告》《采区漏风问题》《试论高等工程问题的调查报告》《试论高等工程教育的专科层次》《自然通风的动力分析》等学术论文。

为《中国大百科全书》编写《矿井通风》部分。翻译了《美国矿业局调查报告 7767》中的《通风设计中测定瓦斯含量的直接方法》、苏联《工业劳动安全》中的《扑灭井下火灾（空气机械泡沫灭火）》等。

侯运广先生去世后，遵照他的遗言，家人将先生保存的专业书籍和积累的资料捐献给国家。这些书籍资料是煤炭开采和通风安全方面的宝贵资产是给后人留下的宝贵财富。

侯运广先生于 1984 年因病治疗无效逝世，享年 58 岁。

没有院士头衔的院士

——丁大钧传略[1]

丁以龙

丁大钧

丁大钧，又名丁恒伯，1923年4月28日在安庆出生。自幼聪颖好学，成绩一直名列前茅。1929年丁大钧回到祖籍无为入读严桥区尚礼乡丁氏家塾——种德小学，初学诗文；1934年入无为县城内杏花泉小学，小学毕业后入南京钟南中学，后因日寇入侵，转回至无为中学。

1942年丁大钧高中毕业，连考四所高校，全部登报录取，最后选择入读北洋工学院。1944年，转读安徽大学土木工程系，并与范勤女士喜结连理；1948年于安徽大学土木工程系毕业后留校任教；1950年他调至南京大学工学院任助教。1952年该校组建为南京工学院（后于1988年更名为东南大学），丁大钧在这里潜心学术研究与教学工作，一生硕果累累。

1978年5月丁大钧破格晋升为南京工学院教授，是国务院首批批准的博士研究生导师。几十年来他培养了百余名博士和硕士，很多成了国家建设的栋梁，其中有中国工程院院士、国家级教学名师等。丁大钧对学生要求严格到近乎苛刻。他要求学生在给他做汇报试验的时候，能准确说出关键性的数据。他的学生

（1）参见《无为名人》，中国文联出版社，2011年6月，第126页。

蓝宗建教授说："都说青出于蓝而胜于蓝，惭愧的是，丁老的学识和造诣，我们学生中没有一个能超越，丁老是真正的大家，我们的楷模。"在早年的一次我国混凝土设计规范编写会上，编写小组的专家们戏称小组里无老虎，全是一群猴子，才会争论不休。然而，编委会负责人说："你们小组有老虎，丁大钧就是老虎。"丁大钧就是这样一位大家——虽然没有院士的头衔，但业内人士称他是土木界的无冕之王。

当时，丁大钧带着助手不辞辛苦开展实验。研究长期荷载下的刚度演变，往往一做就做到深夜。没有精密的放大镜，他就自己组装了一个 90 倍的放大镜开展裂缝研究。1967 年，他在国际上首次提出了偏心受压构件极限侧移的连续公式。1976 年，他推出了世界上当时最先进的刚度裂缝计算公式。1978 年，他在"文革"艰难岁月里多年研究的长期荷载实验使他获得了我国第一次科学大会个人奖，1982 年获国家自然科学奖。这也是东南大学获得的首个国家自然科学奖。1983 年又提出沿混凝土保护层的裂缝宽度计算方法，在国际上亦属首次，影响很大。

1976 年，丁大钧作为土木工程专家代表江苏省前往北京，参加毛泽东主席纪念堂建设方案的设计。设计组由 8 个省市的 40 名专家组成，在讨论桩基方案时，施工单位提出了采用他们熟悉的钻孔灌注桩。丁大钧认为建造毛主席纪念堂是千秋大业，北京又处在震区，灌注桩质量难以检测，容易留下隐患，因此他根据自己的见解毅然建议用预制桩。经过几次激烈的讨论和慎重试验，丁大钧提出的预制桩方案最终获得专家组采纳。[(1)]

丁大钧毕生坚持科学研究，惜时如金，他把一点点时间都献给了工作。工作六十余载里，他没有给自己放过一天假，春节也不例外，即使在病床上也不放下工作。他对混凝土和砌体结构曾进行过一系列的试验研究，仅刚度裂缝试件就超过 700 个，10 批长期荷载试验坚持了 23 年，其中最长的一批就持续 6 年多，成为当时世界上同类试验中用时之最，由此建立起的一套较完整的混凝土构件刚度裂缝计算体系大部分被相关的国家规范和规程所采用。由于他的刻苦和坚持，他的科研和教学获得了累累硕果。他发表中文论文 300 多篇，出版教材、参考书和专著 43 本，共计 1300 多万字；发表外文论文 210 多篇，共有英、俄、德、法等 14 个语种，绝大多数为国际核心期刊。他还主持了 4 次国际学术会议，使东南大学成为在国内最早召开土木工程国际学术会议的高校；他一生出访过 20 多个国家和地区，在 43 所海外大学和国际学会上讲学。这些活动展示了我国土木工程的发展和建设成就，扩大了东南大学土木工程学科在国际上的学术影响。

（1）参见《无为名人》。

丁大钧的科学造诣，赢得了广泛的赞誉。他曾被江苏省政府聘为省政府参事，兼任中国土木工程学会理事、武汉城建学院等 9 所高校名誉教授、丹麦工业大学客座教授、美国国际高层建筑与都市小区理事会（CTBUA）混凝土和砌体高层建筑组极限状态设计专业委员会主席、世界教科文卫组织专家组成员等。几十年来，他曾获得 10 多项国家及省部级科技奖，1980 年被评为江苏省劳动模范，2002 年获得了中国工程院“光华工程科技奖”，是这一年该奖项 11 人中唯一一位不是院士的大师级专家。而丁大钧淡泊名利，即使在国际权威期刊上发表论文，他也常把学生的名字放在前面，旨在把年轻人推向国际交流的第一线。

在历史、书法、诗词、绘画等方面丁大钧也有很深的造诣。他业余喜作诗词，练习绘画和书法，曾出版《文史知识讲义》《耕余诗词》和《耕余书画》等文艺著作。在“2000 年世界华人艺术展”的巡展活动中获书法奖，并被授予“世界华人艺术人才”称号；他的《耕余诗词》《惜分阴》等诗词集，曾获香港国际炎黄文化研究会首届龙文化金奖和二等奖，四川难得书画院第三届“难得杯”诗词特等奖等等，充分展示了一位自然科学家的文学艺术功底。

2007 年，丁大钧确诊为癌症晚期，医生诊断他只有三个月时间了。为了争取更多的时间来完成他的工作，他决定回家疗养。回到家中，他一边用坚强的意志力每天支撑着身体，扶着窗台、床沿慢慢地移动，加强锻炼；一边抓紧生命最后的分分秒秒，继续著书立说。他跟病魔抗争，跟时间赛跑，在生命的最后时刻把自己毕生所学贡献给祖国和后生。由于他努力和顽强，居然打破了医生的预言，生命延续了三年。在这三年里，他亲手编写出版了中英文双解的《中国桥梁建设新进展（1991—　）》《土木工程概论》《翠屏诗集》。其中《土木工程概论》成为“十一五”国家规划教材。在此期间，他还发表了十余篇中外文论文。丁大钧在向一位来访的学生赠送《中国桥梁建设新进展（1991—　）》一书时说“我的书绝对没有抄袭问题，就连书中的每一幅照片，我都是请学生、请朋友专门拍摄的，并都注明了提供者。”[1]

2010 年 3 月 23 日晚，丁大钧整夜呕吐，睡得不好。24 日早上醒来，他仍用微弱的声音，对守候在身旁的女儿说“起来，上班”，但他太过虚弱，终究没有起得来。到中午时分就进入深度昏迷。晚上因抢救无效而溘然长逝。“起来，上班”也成了他生前最后的一句话。

3 月 26 日，东南大学网站上发文《著名土木专家丁大钧教授辞世》，称“我国著名土木专家、教育家、东南大学土木工程学院丁大钧教授因患癌症医治无效

（1）《风霜傲骨　卓尔不群——怀念丁大钧教授》，作者周娅、丛婕。

逝世，享年88岁。丁大钧教授是我国资深土木工程专家，国际著名混凝土和砌体结构专家，曾参加过毛主席纪念堂方案设计，是我国混凝土构件适用性能设计方法的创始人、东南大学土木工程学科的主要奠基者和开拓者。”[1]

（1）东南大学官网：《著名土木工程专家丁大钧教授辞世》，2010年3月26日。

中国著名机电专家

——章长东传略[1]

耿松林

章长东著作之一

1924年12月23日，我国著名机电专家章长东，出生于无为县城西大街的一个教育世家。他的父亲章心平，人称章六爷，日本东京高等师范学校、北海道大学毕业，曾任无为初级中学、无为简易师范校长多年；他的祖母和姑母，也是多年的老教育工作者。章长东16岁初中毕业时，抗日战争爆发已经两年了。国家兴亡，匹夫有责，为了将来能够报效国家，章长东决定继续深造。1939年夏天，章长东和同学一道，毛竹扁担挑着行李徒步五六天，来到皖西舒城县晓天镇，投考安徽省第七临时中学，以优异成绩入学。1942年7月，章长东毕业于七临中高中部，并参加了全省抗战后的第一届高中会考，以第一名的成绩被安徽省教育厅保送到西北工学院就读。

西北工学院当时设在陕西省城固县，地处秦岭和大巴山两山之间的谷地，物资紧缺，生活艰苦。好在章长东习惯了这样的艰苦生活，糙米小菜，一样甘之如饴。他夜以继日，刻苦学习，成绩总是名列前茅。大学期间，担任电机系学生会

(1) 参见《无为名人》，中国文联出版社，2011年版，第128—129页。

干部，积极参与各种社会活动。学校借住地的古路坝教堂德国神父常仗势欺人、为非作歹。为制止其继续作恶，章长东侦得该教堂藏有枪支和无线电台时，立即组织学生将德国神父逐出教堂，并交汉中市警备司令部处理，大长了中国人的志气。

1945年抗战胜利后，西北工学院迁至天津，更名“北洋大学”。章长东于1947年7月毕业，是该校抗战胜利后的第一届毕业生，且成绩名列第一，北洋大学将他留校任助教。第二年3月，北洋大学校友林继庸任联合国救济总署下属的中国农机公司总经理，需要工作助手。经北洋大学推荐，章长东去上海中国农机公司任职。章长东到上海，开始了他作为中国电机事业奠基人之一的人生旅程。1950年，章长东调到上海电机厂任工程师。1953年，又奉命调到位于杭州的第一机械工业部第二设计院，历任电气组长、动力科副科长、科长，院咨询委员会副主任，院工程技术咨询公司副总经理，院务委员会委员。后为教授级高工，享受国务院首批特殊津贴的专家。同时，兼任上海电机工程学会委员，中国电工技术学会工业与民用应用委员会委员兼学术部副部长、华东分区副主任委员、学术部长。还担任浙江、上海电工学会和电气设计研究会的顾问等。

章长东在上海电机厂担任旋转电机设计时，曾设计了当时最大容量的2000马力电动机，实践证明运行一直良好。为减少投资，便于加工，他又提出双跃式线圈新方案，获创造发明奖。到杭州工作后，上海、哈尔滨汽轮机和东方汽轮机等国内大型骨干动力工厂的供电设计，均为章长东拍板定方案。他还先后担任广西桂林、浙江新昌、吉林辽源等发电厂的总设计师，在泰国、印度尼西亚等国，也有章长东的电力设计成果。机械工业部的第一批大型电子计算机房的设计与建立，如上海、哈尔滨发电设备成套所和杭州汽轮机厂的计算机房，均由他担任总设计师，负责与美国IBM公司、CPC公司，德国西门子公司谈判，选定计算机种，进行计算机系统和站房的设计，并参加施工监督与验收。

章长东不断进取，善于总结，领导并开发了“燃气轮机计算机控制系统”等新技术，锻炼出一支电子计算机控制工程、电机动力设计专业队伍。1963年以来，先后有《接地与接零》《电机工程师手册》《工业企业电工手册》《工业与民用电气安全》《农村电气化》《电的世界》《农村电站及电力网》等专著问世。还翻译出版了《城市低压电网的架空线路》《商用建筑电气设计》《电工技术手册》《电磁离合器》《架定线路》等著作，对推动新技术发展，新理论应用和规范等，起到了积极的促进作用。

室内设计界的旗帜

——奚小彭传略[1]

耿松林

奚小彭

奚小彭，又名奚正年，1924 年 4 月生于无为县赵坝乡（今属陡沟镇），著名工艺美术家。1950 年 7 月，他毕业于中国美术学院华东分院（杭州）实用美术系，经梁思成、林徽因两位先生举荐，到中共中央修建办事处从事建筑设计，后任建工部北京工业及民用建筑设计院设计师。1956 年，中央工艺美术学院成立，奚小彭调入该院，筹建建筑装饰系，任系主任、教授。该系第二年正式招生，中央工艺美院成为中国第一所培养高等室内设计专业人才的院校。奚小彭先后担任中国室内建筑师学会名誉主席，中国雕塑、壁画总公司董事长，中央工艺美术学院环境艺术研究设计所所长、总工程师。他从事室内设计教学与研究几十年，为中国现代室内设计事业培养了大批骨干，这些弟子纷纷成为中国现代室内设计、研究和教育战线上的领军人物。奚小彭是名副其实的设计大家，我国室内设计教育的奠基人、教育家，是室内设计界的一面旗帜。

（1）参见《无为名人》，中国文联出版社，2011 年版，第 133—134 页。

1953年，前苏联援建北京苏联展览馆（现北京展览馆）。奚小彭作为建工部北京工业建筑设计院的设计师，在苏联建筑师安德列耶夫的领导下，参与了该馆的建筑装饰设计工作。奚小彭深厚的图案功底，令苏联专家叹服。北京展览馆留下了大量奚小彭创作的俄罗斯风格的装饰图案，至今仍让人赞叹、倾慕。牛刀初试，好评如潮。当安德列耶夫去上海主持中苏友好大厦设计时，指定奚小彭和他一道去上海从事设计工作。北京展览馆的成功，对当年北京的“十大建筑”影响深远，建筑装饰的价值和作用，开始为社会所认知，从而掀起了一波建筑设计注重民族形式的浪潮。奚小彭在“十大建筑”装饰装修过程中，大显身手。尤其在1979年人民大会堂的装饰工程中，做出了突出的贡献。该项目是与建筑设计院张镈总建筑师合作完成的，由奚小彭主持建筑装饰和室内设计，在大尺度的现代建筑中借鉴传统装饰处理手法和室内设计手法，创造出了具有中国气派，反映中华民族悠久文化传统，稳重大方，而又富丽庄严的新中国建筑，为中国最高的政治活动场所，提供了具有象征意义的建筑，也开创了借鉴中国传统的现实主义设计创作道路。

1980年，奚小彭作为人民大会堂人大常委会接待厅设计主持人并参与设计工作。1982年、1986年，他又参加钓鱼台国宾馆12号、16号楼的室内设计，担任设计指导。建工部北京工业建筑设计院总建筑师戴念慈主持设计了北京饭店西楼，奚小彭与之配合，所做的装饰装修设计相得益彰，其中大堂和多功能厅装饰装修设计，被建筑装饰界奉为经典。后来，奚小彭又先后参加或主持北京饭店东楼、民族文化宫、民族饭店、毛主席纪念堂等重要建筑的室内外环境艺术设计工作。他所设计的中式沙发、屏风、玉兰花灯和装饰织物等，均被人民大会堂各厅堂采用，同时被建筑界广泛使用于国内外重要的大型公共建筑设计中。他编著有《公共建筑装饰原理》等教材，国画《红梅》《报春》和《朝霞》等，陈列于人民大会堂东大厅、怀仁堂等处。

奚小彭的室内设计理念是在重视装饰美感的同时，更重视室内空间活动的功能，认为建筑装饰艺术不能脱离功能要求而单独存在，要通过设计形成既实用又安全的和谐室内空间环境。大气和实用，成为他鲜明的设计风格。在教学上，奚先生引导学生树立设计是一个整体的观念，既要向书本图谱学习，又要向生活学习，从实践中汲取经验，毕业生要具备综合能力。

奚小彭十分重视建筑装饰行业的发展。1984年他第一次提出了环境艺术设计的理念。1988年，在常沙娜院长的支持下，他率先在我国创立了中央工艺美术学院环境艺术研究设计所，为行业的学术规范化迈出了极为重要的一步。在他的引导和带领下，我国新一代设计师进步很快。一些建筑装饰工程公司开始走出去，与境外公司开展项目合作。由于奚先生和同仁们的共同努力，在首都北京的建设，特别是奥运场馆的建设中，更是体现了我国建筑装饰得到了飞跃性的发展。改革开放几十年来，许多美术院校都开办了环境艺术设计专业，细分室内设计专业和景观设计专业。而其源头，毋庸置疑，来自中国室内设计先驱者奚小彭先生。作为独立学科的建设者和教育家所起的典范作用，在如今一个成熟的建设大国里，应该得到当代社会的足够认识，并持续影响着我们大家。他的学生指出："先生的教诲和思路的连贯性，持续力，感召力，通过作品一如既往地向我们道来。他对专业知识教科书式的系统研究，对各种思潮深入的剖析与清理，对后生、对未来的影响，将会一直流淌开来，影响下去。""奚先生的作品，一直以来，远有模仿，近能山寨。我相信，先生留给我们的作品，将会让众多二十一世纪的追随者们能够想得更多，看得更清，走得更远。"

1995 年 7 月，奚小彭先生在北京去世，享年 71 岁。

2008 年 5 月 20 日，由中国建筑学会室内设计分会、清华大学美术学院、清尚环艺建筑设计院组织的"《奚小彭文集》赠送仪式暨生平回顾座谈会"在清华大学隆重举行。中国建筑设计界的重量级人物张世礼、李书才、饶良修、郑曙阳、鲁心源、吴晞等出席会议，大家深切缅怀奚小彭先生，一致认为他师德高尚，对中国现代室内设计事业做出了开创性的贡献。

著名剧作家、戏曲理论家

——金全才传略[1]

耿松林

金全才

2008 年 11 月 2 日，中共党员，著名戏剧家、评论家、教育家金芝（本名金全才），因病在合肥逝世，享年 82 岁。对于这位文艺界泰斗级人物的突然离世，亲友和同事、同行们感到震惊和悲痛，连称这是安徽戏剧界的重大损失。

1927 年 9 月 1 日，金全才出生于无为县城南园，先后在绣溪小学、杏花泉小学读书，幼时即喜爱文学与绘画，中学时代就有多篇文学作品在报刊上发表。1948 年毕业于安庆师专艺术科，当年创作反映旧社会教师悲惨生活的大型话剧《快乐不在明天》，并组织了演出。1949 年元月参加工作后，历任无为县绣溪小学教师、杏花泉小学教师、教导主任。由于文笔出众，1951 年秋调巢湖行署（后合并为芜湖行署）文教科任文化干事。1953 年元月调安徽省文化局从事专业戏剧创作和研究工作。先后任省文化局创作组副组长，省剧目编审室秘书，省文艺创研室文学组负责人，省艺术研究所戏剧文学研究室主任。1981 年起兼任《安徽新戏》副主编、主编，1987 年任省艺术研究所副所长兼省剧目工

（1）参见《无为名人》，中国文联出版社，2011 年版，第 114 页。

作室副主任，被评为一级编剧、一级编辑。先后成为中国戏曲学会理事，中国戏曲家协会会员，安徽省剧协常务理事，安徽省黄梅戏艺术发展基金会理事。1992年起，享受国务院特殊津贴。

金全才总结自己的人生时，认为“一辈子是走三条路过来的”。第一条走的是戏曲创作之路。他的笔名有金芝、劲芝、金芒、曦文等，前后共创作过40多部（包括与人合作）戏剧作品。调入文化部门之初的1951年，即根据无为县尚礼乡土改积极分子、贫农代表黄宗发夫妇被害事件，写出了大型歌剧《不是自杀》，剧本被选为省首届文代会展览作品。调入省文化局之后，其戏剧创作一发而不可收。1953年他根据庐剧老艺人王本银、王业明、张金柱等人口述本，成功整理改写了庐剧传统小戏《讨学钱》《打芦花》《打面缸》等作品，还有和别人合作的《双锁柜》《双丝带》等，成为当时广泛演出的保留剧目。1959年后，他又为黄梅戏及其他剧种编写了一些有影响的剧本，如电影剧本《牛郎织女》（与人合作），经与香港合作拍成彩色影片后，在国内外广泛放映，深受观众喜爱。《罗帕记》（与人合作）成为新中国成立10周年献礼作品，并为扬剧、粤剧等剧种移植演出，与《天仙配》《女驸马》一起，并称黄梅戏“老三篇”。1986年参加中国首届莎士比亚戏剧节（上海）演出的改编喜剧《无事生非》，受到英国首相撒切尔夫人、国际莎士比亚研究中心主任布鲁克和中国戏剧家协会主席曹禺及广大中外观众的好评。随后，黄梅戏《梁山伯与祝英台》《袁璞与荆凤》《徽商胡雪岩》，徽剧《刘铭传》，泗州戏《结婚之前》，电影《牛郎织女》《生死擂》及黄梅戏连续剧《秋》《啼笑因缘》《二月》《朝霞满天》《潘张玉良》《祝福》等，佳作迭出，多次荣获戏剧“文华奖”“曹禺剧目奖”“五个一工程奖”，电影“华表奖”“金鸡奖”，电视“金鹰奖”“飞天奖”等20多个国家级奖项。在安徽的戏曲舞台上，金全才有着太多的“出世”后一直“活”着的作品。这些作品许多年来，戏被反复上演，曲被广为传唱，剧中的一个个舞台形象，以其鲜明的个性特色，已经深深地扎根于新老观众的心中。留得住，传得开，是金全才对好作品的判定标准，他的大部分戏曲作品，就是这样的好作品。

第二条走的是戏曲理论研究之路。金全才发表过200多篇戏曲理论文章，出版有《当代剧坛沉思录》《编剧丛谭》《惜花、育花、品花》等三部戏剧理论文集，获得过理论研究“金菊奖”，先后担任《程长庚研究文丛》主编，《当代中国戏曲》特约责任编辑，《中国戏曲志·安徽卷》副主编。金全才认为，站得越高才能看得越远，“会当凌绝顶，一览众山小”，一个好编剧应该具备精湛的理论修养。他自觉地用戏曲理论去指导自己的工作实践，比如他在改编名著方面尽显身手，无论是20世纪80年代将莎士比亚的《无事生非》改编成大型黄梅戏舞台剧，还是90年代将巴金的《秋》改编成黄梅戏音乐电视剧，以及《啼笑因缘》《二月》《朝霞满天》《潘张玉良》《祝福》这些名著的改编，都取得了巨大的成功。他认为改编是为名著与当前时代搭建了一座桥梁，其中正确地对待名著有三个层次：尊重、理解、感悟，他追求在名著与黄梅戏之间寻找一个最佳结合点，最大限度地利用黄梅戏的剧种特点，去准确表达名著的精神内涵，在不削弱原著思想深度的前提下，将黄梅戏的“情”与“美”发挥到极致。

第三条走的是艺术教育与探索之路。在繁忙的创作之余，他热心于戏剧创作的组织与辅导，常常直接介入安徽省内一些重点剧目的加工与修改，为这些剧目的提高做出了重要贡献。与此同时，这样的理论研究和戏曲实践良性互动，又起到了相互激发提高的作用。黄新德在他去世之际，饱含深情地说：“他是我的恩师啊！他工作认真，经常提携年轻后辈……深入排练场与演员交流，任何意见都认真倾听，一遍遍地改戏，一个字一个字地改。”“是一个为戏而生的人，戏曲是他的魂，观众是他的根，剧团和演员是他的亲人……金老是民族艺术的耕耘者、守卫者、弘扬者和传承者。”金全才在兼任安徽艺术学校、合肥师范学院教职期间，自编教材，为编剧班、导演班、编剧研究生班主讲编剧课，培养了安徽省第一代大学本科戏剧创作人才。他还应聘为中国艺术研究院研究生部、中国戏曲学校导演研究生班、甘肃联合大学编导班、安徽艺术学校大专班等进行戏剧方面的系统教学。他在主持《安徽新戏》的12年中，为扶植安徽戏曲新人创作，起到了积极作用。

金全才传略，被收录于《中国戏曲·曲艺辞典》《中国文学家辞典》《中国艺术家辞典》等多种辞书，及英国“国际传记中心”的《男性成功者》第17卷。深圳“天下名人馆”，还设有他的作品展藏专柜。

一生只做一件事，将自己的能量尽情地释放到艺术探索与创造上来，对金全才本人，对全社会，都是件有意义的事情。

毕生奉献中国石砚文化的研究者

——季汉章传略（1）

王惠舟

季汉章

季汉章（1927—2018），无为县无城镇人，1940年1月参加新四军，1943年10月加入中国共产党。曾任联合国教科文卫组织专家成员，中国书法家协会会员、中国文房四宝专家首届名砚博览会评委、中国文物博物研究员、中国收藏家协会会员，安徽省政府文史研究馆馆员、安徽省文房四宝所研究员、安徽书协顾问、安徽书协理事，芜湖藏协名誉会长、芜湖书协名誉主席，山西绛州澄泥砚研制所顾问。

季汉章早年参加革命，经历了抗日战争和解放战争，为中华民族的解放和新中国的成立做出了贡献。解放以后，在安徽省直机关及巢湖、宣城、芜湖等（地）市工作，并担任领导职务。长期以来，他利用工作之余，研习书法，收藏书画和古砚，并进行文博鉴赏。曾多次应邀赴日本及中国香港进行艺术交流、文化讲座和古砚鉴赏。2018年10月6日，季汉章病故，享年92岁。

季汉章出身书香门第，祖辈收藏书画、古砚甚多，幼承庭训，逐渐养成了收

（1）参见《无为名人》，中国文联出版社，2011年6月，第117页。

藏古砚的嗜好。新中国成立后，他以有限薪水，节衣缩食，四方求砚，凡有研究价值的古砚，莫不视为拱璧，即使远在千里之外，也务必赶去，且乐此不疲。日积月累，所藏渐丰，遂自号“百砚山民”。石砚品列文房四宝之首，始于实用，终于珍玩。或取年代久远，以资考古；或觅历代名士旧物，见证历史。石中精英，良工绝艺，旷世稀有。于是争相玩赏，竞相集藏，以“日抚永昼，夜枕梦随”为乐。名家名砚多被囊括，如东坡洗砚、米颠抱砚、包拯沉砚等，其经历之曲折感人，多为佳话美谈。一天，他让保姆上午洗被单，下午洗衣服，然后悄悄地将二十几方古砚藏在湿漉漉的衣服被单中，用竹篮分批拎到青弋江边，沉入水底，晚上再请亲友用粪桶将古砚挑到郊区，埋在粪窖下，使这些宝物免遭掠劫。

季汉章藏砚，并不是以占有为目的，而是为了研究砚文化、撰写古砚专著以奉献国家。他走访古砚界向专家请教，积多年之功，著成《砚海初探》一书。他的这种百折不挠的精神感动了文博书画古砚界同仁，有人以米襄阳拜石爱石比之曰：“古代有石痴，今世有砚迷。”可他并不以“砚迷”为荣，10 年前他曾题诗曰：“米颠拜石已成痴，苏轼砚殉太自私。”以诗明志。

季汉章编纂的《砚海初探》，是一部别出心裁的砚谱，不仅有精致的古砚图片，而且有古砚大小规格、砚石产地、砚石质地等介绍，颇有大家风范。其中《中国五大名砚概述》一文，从端溪砚到歙砚、洮河绿砚、红丝砚、澄泥砚的各自特色，到历代名家珍藏的这些名砚，叙述详细，考证精确，受到收藏界及金石学界的极高评价。《砚海初探》和《林散之草书中日友谊诗卷》等字帖，在台湾和安徽分别出版，得到赵朴初、启功、吴作人、陆俨少、费新我和中田勇次郎等中日书画大师们的高度赞赏。由于季汉章的贡献大，他的书法和事迹入选《中国古今书法家辞典》《当代中国书法艺术大成》等 10 多部辞典；镌石《屈原碑林》获得铜牌艺术家称号和奖杯。为了弘扬和保护中华历史文化，他于 2002 年将几十年收藏自汉、西晋、东晋至今 10 个朝代的 72 方古砚和 15 幅书画捐赠给了马鞍山市政府。

季汉章所捐 72 方古砚，寓有孔子众弟子中的七十二贤人之意，借以表示它们是众砚中的佼佼者。这些古砚中，有汉陶砚、澄泥砚、端溪砚、歙州砚、洮河绿砚、青州红丝砚，全国五大名砚都在其内，价值连城，十分珍贵。其中一方砚，小如麻将，价值 15 万美金，全国仅此一砚。还有林则徐和纪晓岚私人藏砚。尤其是文徵明长子文彭使用过的私砚，更是令人眼界大开。此砚长 25 厘米，横（宽）151 厘米，厚 64 厘米，是一方罕见的端溪砚，石色青紫，石质温润，满面微尘青花；天头雕琢着古朴的云龙；砚之下，隐约可见一条如龙的黄纹，斜贯石中；砚台的顶头和右侧，均有刻字，记录着该砚收藏流传的经历，真是人见人爱。

马鞍山市政府于2004年，在其国家AAAA级采石矶景区的太白楼和草圣林散之艺术馆之东邻，新建了中国唯一的砚台博物馆，即“季汉章藏砚阁”，以供游人鉴赏，并为他塑半身铜像一尊。为了感谢党和政府的厚爱，他又毅然决然地将捐献文物所获奖金如数捐赠，新建了太平中学教学楼，于2008年1月落成。季汉章在人生的历程中又树立了一座丰碑。

原国家文物鉴定委员会主任启功先生，曾有诗赞季汉章，为中国石砚的收藏和研究所取得的卓越成就：“砚务首南唐，歙山推石王。腾辉随点滴，发墨有锋芒。撰著惊文苑，收罗富宝藏。千秋论雅好，何让米襄阳。”

军旅艺术家

——叶晓山传略[1]

耿松林

叶晓山

叶晓山，又名叶显谷，字南风，1931年2月1日生于无为县高沟乡。他是中国作家协会、中华名人协会、中国美术家协会、中华诗词协会、中国楹联学会会员，中国诗书画研究院美术研究员。

叶晓山父亲以教私塾为业，家境贫寒。他幼承家学，随父读四书五经，喜爱唐诗宋词。少小时就酷爱艺术，尤对诗书画联情有独钟。1949年2月参军到部队，更是将部队当作大熔炉、大学校，刻苦自砺，不断磨炼自己。同年10月加入中国共产党。他历任巢湖军分区司令部文书、中国人民志愿军铁道工程第十一师管理科书记、司令部参谋、政治部宣传干事，铁道兵司令部秘书，铁道兵文化部专业作家。叶晓山从1958年开始发表诗歌等作品，先后在《人民日报》《解放军文艺》《春风》《新港》《北京文学》《四川文学》等三十多家刊物上发表诗作。1982年加入中国作家协会，后来又成为中国美协会员。1963年，叶晓山毕业于铁道兵学院参谋系。1991年，以60岁高龄，毕业于中国书画函授大学国画系。抓紧一切时间学习，成为他一直以来的人生追求。通过努力，

（1）参见《无为名人》，中国文联出版社，2011年6月，第112页。

他在诗歌、绘画、书法等方面，都取得了不俗的成绩。

在诗歌创作方面，他新、旧体诗俱能，被称为“两栖诗人”，先后出版有《第一声汽笛》（1976 年天津人民出版社）、《竹笛》（1984 年安徽人民出版社）、《战歌嘹亮》（合集）、《春漫虎头》（合集）、《三叶集》（合集）《风笛颂》《叶晓山诗书画集》《百幅芦雁百首诗》等作品集，还有组诗《重走长征路》《战斗在崇山峻岭》《筑路工情思》《边防抒情》《青藏铁路抒情》及诗朗诵《人民大众的牛》等。著名诗人张志民指出：“他的诗写得很小巧。所说‘小’，是指它多为短章；所说‘巧’，是说它写得很精美。读他的诗，如同看一幅幅赏心悦目的水彩画，给人一种美的享受。”“晓山的诗，大多是写他的故乡风土，他写得真切，写得细致，写得有情趣，把这本沉甸甸的诗集（指叶晓山新诗选）打开来放在案头，一派有声有色的江畔风光，便活生生地呈现在你的面前了。”“故乡三月，/ 细雨如丝，/ 常随夜半潜来，/ 又趁天明归去，/ 红了，山畔桃花，/ 绿了，/ 江堤柳枝。/ 故乡三月，/ 细雨如丝，/ 仿佛匆忙的过客，/ 不告而辞！/ 湿了，穿林鸟翼，/ 沉了，恋花蝶翅。”（《三月雨》）“如琴湖上戏波涛，/ 小舟恰似柳叶飘，/ 桨儿摇摇，/ 橹儿摇摇，/ 摇出柳荫过曲桥。/ 水似碧玉明如镜，湖上春光更妖娆，/ 轻舟难载，/ 画笔难描，/ 心醉如饮酒一瓢。”（《荡舟》）在语言的运用上，叶晓山善于将古典诗词与现代生活用语十分贴切地融为一体，看不出刀痕斧迹，让人感到韵味十足。

在绘画艺术方面，叶晓山深受传统中国画的影响。国画师承八大山人、齐白石、孙其峰等大家，曾得到过焦可群、刘福林等名家指点，他推崇文人画风，风格清丽，其笔下的墨虾、苍鹰和芦雁画，生动传神，墨韵浓郁，有《叶晓山诗书画集》（2001 年解放军文艺出版社）、《百幅芦雁百首诗》（2003 年解放军文艺出版社）等诗书画十余部作品集先后出版，其中《百幅芦雁百首诗》获“上海大世界吉尼斯之最”证书。丈二作品《大雁颂》等，先后参加了美国大都会博物馆、法国卢浮宫、英国大英博物馆举办的展览。叶晓山在回顾自己芦雁画题材上的探索时，归纳有四个方面的结合，即形神结合贵在活，彩墨结合贵在润，景物结合贵在精，诗画结合贵在情。特别是画芦雁图，总爱在空白处题上一首自作的诗，升华了画的意境，扩大了画的想象力，丰富了画的广度与深度。如在《雁鸣南浦》画面上题诗：“老来退位不知愁，终日挥毫于塔楼，忽见长空飞雁过，一声乡韵一声秋。”把那月照秋江、雁鸣芦荡、思乡心切、归梦盼圆的心情表达了出来，从而使作品的内容更丰富，更有诗情画意（《挥毫描大雁，泼墨写秋歌》，叶晓山，2000 年 9 月 25 日第 77 期《中国书画报》）。叶晓山还先后出版了《墨虾写意画法》《芦雁写意画法》《写意鲤鱼鲇鱼金鱼画法》《雄鸡雌鸡雏鸡画法》等四部国画教材，对国画技法的传承，做出了自己的贡献。

在书法创作方面，叶晓山师承“二王”、北宋四家，曾受到过启功先生的指点和赞许。由于数十年来的辛勤耕耘，叶晓山功底深厚，能集诗书画于一身，融形神韵于墨中，纳真善美于尺幅。其作品讲究构图，追求意境，做到诗书画互补，形神兼备，相得益彰。其千余件诗书画作品，先后在《人民日报》《光明日报》《诗刊》《解放军报》《解放军画报》《中国文化报》《中国书画报》等重量级报刊上发表。多次获得国家级书画展金、银、铜奖。其中赠中国奥运冠军诗联书法长卷被中国国家体育馆收藏。中国现代文学馆、安徽省博物院各收藏其书画作品一百幅。中央电视台曾作专题片《画梦》，对叶晓山书画艺术做了专题介绍。中国书协副主席李铎，看了叶晓山咏黄山十二首书法手卷后，欣然题写：“其诗书均佳，犹芳兰颖兰，挥琼光玉振，观之喜之……”

叶晓山同志家乡情结浓厚，对家乡饱含一腔真情。1991 年，无为县举办了叶晓山诗书画联展，随后他捐赠字画百余幅给县图书馆收藏。1995 年，他又回到无为进行义卖活动，将所得全部捐献县图书馆，用于改善馆藏条件。2018 年 7 月 5 日，叶晓山艺术图书捐赠仪式，又一次在家乡无为县举行。家乡情怀，赤子之心，于此展露无遗。有诗赞曰：“文林一支笔，艺苑三绝才。心花千万朵，爱向故乡开。”

2018 年 7 月，叶晓山在北京逝世，享年 87 岁。

从放牛娃到闻名世界的医学大家

——周明行简介 (1)

王惠舟

周明行，无为县开城镇人，1934 年出生在一个世代务农的家庭。父亲早年参加中国共产党，1938 年在抗日战争中就献出了年仅 32 岁的生命。那时周明行还不到 5 周岁，弟弟刚刚出生 28 天。两个年长的堂兄在他父亲影响下也参加了中国共产党，另一位堂兄和两位伯父靠种田供养全家十几口人的一切生计。为了维持生活，周明行 6 岁起放牛。秋收时，他下田抱起稻田里一把把已割下的稻禾给大人脱粒。

周明行

1942 年，8 岁时，皖南事变后的新四军第七师，在无为县建立了抗日根据地，周明行父亲生前战友和已参加革命的兄长们也陆续返回家乡，在抗日政府工作。周明行被推荐到了抗日小学读书，同年参加了抗日儿童团，进行抗日宣传活动。他对小学课文中的两位古人很感兴趣：一个是放牛娃王冕，另一个是匡衡。他从中受到启发，家里没钱买灯油，天一黑全家上床睡觉。隔壁人家是富裕中农，村子上的人都在晚上聚到他家聊天。他就每晚到邻居家站到小板凳上，接近挂在柱子上的油灯看书学习。经过两年的苦读，基本学完小学课程。11 岁又被

(1) 参见《无为名人》，中国文联出版社，2011 年 6 月，第 191 页。

送入新四军第七师开办的培养革命干部的学校——皖江联立第一中学继续读书。在学校里，学生除了上文化课，还要参加农业劳动，种菜养鹅。学校的一切活动都是军事化管理，所有学生晚上都要参加站岗放哨。一般都是双岗，一大一小搭配。大同学拿枪，年纪小的拿不动长枪就腰挂两枚手榴弹。一旦得到日本鬼子来扫荡的消息，立刻报警，让全体师生转移。

1945 年秋重庆谈判结束，新四军第七师撤到苏北，学校也随之转移。年长的同学都随校北上或者进入部队工作。周明行是全校最小的学生，学校决定小于 15 岁者如无父母照顾，只能就地隐蔽，等待部队重返根据地再回学校。国民党占领了抗日根据地就进行肃清共产党员和抗日力量，周明行这些新四军中学的学生也在国民党反动派整肃之列。于是地下党组织把他们安排到江苏省江宁县一位党员家隐蔽，直至 1948 年刘邓大军南下大别山他才回到无为。周明行年纪小不适合去战斗部队，便被送至中原军区皖西四分区卫生队任看护员，正式参加了中国人民解放军。

周明行只读过 5 年书，很多字都不认识。入伍后，为了学习医学知识，他常常将已有一定医学知识的年长同志的业务笔记借来抄录。有人字写得好，他就学着多抄几遍，努力模仿他们的字迹，同时也加深了医学知识的记忆。

1949 年 4 月新民主主义青年团成立时，周明行被吸收为第一批团员。夏天，他被分配到战斗部队任连队卫生员，到大别山区清剿国民党残匪。1950 年初，剿匪战斗结束，他因在战场抢救伤员不怕牺牲，被团党委记三等功，并光荣地加入了中国共产党，入党时刚满 16 周岁。后又被送入军分区卫生学校学习医学基础知识。卫校结业后，又回到部队任连、营卫生员。

1950 年 10 月，部队奉命抗美援朝，周明行随部队从华东地区来到北方，被编入铁道公安第 21 师，护守华北地区的铁路桥梁隧道，以防敌特破坏。他的连队护守石家庄至太原约 200 公里长铁道线上的近 20 座桥梁隧道。大的桥梁隧道一个班驻守，小的则半个班守卫，非常分散。周明行必须对分散在各个点的班、排每周巡诊一次，每两周至营部换取新的消毒敷料和补充已消耗的药品。日常基本是乘火车一个点一个点的巡诊，一天往往要跑两三个点以保证全连官兵的健康。

1953 年周明行调到团卫生队担任助理军医，业余时间多了，除了工作和坚持自学高中的数理化外，他又参加了天津的一个函授学校学习速记。他还研究乐理知识，学习乐器，以提高自己的文化素养，也为他以后参加业余文艺活动和业余作曲打下了基础。1955 年，部队编入陆军第 64 军，移防大连，周明行任步兵第 190 师第 569 团卫生队军医。这时部队实行军衔制，他被授予少尉军衔。

1956年，他以第三名的成绩被录取长春第一军医大学医疗系读本科。1959年初，他转学至上海第二军医大学继续学习。

1961年7月毕业后，周明行留校任教。先后在上海长海医院和长征医院任住院医师，以后又升任主治医师、讲师，副主任医师、副教授，主任医师、教授。1962年，28岁的周明行结婚成家。

1978年，十一届三中全会后，上海二军大也准备培养一批教师出国留学，学习西方科学技术。经过考试，周明行又被选中。他虽学过英语和俄语，但都不精，尤其是英语发音很差。因为他是南方人，对“纳”和“拉”，“你”和“李”不能清楚区分，就请孩子当老师一次次纠正自己的发音。平时掌握的英语词汇不多，他就阅读英语辞典扩展词汇量，并抓紧一切机会和别人用英语对话。20世纪80年他赴美国进修，90年代又第二次去美国学习病毒学，为以后的教学科研事业奠定了很好的专业理论基础。

周明行担任了国内外多种学术职务，参与组建上海市传染病与寄生虫病学会，任委员兼秘书。在与国外学术交流中，承担组织了4次国际学术会议，担任会议主席和大会秘书长。他还担任过两届全国感染病会议组织委员会主席，现仍然担任程思远（中国—国际）肝炎研究基金会委员。此外，周明行兼任了多种学术杂志和书籍的编委。自1983年至今，他一直担任《中国内科年鉴》常务编辑及副主编，并承担每年一本上百万字的本专业审稿任务。多年来，他发表论文50余篇，主编和参加编写专著30余本。自1961年进入临床教学岗位至2004年，经他授课的有数千名学生，他还带教了多批研究生。在科研方面，由周明行主持研究的题目有5项获得解放军科技进步奖；主持参与研究获得国家科学大会奖及解放军科技进步二等奖各一项。同时参与发明一种新药，1987年获得了国家发明二等奖，并荣记三等功。1992年经国务院批准他享受政府特殊津贴，总政治部批准他享受少将待遇。

周明行已经离休，但仍然在继续为病人服务。2002年他和瞿瑶教授一同成立了上海市肝病研究中心，专门建立了一个网站（www.liver111.com）并任主编，全天候地为全国肝病患者免费解答问题；而且还在每周二、五上午免费接听肝病患者的咨询电话，为他们答疑解难。到2007年5月底，两年来，点击数已达22万人次，接听世界各国电话咨询和文字解答病情（包括电子文档）近五千次。批判了各种不实广告宣传近百件。有人问周明行既已离休就应好好享福，为什么还忙这忙那，做那些没有报酬的事情？他不以为然地说：“我的年纪还不算太老，健康状况还算可以。是共产党领导我走上革命道路，是解放军将我培养成人民医生，离休了不能就此打住，应尽其所能给社会多做些回报。古人曹操有‘老骥伏枥，志在千里；烈士暮年，壮心不已’的想法，我为什么不能多为社会发挥一点余热呢？”

后 记

在党的二十大胜利召开之际，由中共无为市委党史和地方志研究室（无为市档案馆）编撰的《无为党史人物传》（下卷）接续上卷，正式出版了。

《无为党史人物传》（下卷）的编写，是以习近平新时代中国特色社会主义思想为指导，坚持历史唯物主义原则，对无为的党史人物实事求是的进行记述，重在史料的真实性，并着力使之具有一定的思想性、资料性和可读性。

本书主要收录无为籍95位党史人物的传略，编入此卷的传主大都是第一次国内革命战争、第二次国内革命战争、抗日战争、全国解放战时期参加革命的先烈、前辈以及英雄模范和统战精英。

本书是中共无为市委党史和地方志研究室统一规划和编纂的无为地方党史资料丛书的一个重要组成部分。在本书编辑过程中，得到无为市委、市政府的高度重视，听取了该书编辑工作的汇报并提出指导性意见；全国各地健在的有关老同志也为本书提供回忆录；市委组织部对本书的启动工作给予鼎力支持，市档案馆对本书的编辑工作积极核实、订正史料，并存档利用。在此，我们一并表示诚挚的谢意。

由于无为党史人物人多面广，我们今后将再出续编本，补遗拾缺，力求全书更加充实、统一、完整、完善。

鉴于我们的水平有限，加之本书涉及面广，历史时限跨度大，疏漏、讹错之处在所难免，恳请广大读者一并指正、赐教。

编 者

2022年7月